ÉTHIQUE DE LA NÉGOCIATION

Rhétorique & Pratique

DU MÊME AUTEUR

Les 7 Styles de vente,
Éditions d'Organisation (1985) et Pocket Business (1991)

Les 7 Styles de vente… et d'achat,
Éditions du Puits Fleuri et Éditions Celse (2005)

Épistémologie constructale du lien cultuel,
Les rites : manipulation ou médiation ?
Éditions L'Harmattan (2006)

Le Grimoire des rois : théorie constructale du changement,
Éditions l'Harmattan (2006)

Contact :
http// : www.kalasonpatrick.com

www.librairieharmattan.com
diffusion.harmattan@wanadoo.fr
harmattan1@wanadoo.fr

© L'Harmattan, 2006
ISBN : 2-296-02516-1
EAN : 9782296025165

Patrick KALASON

ETHIQUE DE LA NEGOCIATION

Rhétorique & Pratique

L'Harmattan
5-7, rue de l'École-Polytechnique ; 75005 Paris
FRANCE

L'Harmattan Hongrie	**Espace L'Harmattan Kinshasa**	**L'Harmattan Italia**	**L'Harmattan Burkina Faso**
Könyvesbolt	Fac..des Sc. Sociales, Pol. et	Via Degli Artisti, 15	1200 logements villa 96
Kossuth L. u. 14-16	Adm. ; BP243, KIN XI	10124 Torino	12B2260
1053 Budapest	Université de Kinshasa – RDC	ITALIE	Ouagadougou 12

Epistémologie et Philosophie des Sciences
Collection dirigée par Angèle Kremer-Marietti

La collection *Épistémologie et Philosophie des Sciences* réunit les ouvrages se donnant pour tâche de clarifier les concepts et les théories scientifiques, et offrant le travail de préciser la signification des termes scientifiques utilisés par les chercheurs dans le cadre des connaissances qui sont les leurs, et tels que "force", "vitesse", "accélération", "particule", "onde", etc.

Elle incorpore alors certains énoncés au bénéfice d'une réflexion capable de répondre, pour tout *système scientifique*, aux questions qui se posent dans leur contexte conceptuel-historique, de façon à déterminer ce qu'est théoriquement et pratiquement la *recherche scientifique considérée*.

1) Quelles sont les *procédures*, les conditions théoriques et pratiques des théories invoquées, débouchant sur des résultats ?

2) Quel est, pour le système considéré, le *statut cognitif* des principes, lois et théories, assurant la validité des concepts ?

Déjà parus

Joseph-François KREMER, *Les formes symboliques de la musique*, 2006.
Francis BACON, *De la justice universelle,* 2006.
Léna SOLER (dir.), *Philosophie de la physique,* 2006.
Robert PALEM, *Organodynamisme et neurocognitivisme*, 2006.
Christian MAGNAN, *La science pervertie*, 2005.
Christian MAGNAN, *La nature sans foi ni loi*, 2005.
Lucien-Samir OULAHBIB, *Méthode d'évaluation du développement humain*, 2005.
Zeïneb Ben Saïd CHERNI, *Auguste Comte, postérité épistémologique et ralliement des nations*, 2005.
Pierre JORAY (dir.), *La quantification dans la logique moderne,* 2005.
Adrian BEJAN, Sylvie LORENTE, *La loi constructale*, 2005.
Pierre-André HUGLO, *Sartre : Questions de méthode*, 2005.
Angèle KREMER-MARIETTI, *Epistémologiques, philosophiques, anthropologiques*, 2005.
Edmundo MRIM DE CARVALHO, *Le statut du paradoxe chez Paul Valéry*, 2005.
Taoufik CHERIF, *Eléments d'esthétique arabo-islamique*, 2005.
Michèle PICHON, *Esthétique et épistémologie du naturalisme abstrait. Avec Bachelard : rêver et peindre les éléments*, 2005.
Rafika BEN MRAD, *Principes et Causes dans les* Analytiques Seconds *d'Aristote*, 2004.
Fouad NOHRA, *L'éducation morale au-delà de la citoyenneté*, 2004.
Abdelkader BACHTA, *L'esprit scientifique et la civilisation arabo-musulmane*, 2004.

*À
Amandine,
Edward,
Clémentine,
Clarisse,
Marie,
mes enfants.*

Remerciements

Je tiens à remercier

Angèle Kremer-Marietti
Pierre Lebel
Dominique Baurain
Jacques Esparcieux
Marc Lamoussière
Clotilde de Pas

Ainsi que les nombreux stagiaires et congressistes qui ont largement favorisé l'éclosion de cette logique *constructale* de la négociation,

Ainsi que Thierry Klajman pour la relecture
et Patrick Bikiny pour son aide technique à la mise en page.

Chacun, d'une façon ou d'une autre, de près ou de loin, a contribué volontairement ou involontairement à ce que cette synergie s'opère.

" Quel dommage que, pour joindre l'éthique,
alors que le sens parle de lui-même,
il faille passer par la morale. "

PREFACE

LA VÉRITÉ SI JE MENS

« Envie de ça, besoin de vous » pourrait aussi convenir à l'intitulé de ce livre s'il ne s'agissait d'un ouvrage à la fois théorique, technique et pratique destiné aux professionnels de la négociation et de la vente ainsi qu'à ceux qui enseignent cette discipline ou qui, plus largement, portent une attention particulière à la compréhension des processus de médiation.

Une pièce de monnaie est constituée de deux faces. L'une cache toujours l'autre, sans laquelle chacune n'existerait pas. Entre le ça et le vous il y a le besoin. Le lien est effectué par la tranche qui unit.

Commerce et transport ont deux acceptions : l'une rationnelle (échange et déplacement), l'autre affective (le transport sentimental, être de commerce agréable, faire commerce d'amitié). Bizarrement, en un siècle le caractère affectif de ces deux termes est tombé en désuétude au profit d'une définition qui se veut raisonnable : courtiser est devenu une affaire de logistique, et déclarer sa flamme une affaire de marketing.

Le monde économique est environné de bouleversements et les chocs, les crises se succèdent à un rythme jusqu'alors inconnu. Tous les rôles, toutes les fonctions sont déstabilisées, de la famille à l'environnement professionnel. La négociation n'y échappe pas. Plus encore, elle devient une constante de la vie sociale, parfois au détriment du sens.

Ces chocs modifient le registre des valeurs traditionnelles sans que nous connaissions véritablement la physionomie que vont prendre celles qui suivront.

Il y a juste un demi-siècle de cela, la force, la solidité et l'honnêteté constituaient les critères à partir desquels on appréciait ses collaborateurs mais aussi ses fournisseurs. Le temps de travail était libre de toute contrainte et les récompenses venaient naturellement à ceux des plus dynamiques qui s'investissaient. L'exploit était alors non seulement valorisé mais plus encore stimulé. L'ascension victorieuse de l'Annapurna en 1950 par l'expédition française de Maurice Herzog, financée par l'État français, constituera un des beaux exemples de la médiatisation de ces valeurs dont le retentissement sera considérable sur les mentalités, après les périodes sombres de la décennie précédente où la fierté avait été mise à rude épreuve.

Quelques relations fidèles, de l'imagination, un véhicule, beaucoup de travail, une poignée de clients satisfaits : une entreprise de transport voyait le jour. Le partage nécessaire du travail conduisait logiquement à recruter et de fil en aiguille, par le *bouche-à-oreille*, la réputation tissait un réseau au service d'intérêts partagés. Premier puis second choc pétrolier, contrôle des prix, l'économie se fragilise et l'on se réveille dans une période de flux tendus doublée d'une sélectivité de plus en plus contraignante. Rien n'est plus acquis, ni le travail ni la fidélité, ni sa famille…

La concurrence devient rude et pour se différencier, là où une bonne table suffisait pour s'apprécier, on remplace ces instants de convivialité par le marketing et ses courroies de transmission que sont devenus les vendeurs et autres négociateurs conseils férus et encadrés de ces nouvelles technologies de la communication censées « préparer le terrain ». Il faut maintenant se vendre pour espérer un premier rendez-vous.

Les technologies sont omniprésentes, la croissance se ralentit et les clients deviennent sans cesse plus indifférents aux liens qu'ils ont tissés avec leurs fournisseurs.

La vente traditionnelle se complexifie et transforme le bon vieux VRP en un ingénieur commercial formé à des niveaux de troisième cycle universitaire. Parallèlement, l'ouverture de « la Grande Europe » modifie considérablement l'organisation des entreprises. Les plaques minéralogiques étrangères attestent de ces délocalisations qui perturbent nombre de petites et moyennes entreprises sur leurs territoires initiaux, mais aussi sur leurs valeurs corporatistes.

Il est dès lors fondamental, non seulement d'admettre comme inéluctable les mutations en cours mais plus encore d'éviter de s'illusionner sur un possible retour vers un passé déjà révolu. Il nous faut maintenant reconnaître que les idéaux nés de la prise de conscience des ravages des deux guerres mondiales arrivent à échéance. Nous rêvions d'un monde sans frontières, nous pouvons maintenant circuler avec un passeport unique dans 25 pays d'une Europe hier déchirée. Nous voulions moins d'inégalités et en moins de vingt ans certains pays limitrophes, que nous considérions comme vivant dans le Moyen Age, rivalisent économiquement et culturellement, avec nous. En moins de cent ans, nous avons diminué le temps de travail par trois, multiplié la durée de vie par deux (ou presque). La mortalité infantile est quasi inexistante et nos moyens de déplacement, de communication et d'enchantement sont sans commune mesure avec ce que nos arrière-grands-parents ont connu : leur monde se limitait au canton alors qu'aujourd'hui nous cartographions Titan, planète de Saturne. Parallèlement à cette extraordinaire ouverture, on assiste à l'émergence des égoïsmes. La carte de crédit « Diamant », galon patenté d'une société d'apparences, renvoie hôtesses et chefs de rang au temps de la monarchie. Le roi n'est plus, vive le moi !

Alors que nous devrions nous réjouir de l'amélioration des conditions de vie planétaire et d'une conscience universelle enfin naissante, nous nous comportons parfois en gagne-petit et en individualistes désenchantés.

Les yeux dans le guidon, nous perdons de vue les perspectives, le sens, et plus encore la conscience du chemin parcouru. Au lieu de nous réjouir des progrès partagés, nous entretenons ce mal de vivre comme si notre angoisse n'avait que des causes extérieures pour l'expliquer. Or l'angoisse, qui signifie resserrement, ne trouve sa source qu'à l'intérieur de nos têtes. Petit à petit, le jeu des apparences prend le pas sur les évidences. Puis, par défiance, par manque de foi en l'avenir, nos rapports sociaux et professionnels se sont construits sur des illogismes. Jamais les relations entre vendeurs et acheteurs n'ont été aussi tendues, chacun s'armant de subterfuges pour aboutir à des fins qui ne satisfont le plus souvent qu'à des glorioles personnelles. Les relations humaines se sont technicisées et sont devenues superficielles, faute d'oser aborder les problèmes au fond, ou plus exactement par le haut. Le mensonge organisé ou les coups tordus sont devenus des valeurs collectivement admissibles lorsque la fin justifie les moyens : discuter les prix, dénigrer un produit, survaloriser le consommateur au détriment de l'ingénieur, l'acheteur au détriment du vendeur, le profit au détriment du travail. Tout est dans le paraître, jusqu'au sourire qui devient un sujet de formation pour les séminaires d'entreprises alors que tout est dans le regard. Ainsi les pages de plus en plus nombreuses de nos contrats ne sont-elles que la réalité résumée de nos erreurs précédentes : mémoires d'échecs, alors qu'elles devraient être mémoires d'espoirs.

Besoin de vous, envie de ça ! Ce serait si simple de se le dire les yeux dans les yeux : dire que de chaque côté du lien se trouvent des équilibres à préserver et qu'en les renforçant on tisse collectivement une toile qui solidifie l'ensemble. J'ai fabriqué, j'ai investi, des collaborateurs comptent sur moi, j'ai une famille à nourrir... vous aussi : tout cela forme le tissu social. *La vérité si je mens !*

Les livres qui ne dérangent pas la léthargie du politiquement correct n'ont pas besoin d'être écrits : cela doit être dit en préalable aux chapitres de cet ouvrage qui, au terme de longues années de recherches, valident ce sens initial comme étant une donnée fondamentale de l'action. En vérité, tout cela ne peut que nous rassurer sur la fiabilité de la programmation d'un environnement social conçu pour bien fonctionner malgré les errances dans lesquelles il nous arrive de nous fourvoyer par absence de prévision (vision sur l'avenir).

Dans ce contexte faussement troublé par une morale de plus en plus à géométrie variable et l'oubli de l'éthique, la fonction commerciale doit être revisitée et conçue comme devant jouer un rôle prépondérant dans les nécessaires recadrages que les entreprises ont à opérer sur leurs marchés. Ces travaux proposent un autre regard, qui se veut plus capable de relier des éléments que l'on appréhende en général par antagonismes, quand ce n'est pas par le petit bout de la lorgnette : l'image que donne à voir l'organisation à l'extérieur et celle qui se vit de l'intérieur, la profitabilité et le sens du service, les contraintes économiques et l'utilité sociale.

Dans le domaine qui nous préoccupe, celui de la négociation, notre volonté est de mettre à disposition des commerciaux, de leurs managers et des dirigeants d'entreprises (qui sont les premiers vendeurs) des concepts mesurables, des références objectives pour comprendre et analyser la relative complexité au sein de laquelle ils doivent susciter l'intérêt, convaincre et concrétiser des accords : ce cadre naturel de fonctionnement de la négociation.

Il s'agit aussi de présenter aux professionnels une approche sereine, authentique, en cohérence avec la *nature des choses*, différente de celles portées traditionnellement sur la négociation : celles de la vulgarisation à outrance, des techniques manipulatoires sous-tendues par la valorisation des rapports de forces ou béatement utopistes. La vente est le plus vieux métier du monde… Elle repose sur des constantes anthropologiques.

Cet ouvrage est conçu autour de trois axes. Dans un premier temps, situer la fonction commerciale dans le contexte d'entreprises et de marchés identifiés (parler d'entreprise en termes génériques reviendrait à idéaliser de nombreuses réalités différentes sans la prise en compte desquelles il serait vain d'espérer conduire une réflexion cohérente sur la nature des communications commerciales, appelées faussement techniques de vente), pour situer ensuite la relation commerciale dans le cadre d'interactions relationnelles entre vendeurs et acheteurs (styles de vente et styles d'achat). Enfin, décliner les attitudes et comportements à adopter dans le cadre du cheminement d'une négociation afin d'adapter la démarche selon l'interlocuteur tout en restant maître de la situation (seule façon de défendre ses marges), le tout dans une perspective de pérennité des relations.

Afin de répondre aux attentes des professionnels de la négociation, nous chercherons à illustrer ces thèmes d'exemples issus du terrain, non pour qu'ils soient modélisés, reproduits à l'identique, mais plutôt pour qu'ils contribuent à l'ingénierie de chacun dans son activité, quel que soit le secteur professionnel au sein duquel il intervient. Il serait en effet malvenu d'entretenir l'illusion qu'il puisse exister autant de formes différentes de négociations que de métiers, en sorte que l'on puisse croire que chacune échapperait aux conditions qui régissent l'ensemble, sans lequel cet ensemble n'aurait aucune consistance. Il faut être conscient que des constantes, des invariants, déterminent le fondement de nos logiques sociales sur lesquelles l'humanité s'est structurée et qui constituent la base de son développement, depuis sa création.

Par ailleurs, le fait de vouloir aborder les particularités inhérentes à tout secteur professionnel doit nécessairement passer par la maîtrise des constantes qui régissent les échanges, ce qui implique de les avoir préalablement non seulement identifiées de façon non empirique, mais plus encore admises et intégrées dans les pratiques. Malheureusement, ceci est moins fréquent qu'on pourrait le penser au premier abord en dépit de la quantité des publications généralistes produites dans ce domaine. Il ne faut pas confondre les idées avec la pensée, avoir une impression et disposer d'une opinion prégnante.

Nous avons donc cherché à dégager les constantes, les règles du « jeu » de la négociation ainsi que, et peut-être plus encore, les « pourquoi » qui sous-tendent son codage. Dans ce cadre, notre parti pris est celui que nous faisons sur la capacité de réflexion d'un lectorat professionnel de plus en plus hautement formé et qualifié, dont le désir est que soient quittés les grands principes modélisants et sclérosants au profit des pratiques intelligentes.

Cette nouvelle génération de négociateurs représente actuellement plus de 60 % des forces de vente en France, dont le niveau est égal ou supérieur à deux années au-dessus du baccalauréat. Leurs exigences légitimes font qu'elle attend d'un ouvrage sur la négociation des outils probants qui permettent de déduire, de construire de nouvelles solutions face aux problématiques émergentes. En somme d'adopter une posture d'ingénierie avec comme cadre de référence celui de sciences humaines.

Nous avons scrupuleusement veillé à donner une dimension métrologique aux concepts que nous passerons en revue. La métrologie est la science de la mesure. Cette discipline constitue la ligne de démarcation qui sépare les disciplines empiriques (issues de l'inspiration) et les disciplines scientifiques transmissibles, reproductibles, intelligibles (issues de la transpiration !).

Sorte de « mémoire » de l'état des lieux sur lequel il est possible de s'appuyer lorsqu'à des moments décisifs, des choix déterminants doivent être faits, cet ouvrage constitue aussi « un référentiel pour un langage commun » dont les professionnels ont besoin pour construire ensemble et limiter, autant que faire se peut, les interprétations et les déformations inhérentes aux perceptions intuitives.

Vaste programme, d'autant que la complexité relative du sujet réside dans ses ramifications : en effet, la négociation est une affaire de détails dont l'accumulation dégage des tendances qui influencent le choix des interlocuteurs, des partenaires et des clients, souvent indépendamment de la seule valeur technique des produits ou des services proposés. Il est aisé de traiter de la négociation en évoquant de grands principes, il l'est moins d'expliquer et de démontrer comment tout cela se charpente.

Nous avons donc cherché à faire œuvre de pédagogie, au prix d'efforts sérieux de mise en cohérence des nombreux facteurs qui régissent les grands principes sur lesquels se structure une négociation afin d'en exposer les différents éléments en termes accessibles autour de définitions autorisant à des distinctions claires qui vont chercher à leurs sources leurs raisons d'être.

C'est conscient des écueils auxquels sont confrontés les professionnels que j'ai jugé utile de rassembler en un tout cohérent les facteurs déterminants de la négociation, laissant à chacun, au gré des situations, le soin d'ajuster les conclusions à sa mesure. Plusieurs lectures de ce livre sont possibles en fonction des préoccupations de chacun. Selon que l'on soit sensible à la stratégie commerciale, la première moitié de l'ouvrage permettra de situer l'action dans un environnement cartographié ou lorsque les préoccupations se portent plus sur les aspects comportementaux de la négociation, la seconde partie permettra d'en analyser les mécanismes. Dans l'un ou l'autre des cas, les questions conduiront immanquablement à opérer les ponts entre comportements et stratégies, clefs d'une globalité nécessaire à la cohérence de l'ensemble si l'on recherche l'efficacité, que nous distinguons de la performance qui n'est parfois souvent que la conséquence de hasards éphémères et convergents.

Et si ces travaux pouvaient contribuer à ce que les responsables commerciaux, les commerciaux et les clients eux-mêmes acquièrent plus de sérénité par le développement d'une perception plus objective des facteurs qui régissent le succès, ce qui pour certains reviendrait à comprendre ce qu'ils appellent le hasard et d'autres le talent, j'aurais la conviction d'avoir fait œuvre utile.

CHAPITRE I

PENSER LA NÉGOCIATION DANS UN ENVIRONNEMENT CHANGEANT

> *« De toutes les matières premières,*
> *la plus difficile à transformer,*
> *pourtant la plus commune,*
> *celle qui offre la plus grande valeur ajoutée,*
> *c'est la matière grise. »*

Une logique secrète, méconnue de tous et pratiquée par les meilleurs

« Il y aurait dans la communication un code secret, connu de personne, enfoui quelque part et pourtant entendu de tous. » Telle est la conclusion formulée par un célèbre chercheur au terme de longues années consacrées à tenter de comprendre les fondements de notre programme de communication.

L'objectif de la recherche, c'est la découverte, et le hasard est parfois d'une aide prodigieuse. Certains saisissent cette chance comme Charles Goodyear lorsque, dans un geste maladroit, il renversa sur son poêle à charbon la substance caoutchouteuse sur laquelle désespérément il travaillait pour obtenir ce qu'il cherchait : la plasticité, cette aptitude d'un corps à reprendre immédiatement la forme initiale après un effort. Une maladresse donnera le jour à l'industrie du pneumatique. D'autres, malgré leur génie laissent passer des opportunités décisives. Ce fut le cas de Thomas Edison, qui s'entêta sur l'avenir du courant continu malgré les avantages industriels du courant alternatif.

Une erreur communément admise consiste à séparer les sciences dures des sciences plus souples. Les sciences dites dures nous rendent capables de modifier la matière, mais force est de constater nos carences lorsqu'il s'agit de comprendre les mécanismes humains qui régissent la communication et les relations humaines.

Dans le domaine des sciences humaines, nous éprouvons souvent le sentiment de pénétrer dans une zone interdite, réservée aux initiés, et faisons des *sciences de l'information et des communications* un domaine énigmatique, voire ésotérique, en autorisant tout un chacun à émettre son avis sans faire pour autant référence au minimum nécessaire de rigueur méthodologique.

Grâce aux efforts du monde de la formation, en liaison avec les entreprises, la négociation conquiert petit à petit ses lettres de noblesse universitaires pour devenir plus qu'une pratique et être maintenant reconnue comme une profession.

Sans que nous en ayons conscience, toute notre existence se constitue autour d'un « petit programme » présent dès le premier cri puis de l'angoisse à l'extase, du rêve à la réalité et quand nous cherchons à comprendre ce qui gouverne notre équilibre social, pourtant, nous ne voulons penser qu'il puisse être régi par autre chose qu'une créativité libre de toute contrainte.

Alors, par pudeur ou par peur, les inconséquences ou les inconsciences se télescopent dans l'espoir de placer l'homme comme étant hors du champ des déterminismes du reste de l'univers au nom du droit à la différence, comme si chacun d'entre nous était un univers en soi qui rendrait impossible les regroupements, les classements, les typologies. Cette pudeur excessive a pour conséquence que nous en sachions plus sur la matière que sur ce qui conditionne la nôtre.

Sommes-nous si convaincus que cela de porter toute l'attention nécessaire à ce pôle vital d'une entreprise qu'est la force de vente ? À une époque où nous sommes en mesure d'être informés en temps réel sur la situation géographique d'un colis posté en n'importe quel point du globe, connaissons-nous avec exactitude la situation de nos forces de vente par rapport aux objectifs quantitatifs ? Avons-nous conscience que la rationnelle loi des nombres (nombre de contacts/chiffre d'affaires) peut dans une très large mesure être optimisée avec moins de dégâts par une gestion raisonnable du qualitatif relationnel ? Ainsi les modalités qui organisent la présence commerciale sur le terrain devraient-elles être déduites d'un plan d'action quantitatif issu d'habitude calquées sur la tradition (souvent géographique, quelquefois par ligne de produits et rarement par catégorie de clientèles), selon des artifices statistiques ou bien de la conjugaison de complémentarités naturelles ? Et quid de l'accompagnement des commerciaux sur le terrain : une façon d'exercer une autorité par l'exemplarité ou une maïeutique (un questionnement) capable de faire émerger de la conscience les comportements appropriés aux circonstances ? Quoi qu'il en soit, on éludera très vite ces questions au nom du pragmatisme en considérant que, puisqu'il s'agit de relations humaines, c'est avant tout une affaire de talent et le talent, dit-on, ne se met pas en équation. Alors on se rabat sur la nécessité de recruter les meilleurs... mais selon quels critères ? Est-ce une affaire d'intuition ou d'équation ?... Mais après tout, l'intuition n'est-elle pas la conséquence des résultats des équations de nos expériences précédentes ? Une question de temps...

Au prétexte de se protéger contre d'éventuelles intentions machiavéliques, la tentation est forte de refuser d'aborder le sujet des déterminismes et des constantes qui régulent la communication, donc la négociation. Les bien-pensants de la communication, qui exhibent volontiers l'étendard de l'éthique sur ces questions, sont les mêmes qui trouveront refuge sous les banderoles de la révolution quand les changements qu'ils avaient pour fonction de devancer seront devenus incontournables. Une fois les événements passés ils renaîtront dans des publications où ils expliqueront doctement aux rescapés ce qui s'est passé sur fond de morale culpabilisante. Alors que nous devrions nous arrêter un instant pour les questionner sur la validité que peuvent avoir des constatations effectuées à partir d'événements antérieurs, tant qu'elles seront inopérantes à l'anticipation de l'avenir, nous continuons notre chemin sur fond d'espérance ? On comprend alors mieux les mobiles qui conduisent certains décideurs à recourir à certaines pratiques divinatoires, lesquelles courent au moins le risque certain de l'anticipation, contrairement à une sociologie qui est à la prospective ce que la médecine légale est à l'épidémiologie.

On aurait en effet tort de considérer que toute tentative de compréhension rationnelle des comportements humains serait confrontée à l'infaisabilité au prétexte d'une complexité trop grande. Cette attitude est non seulement contraire à la démarche scientifique, mais plus encore coupable d'occultisme dont les conséquences peuvent être importantes sur le plan humain autant qu'en termes de résultats économiques. Il est naturel qu'une forme d'angoisse antécède la recherche ou encore que la perplexité soit préalable aux pratiques innovantes. Mais elles s'estompent à l'instant de la découverte pour se muer en joie profonde et en admiration devant les subtilités d'une complexité décodée au travers de la simplicité qui la construit sans cesse.

Il faut que nous mettions un terme aux suites inacceptables de comportements et de pratiques commerciales douteuses (tant pour les vendeurs que pour les acheteurs), car si notre technologie favorise l'évolution de notre niveau de vie, l'occultisme que nous entretenons sur nous-mêmes, sur nos attitudes, ne fait que maintenir l'illusion sur ce que nous nommons faussement le libre arbitre. Pour cela, il faut insister sur le fait que pour arbitrer entre des libertés, c'est-à-dire choisir entre des options, il faut bien se référer à des règles. C'est vrai dans la négociation mais aussi dans le management, ainsi que dans tous les domaines où nous développons des projets avec d'autres. Le rôle des sciences humaines est d'apporter aux praticiens (managers, négociateurs, coaches, etc.) les connaissances nécessaires à l'optimisation des savoir-faire sur le terrain de l'action. Les batailles se gagnent autant par la mobilisation de l'intelligence que par la qualité de la logistique. Mais force est de constater que pour ce qui a trait à l'humain, nous préférons faire appel à la fibre affective, à l'improvisation, en espérant que le hasard fera bien les choses, que d'apprendre la partition.

N'est-il pas surprenant que ce soit au terme de trente millions d'années d'évolution et de moins de trois mille ans de travail sur la compréhension de la matière que l'on vienne enfin chercher à comprendre nos comportements humains ?

Qu'il s'agisse des responsables d'entreprises, des managers, des commerciaux mais aussi des consultants et formateurs, des enseignants, chacun est directement concerné par les conséquences positives que peuvent engendrer une authentique approche scientifique de la négociation. C'est dans ce cadre que nous inscrivons la démarche suivie dans cet ouvrage, dans l'espoir de transmettre des réponses utiles à ces quelques questions essentielles :

- En quoi notre façon de voir conditionne-t-elle notre action sur le terrain ?
- En quoi une organisation, une entreprise, se distingue-t-elle d'une autre ?
- Quels sont les facteurs qui induisent les fluctuations ou les changements des marchés ?
- Comment situer son entreprise sur le marché ?
- Comment identifier des objectifs commerciaux pertinents ?
- Quels sont les paramètres qui, dans la communication commerciale, conditionnent la création d'un climat favorable au meilleur aboutissement possible ?
- Comment évaluer la qualité d'une négociation ?
- Quel est le registre dans lequel s'élaborent les comportements d'achat ?
- Quelles sont les conséquences prévisibles du contact entre les styles de vente et les styles d'achat ?
- Comment faire évoluer les désaccords commerciaux ?
- Qu'est-ce que la médiation ?

Les réponses à ces questions nous aideront à découvrir que la vente n'est pas une affaire de hasard ou de rapports de force et que, pour s'exprimer avec aisance, l'art de la négociation s'appuie sur des déterminismes positifs, qui si nous savons les utiliser, agissent comme une boîte de vitesse qui permet d'adapter la conduite à la nature de la route.

En identifiant ces déterminismes, et en apprenant à composer les codes qui ouvrent sur l'efficacité dans la sérénité, nous serons surpris par la qualité du programme qui gouverne nos interactions relationnelles, et étonnés par les fondements qui règlent le jeu de la négociation. C'est en effet dans ce cadre que la question récurrente du libre arbitre doit être posée dans ce qu'elle possède de plus noble.

Pour conduire un véhicule, nous acceptons sans broncher d'y consacrer une cinquantaine d'heures. En est-il de même lorsque nous sont confiées les destinées de nos semblables au moment où nous accédons à des fonctions commerciales ou bien à des postes de coordination dont la négociation est le dénominateur commun ? On serait alors tenté de répondre que c'est avant tout une affaire de charisme, quelque chose d'inné qui ne s'apprend pas. Cette explication simpliste nous expose autant que ceux dont nous avons la charge aux conséquences hasardeuses de la libre interprétation de faits, sans nous étonner un instant qu'elles puissent prendre parfois la forme d'un jeu de massacre lorsque nous découvrons qu'en moyenne les deux tiers des collaborateurs d'une force de vente sont renouvelés tous les deux ans !

Qu'adviendrait-il d'un centre de production confronté à une telle inconstance ? Les actionnaires manifesteraient leurs inquiétudes, des réunions se dérouleraient pour tenter de juguler l'hémorragie. On chercherait les responsables. Mais rien de tout cela s'il s'agit de commerciaux et de relations humaines. Les plus rationalistes des décideurs trouvent même cela normal, d'autres plus naïfs iront jusqu'à y discerner un signe de bonne santé ! Entre désinvolture coupable et idéalisme aveugle, il devrait y avoir une marge, celle de la connaissance, qui ferait de la fonction commerciale un authentique métier dont la matière première sur laquelle s'appuie la production n'est pas neutre car il s'agit de nous-mêmes, d'individualités sensibles, par définition fragiles. Serions-nous une denrée si commune que nous la banaliserions au point qu'elle ne relèverait même pas du tri sélectif ?

Le vendeur est loin d'être un complément nécessaire à l'écoulement de la production, mais bien authentiquement son ambassadeur et un ambassadeur ça se respecte, ça se bonifie avec l'âge et, plus ça se bonifie, mieux le pays est représenté.

C'est à cette tâche de bonification que nous devons nous employer si nous exerçons une responsabilité commerciale, managériale ou de décideur. Notre matière première n'est plus alors la quantité, la qualité ou la nouveauté que nous traduisons en chiffre d'affaires, mais l'intelligence de relations bien gérées, de missions incluses dans une stratégie, une stratégie orientée vers des objectifs et des objectifs qui font atteindre un but. Faute de quoi : le gâchis. Il faut donc savoir écouter ce que le bon sens cherche à nous faire entendre et ainsi oser remonter jusqu'au code, dans l'espoir de comprendre pour mieux agir sur cette fantastique mécanique sociale au sein de laquelle chacun de nous s'insère par le biais de ce que nous nommons la communication et que les vendeurs appellent négociation. C'est dans les constituants essentiels de la négociation que nous allons découvrir ce qui constitue ce code secret, pourtant inconsciemment connu de tous, qui anime cette apparente complexité de la vente qui n'est en réalité que subtilité.

La perspective que sous-tend toute approche des sciences de l'homme consiste à aider chacun à trouver l'adéquation harmonieuse entre le projet qu'il mène et l'ensemble dans lequel il se situe et qu'il contribue lui-même à harmoniser au moment où tombent les masques.

Une approche scientifique de la simplicité dans la complexité

C'est dans ce contexte scientifique que nous situons résolument cet ouvrage sur la négociation éthique afin de contribuer à ce que la vente, fonction vitale pour l'entreprise communicante, soit élevée au niveau de respectabilité que mérite cette discipline, et ceci en liaison étroite avec les besoins concrets de l'environnement économique : l'empirisme en la matière n'étant que trop source de conflits larvés, de temps et d'énergies perdus et *in fine* de gaspillages humains autant que financiers. Bien entendu, il ne s'agit pas de saisir l'insaisissable, mais de chercher à capturer ce que nous pouvons de la finesse de cette chimie subtile afin de la diriger adroitement vers le plus de succès possibles.

Dans « La Science et l'Hypothèse », Henri Poincaré étudie le rôle de l'hypothèse dans la science et opère les conclusions suivantes :
- « les unes sont vérifiables et, une fois confirmées par l'expérience (même cause, même effet), elles deviennent des vérités fécondes ».
- « les autres, sans pouvoir nous induire en erreur, peuvent être utiles en fixant notre pensée ».
- « d'autres, enfin, ne sont des hypothèses qu'en apparence et se réduisent à des définitions ou à des conventions déguisées ».

Les conseils en entreprise expérimentés dans les domaines de la communication, de la pédagogie, du management et de la vente, savent pertinemment, lorsque qu'ils sont exempts de duplicité, que les choix opérés en matière de développement des ressources humaines internes relèvent plus des deux dernières catégories évoquées par H. Poincaré que de la première. Ainsi comprenons-nous mieux les raisons pour lesquelles des champs entiers entrant dans le domaine des sciences humaines sont livrés à de trop nombreuses démarches parallèles et dangereux par absence de référentiels validés. Pourtant, les enjeux sociaux et économiques sont de toute première importance et la qualité des réponses dépend autant de la valeur intellectuelle des travaux que de leur conformité aux exigences de la découverte appliquée. Encore faut-il que les décideurs adoptent à cet égard le même intérêt que celui qu'ils manifestent à la création de valeurs ajoutées à partir de la matière. La force de vente, le management, la communication entreraient alors définitivement sous le vocable, authentique cette fois, de gestion des ressources humaines.

Cette mutation vers plus de rigueur est porteuse d'un changement de cap, et comme tout changement il implique un combat qui devrait être celui de la pensée cohérente plus que celle des idées : ces marottes événementielles agitées par des gourous qui satisfont à l'urgence autant qu'ils s'appuient sur la passivité de ceux qui devraient pourtant s'impliquer en première ligne.

C'est dans cet esprit de partage que nous aborderons ces sujets sous des angles qui, nous l'espérons, aideront notre lecteur à répondre de façon cohérente et congruente à quelques-unes des nombreuses questions qu'il est en doit de se poser. Afin d'atteindre avec lui cette perspective, nous l'inviterons, pendant des moments-clefs de son parcours de lecture, à s'impliquer personnellement grâce à des questionnaires, des tests d'auto-évaluation ou des exercices pratiques qui favoriseront, le plus concrètement possible, l'intégration dans l'action des thèmes essentiels qui seront développés. Au fur et à mesure de sa progression dans cet ouvrage, nous lèverons avec lui ce voile qui entoure le code secret que nous évoquions en introduction et verrons ensemble se constituer les éléments simples d'un puzzle, faisant apparaître l'image d'une complexité devenue accessible. C'est en comprenant comment *actionner savamment ces paramètres fondamentaux* qu'il devient possible de faire évoluer la qualité relationnelle de nos communications dans le sens souhaité de l'efficacité d'un réel professionnalisme.

La crise : conséquence d'artifices qui éloignent du naturel

La complexité qui auréole la négociation, dans ce monde de la communication, nous fait balancer entre scepticisme et boule de cristal. Chacun y va de sa potion magique avec une pincée d'analyse transactionnelle *relookée* de programmation neurolinguistique que l'on tente de justifier par le renom de chercheurs dont on usurpe la caution aux fins de formations Tupperware. Cela ne fait pas de mal, diront certains, d'autres penseront que l'on pourrait faire mieux…

Tout cela survient parce que nous appelons complexe ce que nous ne comprenons pas. Or la complexité, lorsqu'elle n'est pas chaos, est en réalité une succession de choses simples et naturelles dont il nous faut saisir l'existence et les articulations.

Il en est de la connaissance de la négociation comme de la conduite d'un véhicule. Au début l'inquiétude saisit le néophyte devant les multiples opérations à combiner pour maîtriser l'engin. L'inquiétude peut se transformer en angoisse lorsqu'il s'agit d'un camion à pleine charge. Au fur et à mesure de la pratique, on prend de l'assurance, puis les actes quittent la conscience pour devenir des réflexes. Conduire un véhicule implique une cinquantaine d'heures d'apprentissage, un poids lourd nécessite plusieurs mois d'apprentissage en centre de formation et des qualités certaines. Pour vendre, jusqu'à ces dernières années, rien d'autre que du bagou et pour diriger les hommes, des bonnes paroles, une ambiance chaleureuse et quelques coupes de champagne… avant que les contrôles routiers aient mis tout le monde à la limonade… Parfois, lorsque la morale fait défaut à l'éthique, la loi peut nous inviter à porter plus d'intérêt et de soin aux êtres qu'aux choses.

Pour entrer dans ce monde complexe de la négociation, il faut accepter qu'il contienne plusieurs parties ou plusieurs éléments combinés d'une manière qui n'est pas immédiatement claire pour l'esprit afin d'être capable d'en isoler les déterminismes naturels, voire primaires. Ce travail, procédant par tamisages successifs consiste à comprendre, selon l'expression d'Edgar Morin, ce qu'il appel « le tissé ensemble », ce que l'on nomme aussi, au terme d'une négociation, qu'elle soit commerciale, professionnelle ou sociale, le contrat.

Tout ce qui a constitué notre civilisation occidentale présente aujourd'hui un envers de plus en plus perturbant. Ainsi le droit à l'individualité, qui est l'une des grandes conquêtes de la civilisation chrétienne, s'accompagne de plus en plus d'atomisation, de solitude et de compétition entre les individus de plus en plus anthropophages au point que, la fin justifiant les moyens, le mensonge devienne un instrument de communication. Le management tente d'y remédier par une technicisation de plus en plus grande : on suit les commerciaux à la trace par le GPS, on minute les temps de négociation, on accumule les rapports que la plupart du temps les décideurs ne font que survoler. La loi des nombres conduit à faire de l'abattage. Chacun cherche moins à construire qu'à se préserver en consommant son semblable. De l'autre côté, celui des clients, on n'hésite plus à remettre en cause des contrats pour des raisons futiles, dans la perspective de dégager une marge supplémentaire qui servira à la gloriole d'un acheteur fraîchement nommé et dont la durée d'existence au poste n'excédera pas deux ans.

Ainsi nous rendons-nous compte que le développement, s'il est envisagé uniquement sous un angle économique de résultats acquis à la hâte, autorise un sous-développement humain et moral que l'on couvre souvent sous le vocable sociologique charmant de « culture d'entreprise » qui, en réalité, ne fait que conférer une légitimité aux actes que la morale réprouve.

Cette dégradation de la qualité de nos rapports humains, internes ou externes à nos organisations, est la marque d'une crise, non pas que nous vivions dans un monde dominé par une logique technique, économique et matérialiste, mais parce que nous ne savons pas en intégrer subtilement les paramètres et les combiner pour opérer les bons choix. Par mimétisme, on se rue sur le prêt-à-penser anorexique. Combien de tableaux de bords commerciaux n'intègrent que des données quantitatives ! Ce qui est quantifiable est respecté, parce que mesuré. Malheureusement le qualitatif relationnel, qui le génère pourtant, souffre d'une absence de paramétrage : ni le pourquoi des échecs ni - encore moins - le comment des succès n'entrent dans la quantification. Aussi devient-il impossible d'établir d'autres stratégies que celle des ratios. On compte sans mesurer. Ce processus que l'on applique aveuglément aux autres se retourneront immanquablement contre leurs instigateurs : les questions qu'il fallait se poser hier le seront dans les charrettes : celles de leurs inconséquences. Pourtant à l'expérience nous devrions savoir que, depuis que l'homme est homme, le quantitatif durable passe obligatoirement par la valorisation consciente et maîtrisée du qualitatif.

Il est à craindre que les revers économiques essuyés par manque de clairvoyance qualitative amplifient le sentiment d'insécurité et le manque d'imagination. Le tragique réside dans le fait que la clef pour en sortir est à portée de main et que nous fassions si peu d'efforts pour dénicher la serrure. Sans être toutefois excusable, cette attitude n'en est pas pour autant incompréhensible : jamais dans l'Histoire nous n'avons été en si peu de temps concernés par autant de changements, au point que le changement soit devenu une constante. En conséquence, l'appui sur des outils du passé ne peut que préserver la nostalgie d'une relative stabilité. Quand les constantes se sont mutées en variables nous persistions à nous penser en papillon butineur alors même que nous régressions au stade de chrysalide. Pour évoluer de façon équilibrée dans un tel environnement changeant, il nous faut inventer de nouveaux outils mieux adaptés. Un bateau, un avion ne se pilotent pas avec les mêmes instruments qu'une automobile en milieu clairement identifié.

C'est la raison pour laquelle nos outils de pensée doivent être construits autrement que sur des idéologies ou sur des maximes invérifiées qui laissent, au final, croire que seuls les rapports de forces ou de contraintes permettraient de rendre profitable l'investissement. Il faut entendre une voix différente : elle est encore plus profitable que les précédentes.

Le commerce tisse des liens et renforce la toile sociale, encore faut-il être conscient qu'entre ces deux bords que sont les vendeurs et les acheteurs, les dirigeants des entreprises jouent un rôle déterminant dans l'orientation commerciale ainsi que sur l'esprit qui doit animer l'action. Lorsque l'on vend, ce sont des emplois, des compétences, des savoir-faire, parfois une économie locale, voire nationale que l'on mobilise au service d'un client placé lui-même dans le même contexte. Durant ces dernières années, des pans entiers des économies locales ont disparu de leurs régions d'origine. La mégalomanie de certains a conduit à la ruine d'entreprises dites familiales et dont la pérennité n'aurait pas été remise en cause si des options artificielles et uniquement quantitatives n'avaient été prises dans la mouvance du « toujours plus gros » et du boursicotage hasardeux. Il y a parfois plus de subtilité à savoir rester second qu'à s'exposer à une fragile première place. Opter pour être le premier, lorsque cela ne procède pas d'une logique qualitative, conduit inévitablement à la crise. À bien y réfléchir, on est toujours le second de quelqu'un d'autre. Autant avoir le choix de son interlocuteur. C'est alors un acte qualitatif mais quantitativement durable.

Intégrer la nature des choses pour maîtriser la complexité

Notre développement technique, économique et scientifique est un phénomène unique dans l'Histoire. Nous l'avons dit : le changement est devenu une constante. Ce qui change, ce n'est pas la *nature des choses* mais le rythme accéléré de leur évolution. En ne maintenant pas le cap à partir de la *nature des choses*, nous nous enlisons dans d'illusoires mouvances et, tels des derviches, nous entrons en transe, emportant dans le mouvement tout ce que nous avions construit avec tant d'autres : adieux veaux, vaches, cochons... Les changements de poste des managers sur des durées très courtes font se succéder les réorganisations sans que les premiers ne puissent jamais savoir s'ils ont échoué ou réussi, ou encore si le maintien de l'activité de l'entreprise n'incomberait pas au volant d'inertie qui pendant un certain temps permet de franchir les vagues, jusqu'à ce qu'une vaguelette chamboule tout à bord. Ces situations « limites » se sont déjà produites.

En effet, quand un système donné se trouve saturé par des problèmes qu'une mauvaise perception ne lui permet plus de résoudre, il est confronté à deux possibilités : soit la régression générale, soit un changement de système d'optique. Seule la régression est destructrice, alors que le changement représente une chance unique de faire communiquer et se comprendre les hommes confrontés aux mêmes impératifs car ils détiennent en potentialité les solutions à l'adaptation. À ce stade, il n'y a pas de différence entre ce qui est interne ou externe à l'entreprise : les commerciaux, en tant que lien, jouent un rôle prédominant.

Cette étape nouvelle ne pourra survenir que si nous enracinons notre conscience dans l'interdépendance. Cette prise de conscience est la condition *sine qua non* à l'intégration du changement dans nos comportements. Sans cela les phénomènes de replis défensifs et violents s'accentueront. Les espoirs de retour à la sérénité ne doivent pas avoir pour perspective la quiétude, mais bel et bien le questionnement. Cela passe autant par la qualité de la communication (interne et externe) que par celle des services proposés qui, dans un bon nombre de secteurs, doivent être plus valorisés qu'ils ne le sont actuellement. La négociation ne repose pas sur des remises, la vente sur des propositions infaisables en allégeance à un client omnipotent ou sur la stimulation des vendeurs par des opérations d'*incentives* invitant à la conquête de la queue du Mickey que l'on tire sur les manèges d'enfants. Cela est d'autant plus vrai que la nouvelle génération de vendeurs est issue d'écoles de commerce et dispose d'atouts jamais acquis par leurs devanciers. Face à eux, les managers ont l'obligation d'être doublement plus crédibles.

La réforme de la pensée de nos relations humaines invite à affronter la complexité à l'aide de concepts capables de relier les différents savoirs qui sont à notre disposition en ce début de troisième millénaire : valorisation du qualitatif relationnel, marketing stratégique, pilotage de l'incertain par les statistiques, complémentairement aux outils quantitatifs dont nous disposons déjà (dont bon nombre ont fait la preuve de leur efficacité).

Au XVIIe siècle, Pascal avait déjà compris combien tout est lié, reconnaissant que « toute chose est aidée et aidante, causée et causante » (il avait déjà le sens, admirable à cette époque, de la rétroaction), « et tout étant lié par un lien insensible qui relie les parties les plus éloignées les unes des autres, je tiens pour impossible de connaître les parties si je ne connais le tout comme de connaître le tout si je ne connais les parties ». Voilà la phrase-clef de cet apprentissage collectif que nous devons opérer, ce que nous appelons de nos jours écologie et que je nommerai *économologie* afin qu'économie et écologie se trouvent enfin réunies dans cette nouvelle et juste recherche d'équilibre.

Les résultats ne viendront qu'à condition que nous posions l'intelligence comme préalable à l'action et mettions au clou les sempiternels transferts d'expériences qui tenteraient de modéliser la nouvelle génération de négociateurs, à l'image d'un passé révolu. Ceux qui continueraient à se poser la question de savoir combien un commercial doit rapporter sans s'être posé celles du « comment », « auprès de qui », sont ceux-là même qui confondent chiffre d'affaires et succès de l'entreprise, au sein de laquelle le vendeur n'est en réalité qu'un mal nécessaire alors qu'ils en détiennent la marge qui, elle, est gage de pérennité.

Sans bien le comprendre ces hommes du passé continuent à suivre le modèle de Descartes (contemporain de Pascal), qui prônait le découpage de la réalité et des problèmes. Or un tout produit des qualités qui n'existent pas dans les parties séparées. Le tout ne se borne pas à l'addition des parties. C'est quelque chose de plus qu'un cumul, c'est très exactement une synergie. Toutefois, le tout n'est compréhensible qu'en comprenant les parties, surtout lorsqu'il s'agit d'un système complexe comme le sont nos relations sociales et celles de la négociation. Pascal et Descartes doivent désormais faire bon ménage. De même que la Renaissance s'est produite parce que l'Europe médiévale est revenue à la source grecque, il nous incombe aujourd'hui de chercher une nouvelle « Renaissance » en puisant à de multiples sources et, en matière de négociation, nous inspirer peut-être un peu de la pensée asiatique, moins discursive et plus pragmatique pour que concomitamment à nos traditions, nous contribuions à un meilleur positionnement de nos esprits par rapport aux notions de productivité.

Les techniques ont fait oublier qu'elles ne se comprennent qu'au sein d'une méthode. On privilégie souvent le détail sans l'inscrire dans un ensemble qui lui donne sa signification. Alors que le marketing est initialement une discipline de la vente, une inversion de sens a fait de la négociation une discipline du marketing et transformé les vendeurs en vecteurs de conclusions stratégiques sans convictions réelles. Le discours est aseptisé et les déclarations respirent le prédigéré.

Le marketing de négociation : une valse à trois temps

On retiendra trois temps dans l'histoire moderne de la vente.

- La période du plan Marshall : la demande est supérieure à l'offre. C'est le temps des VRP, propriétaires de leur clientèle.
- Le temps des nouveaux vendeurs : l'offre est égale à la demande, la psychologie dite de l'écoute succède à la ferveur du verbe, ce sont les années 70, que l'on veut différentes du monologue des prédécesseurs. Le profil change, on compte davantage sur la prise de conscience et moins sur l'argumentation. De dominant, le vendeur se place d'emblée, et presque exclusivement, en position de dépendance. On questionne plus que l'on n'affirme. On s'adapte souvent à de prétendus besoins au risque de perturber la logistique dans l'espoir de fidéliser. On voulait fidéliser par la qualité, on n'a fait qu'habituer le consommateur à l'exceptionnel. On a banalisé l'exploit.
- Le temps de la concurrence surgit tel un coup de tonnerre : L'offre est supérieure à la demande, le client, non redevable de sa satisfaction, au lieu de se fidéliser met en concurrence : alors le vendeur se métamorphose en conseiller et quand ce n'est pas assez en ingénieur commercial. Malgré les efforts d'adaptation des mots, plus rien n'est acquis. On entre dans l'incertain et, pour se rassurer, on voue une confiance exacerbée au marketing, au ciblage de clientèle, aux ratios, aux créneaux. On ingénierie la négociation. Les outils commerciaux deviennent vite des paravents. La négociation n'est pas une affaire d'hommes, mais une question d'outils. Si ça ne marche pas c'est la faute au logiciel.

Chacune de ces étapes a apporté son lot d'innovations, de changements et de progrès, souvent utiles mais force est de constater que loin d'avoir dynamisé les forces de vente, ces dernières se sont fragilisées : l'acheteur est devenu joueur. Or les destinées des entreprises ne se jouent pas sur des coups de dés et le fort turnover des forces de vente n'a pas facilité l'enracinement nécessaire de l'entreprise sur son marché.

Comprendre le mouvement pour comprendre la négociation

Quoi qu'il en soit, nous sommes toujours en recherche d'états stables, beaucoup dans un fauteuil et plus rares sont ceux qui comprennent le changement comme étant un équilibre dans le mouvement.

Or la mise en phase du vendeur et de l'acheteur s'opère non dans un rapport de force où de séduction mais dans un contexte humain au sein duquel :
- le complexe procède de la simplicité,
- l'art est un ensemble des savoir-faire qui sait, non sans élégance, aller à l'essentiel.

Le changement : une constante du mouvement

Nous le découvrirons ensemble : la programmation naturelle de la communication est conçue pour réussir à condition que nous en comprenions le mouvement non comme celui d'un système d'horlogerie traditionnel, mécanique, dont nous voudrions qu'il nous donne l'heure parfaitement exacte, mais plutôt compris dans un système ou les fréquences naturelles du quartz sont indicatrices de rythme. C'est cette fréquence que nous devons chercher. Nos anciennes montres ne sont jamais à l'heure exacte que deux fois par jour : au moment où elles sont arrêtées. Courir après la perfection est une perte de temps, d'autant que nous savons bien que les décisions ne sont prises qu'au point le plus fragile, là où s'écoulera demain naturellement le flux. C'est ce point de passage qui doit nous intéresser désormais.

On ne croit pas si bien dire lorsque l'on compare la conduite d'un véhicule à une négociation : ne dit-on pas négocier une trajectoire, une pente, un virage ? Les similitudes sont grandes. L'achat est à la vente ce que la conduite est à la route : une harmonie comprise.

Dans les domaines des sciences humaines, qualifiées de sciences souples, dont fait partie la négociation, à la différence des sciences dures, l'observateur est directement et personnellement concerné par ce qu'il observe : l'homme est son propre outil d'observation mais aussi le sujet et l'objet de son observation. Ici réside la difficulté essentielle : il n'y a plus distanciation mais implication, induction. Lorsque je communique, je suis mon propre outil de travail. Tout travail sur moi rejaillit sur la qualité de l'outil que je suis. Je ne suis pas uniquement négociateur dans ma vie professionnelle, je le suis aussi dans le développement de mes relations amicales, familiales. Pareillement, être manager, c'est être capable de vendre aux autres les techniques et savoir-faire que l'on préconise, ce qui implique une obligation de cohérence : le discrédit vient souvent de l'écart qui existe entre le discours et les actes. Manager, informer, enseigner, coacher sont des actes de vente.

L'objet de cet ouvrage est de contribuer non seulement à une compréhension de ces phénomènes mais aussi, et peut-être surtout, d'en permettre la maîtrise dans l'action qui n'est pas une succession d'instants dépendant du hasard ou de la volonté mais bien un mouvement dont la cohérence et l'efficacité sont conditionnées par des attitudes et des comportements aux variations subtiles. Alors que mes états d'âme n'ont aucune influence sur la transformation de la matière, ils conditionnent plus qu'on ne l'imaginerait les réactions de mon interlocuteur, mes succès et mes échecs.

La négociation : un savoir-faire qui s'acquiert par étape

La maîtrise des paramètres de la négociation implique un cheminement psychologique, intellectuel autant qu'une pratique d'apprentissage et de perfectionnement. Puisque dans ces domaines l'homme et l'outil sont confondus, la difficulté réside principalement dans l'image que nous avons de nous-mêmes. Le processus d'intégration de changements comportementaux nécessite le franchissement des étapes suivantes :

Passer de l'inconscient au conscient

Le « code secret », que nous évoquions précédemment et que nous déclinerons dans un prochain chapitre, est acquis dès le plus jeune âge dans ce que l'on nomme « processus de socialisation ». Très jeune les bases sont intégrées, les rôles sont répartis sans que cet apprentissage ait été enseigné. Nous procédons par mimétisme. Le supplément acquis consistera en une complexification des comportements initialement simples, et ce tout au long de l'édification d'une carrière dont les succès dépendront en grande partie de l'adaptation aux exigences du modèle. Ainsi pouvons-nous savoir faire sans réellement savoir lorsque enfant nous jouions à être marchand. Mais il y a dans le naturel le risque de croire que tout est acquis. Il y a loin de la coupe aux lèvres quand il faut passer du talent au professionnalisme.

Passer de la conscience au savoir, ce que nous appelons *prise de conscience* est ce mécanisme subtil par lequel nous nous objectivons. Cela signifie que nous devenons objet à nous-mêmes et capables de nous regarder sans condescendance ni exaltation. Pour les meilleurs cela se manifeste par le trac, forme d'angoisse du « bien faire », sans lequel, commentait une comédienne de renom, il ne saurait y avoir de réel talent. Conscients de certaines de nos forces (sens du contact, capacité à persuader, aisance dans l'argumentation) et de nos faiblesses (peur de paraître inquisiteur, tendance à trop parler pour éviter les questions, crainte de l'objection), nous nous prédisposons ainsi à opérer des changements pour que les handicaps comportementaux, dont nous avons pris conscience, soient susceptibles de transformation.

De psychologique, la démarche devient alors intellectuelle. Elle passe nécessairement par la connaissance, l'acquisition d'un savoir qui apportera, selon la qualité des sources de la recherche et des maîtres rencontrés, les éléments de compréhension nécessaires à l'amélioration des attitudes, des comportements et des stratégies. Mais espérer passer d'une prise de conscience au savoir-faire sans chercher à connaître revient à augmenter les causes d'échecs.

Transposer le savoir au savoir-faire

Passage délicat s'il en est. Être conscient des changements à apporter, en connaître la nature, ses tenants et aboutissants, ne signifie pas pour autant que l'on sache pratiquer en toutes circonstances surtout lorsque les paramètres à régler, pour qu'il y ait harmonie entre la pensée et l'action, sont nombreux. Pour y arriver, il convient de procéder par étapes : mettre en application le savoir en situation simple et au fur et à mesure des succès, impliquant les réglages issus des échecs, passer à des stades de complexité gradués. De cette façon, au fur et à mesure, la pratique consciente devient un réflexe dont la caractéristique est de ne plus faire appel à la pensée pour agir efficacement à l'instant où il le faut. Ni avant, ni après. Passé ce stade, il est possible d'innover, ce qui signifie se créer de nouvelles pratiques permettant plus d'aisance (trivialement : *les trucs*). Ainsi, à très haut niveau de pouvoir décisionnel, des accords importants peuvent être conclus en quelques instants : le billet est validé par le filigrane, invisible sur sa surface.

Ce processus d'apprentissage est la condition *sine qua non* pour que tout apprentissage comportemental soit durablement intégré et pour que l'on puisse valablement parler de métier ou de profession, en ce sens qu'il devient tangiblement possible de transmettre des savoir-faire étayés selon des bases solides. Ce cheminement peut être opéré par soi-même, c'est ce que l'on appelle l'introspection. Plus facilement, l'apprentissage en liaison avec d'autres permet-il, par rétroactivité, d'en saisir plus aisément les mécanismes jusqu'à ce qu'ils deviennent opérationnels. On passe ainsi, comme le diamant, de l'opacité à la limpidité.

C'est dans cet esprit que nous invitons le lecteur à avancer dans ce livre, non au travers d'idées, de maximes ou de concepts qui se succéderaient à des fins de séduction littéraire, mais au travers d'une pensée au sein de laquelle des données validées forment un tout congruent, cohérent et vérifiable. Ces travaux originaux, princeps, placent cet ouvrage à un point de convergence entre la recherche et la pratique.

Aborder la négociation sous l'angle de la complexité et du mouvement relève de la gageure en un temps où de nombreux éditeurs se garderaient d'inciter leurs auteurs à œuvrer ailleurs que dans le sens de la simplicité, de l'anecdotique érigés en principe de transfert d'expérience.

Si cela se comprenait lors des balbutiements de cette discipline, les exigences intellectuelles ont considérablement et heureusement évolué. En effet, le recrutement des nouvelles forces de vente s'effectuant à bon niveau de formation, leurs attentes en perfectionnement imposent aux ouvrages plus de sérieux, c'est-à-dire que l'on justifie les principes que l'on énonce. Nous sommes maintenant loin des inepties de type morphopsychologique (la nécessité de se faire payer éliminant d'office le prospect de type sanguin !).

Aussi valables que soient certaines formations, elles ont néanmoins toutes pour dénominateur commun de ne laisser que peu de place au client en tant qu'acteur de la négociation, comme s'il suffisait de le faire entrer dans un processus de conditionnement tel qu'il ne puisse qu'abonder dans le sens du vendeur. On comprend ainsi pourquoi les objections sont perçues comme des réactions négatives face auxquelles il faudrait user avec élégance de stratagèmes récupérateurs. Méthodes, techniques et parfois trucs se succèdent selon des terminologies qui se télescopent et rendent difficile la perception globale de l'acte de négociation.

Pour y voir plus clair, il ne faut pas oublier qu'un système est un ensemble, formant une unité cohérente par les éléments qui le constituent, lesquels sont organisés en fonction d'un objectif et ceci au moyen d'un jeu de relations dynamiques (aussi appelées interactions), le tout immergé dans un environnement d'interdépendances communes (les entreprises entre elles avec les marchés). Cette dimension est importante à intégrer car notre éducation nous a habitués à fonctionner par dualité, c'est-à-dire dans un rapport de force domination–soumission, ou par ambivalence consistant à tenter d'unir des positions contraires conduisant à la satisfaction éphémère ou à la contrariété revancharde. Déjà en 1948, en introduisant le concept de « complexité organisée », Warren Weaver allait ouvrir de nouvelles voies à « l'intelligence de la complexité » que Paul Valéry avait déjà définie comme « une intelligible imprévisibilité essentielle », percevant que le système social est conçu initialement pour fonctionner convenablement et se rééquilibrer. Cette imprévisibilité essentielle vient toujours à point nommé.

Le rire est à l'homme ce que le commerce est à la société : ce qui le distingue du reste de la nature. Pour maintenir l'équilibre de son développement, le système ne peut se concevoir que dans une autorégulation intégrée à son programme grâce à des boucles de rétroaction, une sorte de pilote automatique, de thermostat ou de régulateur qui compense les défaillances occasionnelles. Il tolère les erreurs : une fois c'est le hasard, le système la compense, deux fois la même erreur c'est une probabilité, le système la pondère, trois fois c'est une certitude et le système l'évince.

Cette complexité nous sert plutôt qu'elle ne nous entrave. L'efficacité de nos relations humaines et de la négociation en particulier, si tel n'était pas le cas, placerait le vendeur en situation constante de passage d'un examen et l'acheteur en position d'examinateur. Dès lors la relation ne serait qu'artificielle, ce que peuvent laisser accroire certaines approches linéaires et traditionnelles traitant de l'acte de vente. Dans la réalité, les vendeurs savent très rapidement trouver les acheteurs qui leur sont complémentaires. Des ventes se font indépendamment du respect des règles traditionnellement enseignées. Cela signifie tout simplement que le système social est organisé pour fonctionner et non pour sanctionner automatiquement les imperfections. Mais en aucun cas, cela ne signifie qu'il n'existe aucune règle et que le naturel l'emporterait sur la technique. Cette marge de régulation ne nous invite pas pour autant à laisser au seul hasard le soin de diriger nos actes. Méthodes et techniques deviennent alors des supports garantissant que tout ce qui devait être fait pour aboutir l'ait été et ceci indépendamment du résultat qui logiquement, immédiatement ou plus tard, ira dans le bon sens (si toutefois ce bon sens a été préalablement pensé). En procédant ainsi, on optimise les chances de succès et l'on est aussi en mesure d'analyser objectivement les événements qui se sont passés jusqu'à reconnaître, dans certains cas, que la chance a contribué fortement au succès. D'autre part, le respect d'une méthode éprouvée autorise l'expression du talent dans des circonstances exceptionnelles : si la négociation n'était qu'une affaire de talent, nous vivrions dans un perpétuel marathon laissant peu d'ouverture à une carrière et faisant du succès un événement rarissime. Pour ces raisons, la méthode permet de maintenir un état de constant équilibre qui pondère les aléas tout comme fonctionne un processus physiologique de régulation. L'exemple classique est celui de la température interne du corps humain ; elle varie au cours de la journée mais ses variations sont limitées à quelques dixièmes de degrés au-dessus et au-dessous de 37°. Toute organisation complexe doit disposer d'un système d'ajustement autocorrectif afin de prévenir un arrêt de son fonctionnement ou une rapide désintégration de ses parties quand elle est sujette à un fort stress, ce que l'absence de méthode interdit. Le fort *turnover* que subissent les forces de vente ainsi que la relative instabilité de cette profession, malheureusement involontairement orchestrée par des pratiques managériales rarement capables de mesurer autre chose que le quantitatif généré, s'expliquent par ces problèmes d'absence de régulation (et de support pour identifier les variations).

À la différence de l'utilisation que nous faisons de l'ordinateur, lorsqu'il s'agit d'opérer à partir de notre programmation sociale (environnement dans lequel se situe la négociation et le management), nous devons être conscients de ce que nous faisons au moment où nous le faisons. Les séquences à partir desquelles nous opérons, de la prise de contact à la conclusion, constituent autant d'applications qu'il convient de maîtriser suffisamment si nous voulons aboutir au résultat escompté.

Heureusement en communication, nous le verrons plus tard, le programme de l'émetteur et celui du récepteur fonctionnent en symbiose. Les faiblesses de l'un peuvent être compensées par les forces de l'autre et les savoir-faire réciproques convergent dans le sens de l'intérêt commun. Ces programmes sont conçus pour maintenir une stabilité relative (qui est en réalité un mouvement), sans laquelle rien ne serait possible. La négociation n'est jamais une affaire de tout ou rien. Les relations humaines sont conçues dans un système qui permet de garantir le maintien d'un état normal de bonne santé. En effet, les facteurs statistiques de complémentarité font que 1/3 de nos relations aboutiront potentiellement à une solution satisfaisante, 1/3 seront neutres et 1/3 pourraient avoir un caractère conflictuel latent, ce dernier tiers contenant une faible probabilité de conflits ouverts. La recherche naturelle de stabilité et de sécurité permet d'expliquer les raisons pour lesquelles nous nous préoccupons si peu de l'aspect qualitatif de nos relations. Les choses sont conçues pour fonctionner, en conséquence de quoi notre esprit endormi par la sécurité intrinsèque du système communicationnel ne se met à fonctionner que lorsque nous devons porter attention aux dysfonctionnements… après qu'ils se soient produits. Toutefois, comme nous n'avons manifesté précédemment que peu d'intérêt aux causes de ce bon fonctionnement, nous ne disposons alors d'aucune grille fiable d'analyse permettant de remédier au problème qui survient. C'est donc au sein de cet illogisme scotomisant que nous attribuerons au hasard nos échecs et à la chance certains de nos succès inespérés. Nous ne sommes alors pas plus avancés : bouteilles de champagne ou lettres en accusé de réception contribuent ainsi à entretenir le tonneau des Danaïdes de l'obscurantisme. Le rejet de ce qui est perturbant est la condition de l'immobilisme, laquelle est entretenue par l'illusion de l'existence d'une perfection.

En réalité, la stabilité se caractérisant par une succession d'équilibres permettant de s'appuyer sur des variations qui font avancer. Un état stable n'est donc pas un état stationnaire : il varie dans certaines limites autour d'une norme (au sens de valeurs normales) vers un objectif.

C'est aussi tout le drame de l'amour : tout l'effort est porté au début, seuls ceux qui sont aptes au bonheur savent que ce n'est là que le début du travail. Professionnaliser la relation, qu'il s'agisse de vente, d'enseignement, de management, c'est agir en généticien de la communication. On gagne en optimisant le naturel et, dans le cas qui nous occupe, en favorisant un taux de transformation supérieur à ce que les choses font naturellement. Cette position initiale, authentiquement professionnelle, permet alors de concevoir, de planifier des opérations pour atteindre l'objectif en mariant qualitatif et quantitatif.

Cette notion peut être étendue aux pratiques politiques, à la gestion d'entreprises et généralement à la gouvernance des acteurs (*contractants*) d'un système social. Une stratégie double est celle où l'action menée pour atteindre un objectif contribue aussi à en atteindre un autre, parfois antagoniste du premier : c'est le lien entre rentabilité et développement social, le lien entre le quantitatif commercial et le qualitatif relationnel. Le quantitatif produit est d'autant plus élevé que les marges d'incertitudes se trouvent réduites par la maîtrise consciente des paramètres de réalisation. Si l'on porte attention au chiffre d'affaires généré par un commercial, est-on conscient que pour y arriver, l'investissement d'une heure de négociation approche en moyenne les 200 euros ? En laissant au « naturel » des choses le soin d'opérer les résultats par complémentarité, donc par le jeu du hasard, nous nous priverions d'une marge potentielle de retour sur investissement minimal de l'ordre de 30 %.

En plaçant la relation commerciale dans un système permettant de saisir l'enchaînement des phénomènes par des causes maîtrisées, non seulement nous renforçons l'efficacité mais plus encore nous quittons un univers fait d'inquiétudes, de rancœurs pour entrer dans celui de la conscience, de la compréhension et de l'action positive.

Les métiers de la négociation peuvent se pratiquer avec aisance sans que l'on ait recours à des subterfuges ou à des acrobaties qui faisaient écrire à Léon Bloy dans *Exégèse des lieux communs* (Mercure de France) : « "Le mensonge, le vol, l'empoisonnement, le maquerellage et la séduction, la trahison, le sacrilège et l'apostasie sont honorables lorsqu'ils sont dans le commerce", ou encore "À plat ventre devant le client",, disait un jour devant moi une patronne de café à un de ses garçons, "toujours à plat ventre, quand on est dans le commerce !", […] Ce jour-là, j'entrevis, comme un éclair, la beauté mystérieuse et irrévélable du commerce. »

Résumé

- Le hasard peut intervenir favorablement ou défavorablement dans toute forme de communication. La négociation et la vente n'y échappent pas.

- La nature des choses fait que notre programme de communication est conçu pour fonctionner positivement par régulation des complémentarités entre acheteur et vendeur.

- Pour réduire l'incertitude dans la complexité que représente la négociation, il faut en comprendre les mécanismes subtils et l'interdépendance des rouages de son mouvement dynamique. Ils reposent sur des principes simples.

- En maîtrisant les causes on anticipe sur les effets.

- L'attention portée au qualitatif relationnel optimise le quantitatif.

- L'acte de vente comme l'acte d'achat nécessitent une qualité de réflexion reposant sur des bases validées qui rendent plus aisées la pratique et facilitent les décisions.

- Le savoir-faire commercial est affaire de prise de conscience, d'acquisition de connaissances et de pratique dans un esprit de service conscient des enjeux. Le talent n'est alors qu'un atout supplémentaire à la normalité.

000

CHAPITRE II

VALORISER L'EXPLOIT

Une question de formatage

Si je reste très circonspect à l'égard de ce que les sociologues nomment « culture d'entreprise », qui à mon sens procède d'une démarche intellectuelle quelque peu népotique, je reste persuadé qu'au sein d'un même secteur d'activité on puisse parler authentiquement de culture professionnelle. Il faut toutefois que nous nous entendions sur le mot culture dont le caractère polysémique (mot pouvant prendre plusieurs significations) me conduit à choisir plus son acception paysanne que courtisane.

En y regardant de plus près, ce que nous appelons culture est constitué de ce qui hier était rejeté et qui nous est ensuite présenté comme une valeur : la culture serait-elle un compost fertilisant, le guano du changement ? On imagine alors aisément que se plonger dans la culture d'une profession ne soit pas un acte mondain. On pénètre dans un univers fait de totems rassembleurs, de tabous secrets et de fuites peu glorieuses, mais c'est à ce prix que l'on peut penser juste pour parler vrai : en allant voir de l'autre côté du décorum.

Toute culture professionnelle contient les gènes psychosociaux qui nous sont transmis par le système d'appartenance au moment où nous y entrons et qui conditionnent la perception que nous avons de l'environnement dans lequel nous devons exercer. Rassemblés, ils forment un paradigme, qui signifie étymologiquement : *exemple à imiter*. C'est le point de vue issu d'une subjectivité collective à partir duquel les individus d'un groupe se font une conscience du monde qui les entoure ainsi que de la manière de l'aborder. Ce point de vue oriente la perception de façon sélective. Un paradigme professionnel est donc un mélange de culture et d'*occulture* (culture occulte) : ce qu'il faut voir et ce qu'il faut se garder de voir, l'écart entre ce que je dis et ce qu'en réalité je fais, ce que je parais et ce que je suis, ce que cela devrait être et ce que cela est.

Une erreur majeure consisterait à ne concevoir l'entreprise qu'en termes génériques et de l'animer au gré des modes, souvent issues de la mouvance sociale. À titre d'exemple, l'attrait pour la spéculation, stimulé par le fort développement de la Bourse des années 90, a favorisé de nombreuses alliances entre des transporteurs de taille moyenne, qui se sont soldées par un taux de 33 % d'augmentation des défaillances de leurs entreprises entre 1989 et 1990.

Le concept même de concurrence entretenu par la Commission européenne comme facteur déterminant de la croissance n'a eu pour effet qu'une diminution des prix par allégement des coûts alors que dans un même temps, l'augmentation considérable de la qualité et de l'organisation permettaient aux clients de travailler en flux tendu et ainsi d'enregistrer des gains considérables sur la gestion des stocks. La concurrence acharnée dans le secteur des transports, conjuguée à la réduction des marges et à l'augmentation du poids de l'investissement, a fait qu'au lieu de se trouver renforcée, la profession s'est paupérisée en développant la sous-traitance. Dans ce secteur, l'équilibre ne s'explique que par le chômage qui a donné naissance à de tâcherons sans attestation de capacité, parfois encouragés en cela par leurs employeurs initiaux afin d'obtenir une meilleure productivité (Pierre Jannin, *Le Transporteur face à la crise*. Éditions Celse). C'est l'époque du paradigme de la création d'entreprise.

Puis est apparu la période du « tout commercial » qui vit les dirigeants d'entreprises s'éloigner du contact direct avec leur clientèle pour devenir des gestionnaires, confiant le cheptel à de jeunes loups qui, les yeux rivés sur le tableau de bord du chiffre d'affaires, allèrent au plus simple : la séduction par les baisses tarifaires. Cette stratégie de conquête ignorait la fidélisation. On ne se déplaçait plus chez le client acquis que pour résoudre des problèmes dont la solution consistait à apporter réparation à quelques malfaçons par de nouvelles remises. Les statistiques sont formelles : durant cette période, alors que le *just in time* s'imposait avec son cortège d'investissements nécessaires, on enregistra une baisse de 15 % des prix qui ne servit ni à la baisse des tarifs pour le consommateur final ni à augmenter la marge bénéficiaire des fabricants de produits (le coût du transport représentant moins de 1 % du prix d'un produit). Tout cela sans compter les nombreuses améliorations techniques, imposées par les clients ou par la législation (informatisation pour le suivi des colis en temps réel, fourniture d'informations statistiques, système de température dirigée, etc.), dont jamais les coûts n'ont été répercutés par des forces de vente. Pourtant, dans leur vie quotidienne, ces dernières, comme leurs clients, acceptent de payer le prix de l'essence en libre service sans que soit déduite de ce prix l'absence de service. Il en est de même pour la consultation de leurs comptes auprès de leurs banques alors que l'argent déposé ne rapporte rien, ou encore qu'ils s'offusquent de devoir rétribuer l'information détaillée de leurs factures de téléphone, sans compter l'obligation de passer par des *hot lines* payantes pour demander la mise en fonctionnement de services censés être compris dans le prix de vente des matériels. Tout ça n'est rien moins qu'affligeant.

Alors, que l'on cesse une fois pour toutes de solliciter des cabinets experts pour former les vendeurs aux techniques de vente ou à la défense des prix tant que les dirigeants ne retourneront pas au front d'une certaine cohérence dans le développement économique ! Le développement est une affaire de justes équilibres. Ils sont les seuls à être fondamentalement crédibles face à leurs clients importants pour agir dans le sens d'un jeu gagnant-gagnant. Les commerciaux sont leurs vecteurs complémentaires, les démultiplicateurs de leurs stratégies.

On pourrait toujours contre-argumenter que les commerciaux, en tant que représentants de l'entreprise à l'extérieur, ont le devoir d'agir dans le sens de l'intérêt de l'entreprise. Toutefois, faire partie du corps de l'entreprise ne signifie pas que l'on en ait la paternité, comme c'est le cas des dirigeants, qui doivent être conscients, par essence et par anticipation, des conséquences possibles de mauvaises options fondamentales ou bien des déviances de leurs systèmes. L'équilibre dynamique repose sur des politiques engagées et des formations conformes au sens anthropologique (constantes vitales de l'humanité), ce qui implique en parallèle un management de toute autre nature que celui pratiqué indépendamment des bonnes intentions. Cela va certainement à l'encontre d'une forme d'angélisme économiquement correct, mais la réalité veut que cela soit dit, ne serait-ce que dans un discours visant à la valorisation des performances à bénéfices partagés, sujet que nous aborderons ultérieurement par les *négoterms* (termes de la négociation) dans l'analyse pratique d'un cas (chapitre XI).

Il est en effet de toute première importance d'avoir conscience que les paradigmes sont à l'origine des attitudes conduisant à l'adoption de comportements qui se manifestent et qui transparaissent au travers de la communication. Ces façons de voir sont acquises par imitation (mimétisme). Elles conditionneront les réactions des interlocuteurs et dans le cas de la vente, celui de l'acheteur. Autant dire qu'il serait inconséquent de sous-estimer ce qui se passe dans les têtes, le non-dit, dont on ne parle que dans les cercles professionnels et qui pourtant, à notre corps défendant, transpire à l'extérieur.

Ce formatage socioprofessionnel est opéré par les paradigmes propres à l'entreprise à partir desquels s'opère la coopération entre personnes (hiérarchiques ou non) selon des modèles internes valorisés, ou selon des interdits souvent compris implicitement.

De bons programmes d'actions commerciales seront totalement ou partiellement voués à l'échec tant que le langage ne sera pas mis en conformité avec la pensée qui anime l'organisation, laquelle ne doit pas être distincte de celle des décideurs. Cela implique que ces derniers la formulent de façon structurée, non au travers des banalités d'usage qui font vibrer les auditoires lors des cocktails de fin d'année ou bien en faisant appel à l'émotion dans des chartes thuriféraires, mais de façon à ce que cette pensée soit conforme à la nature même de l'entreprise (ce qui implique de situer ses atouts et ses perspectives *économo-éthiques* non dans l'absolu mais dans la réalité). Sans cette communion, on assistera irrémédiablement à des dysfonctionnements que les informaticiens appellent des bugs. Ces bugs sont perçus par les clients, consciemment ou intuitivement. À cet endroit se situent toujours les points de fragilité par lesquels pénétrera ce qui deviendra acquis pour le client, alors qu'ils n'étaient, au départ, que des remises. C'est dans ces zones de fragilité, en tant qu'écart entre réalité et perception, que se jouent les crises. Les pouvoirs politiques l'ont compris, lesquels, tout au long de l'Histoire, surent interdire les regroupements trop fortement structurés. Toutefois le droit d'association faisant partie intégrante des constitutions de nombreux pays, ne peut s'opposer à ce que des structures de veille soient habilitées à mettre en place, par anticipation, les parades qu'imposent des pratiques incohérentes qui, à terme, peuvent devenir dommageables pour la collectivité concernée. Le monde du transport, dans notre exemple, bénéficie à cet effet de nombreuses structures collégiales, ainsi que de pléthore de chambres syndicales et autres organismes de formation compétents, sans néanmoins avoir authentiquement pris conscience de la puissance régulatrice qu'ils représentent pour sortir de la servilité qu'il se laisse imposer par le marché. La puissance syndicale, dans notre monde en changement, trouvera une nouvelle légitimité non seulement en se référant à ses capacités historiques de défense des acquis, mais surtout en sachant anticiper les réactions qu'il convient d'avoir face à des pratiques susceptibles d'engendrer des phénomènes contraires aux intérêts d'un juste équilibre. Faute de cela on laissera à l'anthropophagie socio-économique le soin de résoudre les crises. Et dans ce domaine c'est rarement le plus maigre qui est consommé le dernier ! Nous sommes bien évidemment conscients que la mobilisation est toujours rendue plus aisée en temps de crise que lorsque les prémices d'une éventuelle crise sont en gestation. Afin d'intervenir à bon escient, des formes nouvelles de communications internes doivent être recherchées. Elles sont à inventer : C'est une affaire de changement de paradigme et plus simplement de saine logique. Pour nous en convaincre, remémorons-nous la persistance des chefs d'états-majors à se référer au passé pour se préserver derrière l'obsolescence d'une ligne Maginot qui était en soi l'expression d'une pensée défaillante par rapport aux avancées technologiques de l'époque. La bataille pour défendre les acquis passe désormais non plus par la réaction mais par l'anticipation. Les outils sont là à notre disposition, à portée de main, les architectes sont compétents, c'est maintenant une question de plan puis de démultiplication (notamment via les multimédias modernes).

Le fil de l'épée.

La seule certitude sur laquelle nous pouvons nous appuyer est qu'une solution unique sera, dès lors, toujours la mauvaise. Les exemples chiffrés, cités précédemment, sont suffisamment éloquents pour que nous convenions de la nécessité de penser autrement le développement et la fonction commerciale comme étant l'interface client entre la production et la gestion, le tout placé sous la gouverne de capitaines présents sur le pont et moins sur la lecture des cartes retraçant l'itinéraire déjà parcouru. En effet, le cap à prendre, s'il peut être défini au regard du passé immédiat, ne peut se référer, maintenant et vraisemblablement pour les quelques décennies à venir, à aucune carte connue. Ainsi, penser le développement commercial implique de le contextualiser. Le pilotage de l'incertain est une chose accessible. Les leaders de la distribution en font une pratique qui peut servir de référence. Après tout, s'il doit y avoir un observatoire du commerce, son point d'ancrage se trouve incontestablement au niveau du transport. C'est par lui que tout converge pour être produit puis distribué. Tout cela est à portée de main. Le reste est une affaire de sciences statistiques reposant sur une volonté de comprendre pour anticiper. On peut sur ce sujet se référer à l'excellent ouvrage de Paul Avril, *Le Pilotage de l'incertain dans la distribution* (Éditions d'Organisation), dont il est possible de retenir un point fondamental, celui de la ligne d'horizon qui est la distance mesurée vers le futur du champ visuel nécessaire à la prise de décision. L'observation du passé sert à ce que la prévision soit optimale : c'est le recul. La prévision est une science lorsque le passé répond dans une certaine mesure à l'avenir, lorsque la prolongation des courbes est licite et conduit à des prévisions dont le halo d'incertitude reste tolérable (ce qui implique de chercher dans les tranches du passé ce qui est le plus propice à la prévision d'avenir, notamment lors de changement de cycle. La prévision ne consiste donc pas à chercher à recréer un équilibre passé mais à le concevoir dans le mouvement. La nostalgie est la manifestation d'une pensée dépassée.

Le messager des dieux

Les Grecs anciens ont attribué à Hermès la fonction de messager des dieux, avec pour attribut le caducée qui est également le symbole des marchands et des médecins. Bien qu'auréolé de toutes ces vertus, Hermès est un dieu ambivalent, c'est aussi le dieu des voleurs. Pour moins de sévérité et plus de poésie, nous affecterons cette caractéristique à ce que les maîtres de chais appellent la part des anges.

Cette ambivalence d'image concerne le monde du transport dans l'exemple précédent, mais aussi le commerce et la médecine. Dans le monde du transport, la part très importante de petites entreprises constituées de moins de 6 salariés trouverait son explication sociologique dans une certaine forme de liberté. Cette autonomie recherchée a un prix, celui des contraintes à subir, conséquences d'une fuite des réalités d'un monde trop contraignant où vivre est plus important que gagner. Pris sous cet angle, certes caricatural, nous comprenons mieux pourquoi le prix de vente est calculé, non à partir de la valeur ajoutée au produit transformé mais sur la valeur attribuée au temps par celui qui l'apporte, ce qui finalement autorise le donneur d'ordre à se placer en position d'autorité. Pour s'en sortir, on augmente les quantités faute de pouvoir intervenir trop sur la qualité et encore moins sur la nouveauté, cette dernière étant laissée aux grands groupes et aux multinationales.

Le qualificatif de crise, que nous accolons à certaines période au mot économie, ne serait-il pas en réalité que celui de la conscience que nous perdons du nécessaire maintien des équilibres de nos interdépendances après que ceux-ci aient contribué aux succès de l'un ou de l'autre des partis. La fidélité ne se comprendrait-elle que dans la confiance, laquelle ne serait alors qu'un ciment de façade contre l'incertitude ?

L'achat comme la vente sont des actes de médiation, trop souvent perçus par les entreprises comme un mal nécessaire. Pourtant, c'est bien à ce niveau que peuvent s'opérer les changements de mentalité et se clarifier les ambivalences entre nomadisme et modernité, entre un système fermé sur soi et un système de marché, ouvert sur l'interdépendance.

L'entreprise : un discours ambivalent

> *« Tout ce que ton corps exprime parle si fort*
> *que je n'écoute plus*
> *ce que tu me dis ».*

Lorsque l'on consulte des forces de vente, on est toujours surpris par la surestimation attribuée au donneur d'ordre. Il est placé d'emblée en position proactive (préalablement active), comme si le fournisseur était plus une pièce rapportée qu'une valeur ajoutée.

Malheureusement, contrairement à ce que l'on penserait de prime abord, nombreux sont les sous-traitants qui se satisfont d'une relation asymétrique injuste. Cette situation consentie peut s'avérer avantageuse pour le donneur d'ordre : elle lui permet de mieux répondre aux attentes de ses propres clients en se focalisant sur ses propres activités. Ainsi le dominant est celui qui ne peut externaliser. D'un point de vue macro-économique les relations dominées par le donneur d'ordre autorisent des prix à la baisse. En corollaire, elles engendrent une dégradation des situations socio-économiques et financières des entreprises sous-traitantes ainsi que des conditions de travail délicates liées à la recherche de gains de productivité improbables, ce qui place le vendeur en situation de dépendance.

Quoi qu'il en soit, les politiques régulatrices actuellement suivies ne semblent guère permettre de contrebalancer cette tendance. La mise en œuvre d'une politique plus opérationnelle nécessiterait sans doute de répondre à plusieurs interrogations, comme celle qui consisterait à préciser le rôle exactement joué par la sous-traitance dans cette situation. Agit-il comme une cause première ou comme un facteur révélateur, voire amplificateur des problèmes dont beaucoup dépendraient de l'esprit dans lequel se déroule la commercialisation ? Parallèlement, il conviendrait, semble-t-il, de se demander aussi si une hausse des prix permettrait de résoudre les problèmes actuels ou si elle n'en engendrerait pas d'autres.

Autant de questions auxquelles il est difficile de répondre si l'on sait que le développement de nos sociétés occidentales est en partie fondé sur la multiplication des échanges, l'élargissement des marchés, et donc sur une pseudo-logique de prix bas payés en grande partie par les faillites. L'indépendance inhérente au métier du transport (qui nous sert d'exemple) ne favorise pas l'unité d'action qui est certes socioprofessionnelle, syndicale et politique, mais avant tout une affaire de vente, comme nous le verrons. Cette affaire ne se solutionnera qu'à moyen et à long terme, à condition que la commercialisation prenne en compte d'autres facteurs de vente que ceux traditionnellement mis en avant. Il est vraisemblable que le consommateur citoyen de plus en plus soucieux d'écologie, ou plus exactement d'*économologie*, viendra perturber un jeu actuellement à somme nulle pour l'inviter à penser autrement. Demain, les ennemis de mes amis d'aujourd'hui ne seront pas obligatoirement mes ennemis.

Le chiffre d'affaires se fait dans la logique, les marges dans la volonté de défendre des réalités « gagnant-gagnant ». L'homme ne vit pas seulement de pain, dit l'Évangile.

En agissant sur les représentations le commercial peut et doit devenir un médiateur entre l'entreprise et le marché, avec sa double dimension à la fois humaine et technique.

L'escalade technologique atteint certes une cote d'alerte qui, en éloignant la pénibilité de la production, a accentué les égoïsmes, amenuisé le désir d'appartenance et dévalorisé la valeur de l'effort travail. Qu'on ne s'y méprenne pas : si les diamants sont rares, c'est qu'on organise leur rareté pour maintenir la valeur du désir : il en est de même pour toutes les autres activités et le mot commerce l'illustre bien : c'est à la fois une affaire d'échange, mais aussi une relation. Ne dit-on pas faire commerce d'amitié, être de commerce agréable ! À l'entreprise de savoir faire le commerce de ses attraits au-delà des arguments techniques que tous développent dans un banal conformisme.

En voulant apparaître comme puissantes, les entreprises ne donnent pas une image réelle du monde de ce qu'elles sont. En communiquant avec ce type de maladresse, elles participent à leur propre dépréciation car l'image présentée n'est en aucun cas conforme à ce que les gens en attendent. Le pire c'est que chacun en est conscient, mais que par pudeur personne n'ose le premier pas.

S'il existe une fonction capable d'inverser la tendance, tant en terme d'image que de résultats, celle-ci incombe bien à l'Hermès (Mercure) de la communication, au transporteur de messages, c'est-à-dire au commercial. Interrogeons-nous un instant : si tout dans un métier de prestataire était si facile qu'on voudrait le laisser croire, alors pourquoi les donneurs d'ordre ne le pratiqueraient pas eux-mêmes ?

Malheureusement, plus on est éduqué et plus on croit pouvoir se passer des évidences. L'intelligence, c'est de se les rappeler. S'appuyer sur l'imaginaire c'est retourner plus qu'on ne le croit aux réalités : sans cela on entre dans le chemin du détachement. Les choses ont une valeur que le désir connaît bien, alors pourquoi autant de pudibonderie ?

Pour être efficace, la communication commerciale doit s'appuyer sur une symbolique professionnelle forte et non pas sur des chartes d'entreprises dont les litanies lénifiantes ont pour seul objet de permettre à chacun de mieux encore se mentir à lui-même. Le dormeur est un égoïste, il se désinvestit de la réalité, perd progressivement la perception de l'équilibre qui l'entoure et vient lui-même à le perturber.

Les conditions de production sont fréquemment passées sous silence et le travail ainsi que les compétences des hommes sont toujours absentes des discours commerciaux, à telle enseigne que le client n'a plus le sentiment de la pénibilité de l'action qu'il s'épargne, ni que celle-ci se trouve transférée à d'autres : professionnels formés compétents et travailleurs. Ainsi, par exemple dans le secteur très physique du déménagement, le discours commercial exclut la pénibilité du travail des hommes. Le client entend parler de *cubage*, le banquier de *transports de fonds sécurisés*, et pour les autres de *traçabilité*. Le client n'a alors plus conscience de ce qui lui est épargné : fatigue, danger, temps perdu. Pour couronner le tout, on croit justifier de son professionnalisme et mettant en avant des normes ISO dont la caractéristique réelle est qu'elles sont définies en amont par les professionnels eux-mêmes, lesquels se gardent bien de mettre en avant les conditions de production. Ainsi les contrôles opérés par des organismes dits « indépendants » n'ont-ils pour objet que de constater ce que l'on veut bien soumettre à leurs observations. À titre d'exemple, dans l'activité du déménagement, le numérotage des colis enlevés, l'identification de leurs contenus ainsi que le référencement des pièces dans lesquelles, à réception, ces colis devront être entreposés, ne sont définis comme des normes de qualité. En revanche, on pourra toujours lire dans les chartes que le client dispose d'un délai de l'ordre d'une semaine pour faire-part d'éventuels dysfonctionnements à condition d'avoir souscrit une assurance complémentaire, bien évidemment avenante au contrat. Je mets au défi quiconque dans cette situation d'être capable, à réception ou dans un délai d'une semaine, de vérifier l'intégralité de ses biens dans un capharnaüm de cinquante mètres cubes répartis de façon disparate entre la cave et le grenier. À qui sert alors la norme ? Si les ingénieurs en normalisation s'étaient penchés non uniquement sur les subterfuges de l'amont et de l'aval de la production mais sur le « pendant », ils auraient été d'un grand secours pour la mise en valeur d'un travail authentiquement professionnel, et le cas échéant pour la constitution d'un argumentaire commercial efficace. En vérité, un déménageur ne vend pas du cubage kilométrique mais en référence à une valeur ajoutée qui est l'économie de temps, d'efforts qui bénéficieront au client. Selon le type d'organisation choisie, à réception le client multipliera ou divisera son temps d'installation. On vend alors de l'emménagement et non plus du déménagement. Cela a un prix, cela se vend, et cela se justifie par rapport à la valeur que le client accorde à son temps : « quand on a le temps, on n'a pas l'argent, quand on a l'argent on n'a pas le temps » dit la chanson.

En effet, *il n'y a rien de plus stupide que de banaliser l'exploit* : la mariée serait-elle trop belle ou aurait-elle quelque chose à cacher ?

En d'autres termes, le commercial à deux façons d'établir son portefeuille. La première consiste à le mettre sous cortisone par une communication conforme au discours traditionnel empreint d'une froideur gestionnaire, dans l'espoir de maintenir l'existant, conscient qu'il s'agit d'une peau de chagrin. La seconde, plus stimulante des mécanismes de vigilance, place le donneur d'ordre en situation d'ordonnancement de ses préoccupations, de détermination de ses motivations d'achat, lesquelles sont à la fois de nature rationnelle, contextuelle et affective. Les enjeux étant différents, la valeur ajoutée le sera par la même occasion.

Tout comme le publicitaire, le vendeur doit savoir lier le caractère rationnel et affectif de la demande afin de situer la communication concernant sa prestation dans une symbolique adaptée. Dans les années qui ont suivi la Seconde Guerre mondiale, la demande était telle que, supérieure à l'offre, elle ne nécessitait pas l'intervention d'un commercial. À cette époque le symbolique était présent en permanence, orienté vers la reconstruction du pays : référence commune évidente après des périodes de privation. La peur engendrée par des années sombres mettait tout le monde en situation de vigilance.

Notre cerveau est fait pour la survie et les mécanismes physiologiques qu'entraînent les conséquences d'une peur sont de nature tonique. Les mécanismes psychologiques qui s'opèrent vont à la recherche de solutions grâce à l'imaginaire, qui est par essence symbolique. Rappelons que l'amygdale, lieu du déclenchement du désir et de la peur, ne peut être stimulée par la cortisone…

Progressivement, la situation économique s'améliorant, l'offre, devenant équivalente à la demande, fera s'estomper la valeur symbolique et après une période de *show off*, rassasiés que seront les acheteurs et les vendeurs, l'affectif se trouvera neutralisé : il est de bon ton de ne plus s'enthousiasmer mais de se valoriser en dédaignant ce que l'on a aimé. A l'instant où l'offre devient supérieure à la demande, le sens se perd, les économistes parleront de crise, les plus perspicaces d'anoxie du désir. Entre-temps, ce mouvement donna naissance à la publicité qui ajouta à la réclame le symbole, capable de réveiller les désirs qui s'endormaient. Paradoxalement, ce sont les entreprises reposant sur une technologie simple qui s'en emparèrent pour créer puis répondre à des besoins secondaires, non essentiels. Parallèlement à l'avènement de la publicité émergera le marketing, qui accentuera plus encore la distance entre les hommes de l'entreprise et le client par le biais de techniques dont l'efficacité réelle aura aussi pour effet l'éloignement. Progressivement, l'entreprise perdra le contact direct avec sa clientèle alors que la qualité des produits et des services s'améliorera considérablement : le résultat sera malheureusement contraire à l'objectif souhaité : en effet, malgré les prouesses technologiques mises en œuvre, au lieu d'être fidélisée par le zéro défaut de produits performants, la clientèle entrera, pour seul remerciement, dans le tout-concurrentiel et dans des négociations de plus en plus âpres, l'ensemble aboutissant progressivement à une dévalorisation de l'objet. Ainsi l'abonnement à des bouquets satellites représente-t-il en deux ans la valeur du prix d'un téléviseur, les services annexes liés à l'acquisition d'un véhicule équivalent-ils à la valeur même de ce véhicule au bout de peu d'années, et l'acquisition de deux DVD équivaut au prix d'achat du lecteur. La société dite matérialiste se dématérialise, aussi est-il pensable d'envisager, non la gratuité des objets mais son insertion dans le prix des services liés à son utilisation, plaçant les prestataires en situation de commanditaire. De nouvelles portes s'ouvrent.

Dans ce contexte, l'aide des commerciaux s'avère déterminante pour que la communication permette les changements d'images escomptés. Pour ce qui est de l'immédiat, toute nouveauté suscitant de l'intérêt, il y a fort à parier que les résultats amélioreront la situation actuelle. Le risque est donc nul. En plaçant l'acte de vente dans une perspective humaine que je qualifierais d'*économologique* (unissant écologie, économie et le *nomos*, du grec qui signifie norme) les résultats seront non seulement supérieurs mais plus durables et apaisants. Encore faut-il oser. Il n'y a pas de commerce sans témérité et le marché peut être formé par les vendeurs, c'est d'ailleurs l'une de leurs fonctions. Nous avons les clients que nous méritons, ils sont ce que nous en avons fait et seront demain ce que nous voulons qu'ils soient A ce carrefour, deux solutions s'offrent à nous : soit réenclencher une dynamique économique canéphore (symbolisée par les porteuses d'offrandes grecques de l'Antiquité) ou canéphage, néologisme créé pour qualifier la consommation de ces mêmes offrandes par les porteuses elles-mêmes, phase dans laquelle nous sommes entrés depuis une décennie par absence d'horizon visionnaire.

Dans le premier cas nous émergerons, dans le second cas nous continuerons nos comportements anthropophagiques. Certains, à juste titre, diront qu'il s'agit là du rôle des politiques, mais dans une démocratie les élus sont l'expression de ce que nous sommes et c'est malheureusement le tragique (qui en grec signifie *action*) qui fait émerger les meilleurs d'entre eux des sommeils majoritaires. Cette attitude passive ne nous distingue en rien d'une forme tragique d'animalité qui fait que lorsqu'une espèce mute, elle abandonne derrière elle les deux tiers de sa population. Même si la nature est bien faite, l'humanité ne peut se contenter de ne préserver qu'un potentiel. Nous sommes armés d'une intelligence, donc d'une capacité d'anticipation. Faisons-la agir en considérant que le tragique, au sens de l'action, est au bonheur ce que les lamentations sont aux réveils cauchemardesques. Pour citer saint Thomas d'Aquin, « la sainteté est une longue suite d'habitudes ». C'est aussi le cas du véritable héroïsme : faire au quotidien des petites choses pour ne pas avoir à en faire de grandes, pour s'être endormi sur les lauriers des victoires précédentes. La veille sociale et économique est l'affaire de chacun dans les actes du quotidien, mais on ne décore toujours les maréchaux que pour faits de guerre et jamais pour l'avoir évitée.

Faire appel à l'imaginaire

En quoi serait-il plus difficile de vendre du transport que de l'air dans des baskets, des bulles dans du Coca ou de la feuille de tabac pour lesquels la publicité n'est, en réalité, qu'un mensonge partagé ? La qualité d'une communication serait-elle inversement proportionnelle à la complexité technique qui préside à la constitution du produit ou du service pour lesquels la publicité pourrait être une vérité échangée ?

S'il faut évidemment que la valeur de ce qui est proposé soit probante, la place laissée à l'implication personnelle de l'interlocuteur vers la décision favorable peut-être décisive si le commercial ne la cantonne pas dans le rationnel d'une communication de type réclame.

Nous sommes sujets les uns et les autres aux images, ce sont elles qui font la décision en nous projetant dans un avenir désiré. Le jeu de la négociation consiste à harmoniser les perceptions vers ce qui est désiré : la communication est loin d'être un gadget. La sécurité réside dans les normes et la confiance dans la foi (étymologiquement *fides*, qui du latin donnera le mot fidélité). La foi ne s'établit pas sur du rationnel mais sur un engagement réciproque, sur une hypothèse et non sur la certitude.

S'il faut savoir affirmer avec conviction, il faut aussi suggérer pour induire et pour cela faire appel à l'imaginaire, créer l'excitation qui conduit au geste d'achat, réduire les tensions par la convergence entre rationnel et affectif. Colette déclarait souvent que « le bonheur consiste à continuer à aimer ce que l'on possède ». Ainsi peut-on passer d'une stratégie de captation à une stratégie de fidélisation, mais cela nécessite de la constance et de ne vendre que ce qu'on peut convenablement réaliser, de gérer sainement pour rester disponible à son marché, de manager non dans la manipulation mais dans la juste clarté qui permet de préserver son intérêt sachant qu'il est sous-tendu pour un intérêt collectif mobilisateur. Cela est concomitamment valable pour l'acheteur qui doit, pour le moins, avoir la reconnaissance du ventre. Après tout, que serait-il sans la production d'objets ou de services aptes à satisfaire ses attentes ?

Le changement est une affaire d'imaginaire autant que d'organisation. Le vendeur en est le médiateur extérieur, l'indicateur de sens qui forge l'opinion. Il est l'expression des valeurs qu'élabore l'entreprise et le fer de lance à la convergence de la verticalité des décisionnaires et de l'horizontalité des interactions qui se produisent. Pour aboutir à cela, les décisionnaires doivent faire intervenir leur souveraineté, qui n'est pas affaire de délégation mais d'implication engagée. Le pouvoir n'existe en effet que s'il s'investit d'une valeur supérieure qui anime la collectivité et paradoxalement qui fait de lui un serviteur.

Le monde de la vente se pose fréquemment la problématique de la négociation avec les grands donneurs d'ordres ou les centrales d'achat. Autant dire que ce sujet pose peu de difficultés pour ce qui est de la technique de négociation, le jeu est bien connu et au demeurant des plus simples, sous-tendu par des rapports de puissance à puissance et souvent de décideur à décideur. Certaines négociations ne peuvent être déléguées. Sans avoir apporté de réponse aux questions posées précédemment, il y a peu d'espoir de prétendre gagner sur le seul terrain du rapport de force de manière purement réactive et sans anticipation. Les grands lessiviers, les grands producteurs laitiers et autres grandes marques ne sont référencées que parce qu'elles représentent un pouvoir dont ils ne peuvent se passer. Les stratégies d'image qui ont imprégné leur identité d'entreprise ont été mises en perspective par une succession d'événements originaux qui déstabilisent toute tentative de marginalisation. Sans ce travail préalable, on y laisse sa peau si la réussite de l'entreprise dépend pour l'essentiel de ces grands donneurs d'ordres. C'est une affaire de stratégie à long terme et de tactique à court terme.

Connaître l'entreprise pour la valoriser

> *« Si le mot commerce a deux acceptions : transmission de marchandises contre rétributions et relations interpersonnelles (faire commerce d'amitié, être de commerce agréable), le mot transport peut se comprendre comme un déplacement de marchandise mais aussi comme celui des sentiments. Le mot merci (du latin merces, prix à payer, gage) est de même origine que le mot marchandise. En remerciant, j'accuse réception d'une marchandise qui entre en ma possession et peu importe qu'elle soit matérielle, intellectuelle ou affective. »*

Nous l'avons vu, le passage du désir à l'action dans la perspective de satisfaire à un manque passe par la symbolisation, cette valeur imaginaire que nous donnons à l'action pour justifier le passage à l'acte. Les grandes marques usent savamment de notre imaginaire et s'il y a concordance entre l'image véhiculée et celle que je veux avoir de moi-même, il y a enclenchement spontané d'un processus d'acquisition de ce produit, une impulsion d'achat qui prend racine dans le manque ainsi découvert, devenu conscient. Ces manques sont de natures variables : nous les aborderons dans un prochain chapitre qui nécessite préalablement que nous définissions ce qu'est une politique commerciale dont la visée, en quelque sorte, est de mettre en adéquation le discours de l'entreprise avec celui qui est attendu consciemment ou inconsciemment par le prospect.

Pour valoriser son entreprise, il faut :
- la connaître intimement.
- communiquer commercialement sur une vision qui soit mise en perspective par une succession d'objectifs. Pour tendre à ce que cette vision corresponde à la réalité espérée, il faut combler les écarts entre l'image dont on hérite (ses atouts et ses faiblesses), celle que le marché souhaite et celle que l'on souhaite pour le marché.
- que les perspectives souhaitées (autant en termes de valeurs que de résultats) soient mises en conformité avec la politique de production, de gestion et de distribution.
- opérer un passage obligé par la pensée désintéressée. Ce passage est garant de l'efficacité de la communication, de l'action commerciale et de la cohésion de l'entreprise ; donner un sens autre que strictement pragmatique.
- véhiculer son image en sensibilisant l'imaginaire de la clientèle afin qu'elle soit présente en mémoire : la qualité de la prise de vue nécessite le choix d'un angle, un bon cadrage, et une mise au point. Les flous, y compris artistiques, induisent la méfiance.

Résumé

- **Hermès est le dieu grec des médecins, des commerçants, il est le messager des dieux mais aussi celui des voleurs. Culturellement, tout acte de commerce est perçu comme ambivalent.**

- **La communication décontextualisée conduit l'acheteur à considérer la profession qui le sert comme étant peu technique alors que les niveaux d'entrées et de compétences y sont de plus en plus élevés. L'appel à une technologie sans cesse plus efficace fait oublier le caractère pénible voire risqué d'un métier ainsi que son engagement à servir : on aseptise la complexité.**

- **Dans cet environnement, il faut trouver une symbolique nouvelle plus humaine, plus vraie qui touche l'esprit et fasse appel à l'intelligence qui est source de désir.**

- **La valeur des choses se mesure au désir de satisfaction que celui qui le propose sait susciter. L'homme ne vit pas seulement de pain.**

- **Plus l'identité d'une entreprise est forte, plus solide est sa position dans la négociation.**

- **Il revient au dirigeant de définir avec le personnel l'image de l'entreprise, et aux commerciaux de la divulguer.**

- **La négociation commence dans la tête.**

- **Les commerciaux sont les fers de lance des changements d'images.**

ooo

CHAPITRE III
INSCRIRE LA PENSÉE DANS L'ACTION

Approcher le marché : un état d'esprit

Pour continuer dans notre exemple concret et significatif du transport, la messagerie (transport de colis) est un secteur en constante mutation. En tant que vecteur important de l'activité économique, son évolution dans le temps est exemplaire et permet de comprendre les changements d'esprit qui se sont succédés afin d'opérer les passages d'une production à vocation quantitative vers une production qualitative sur laquelle se greffent d'incessantes nouveautés. Les demandes, régies par les tendances d'un marché fonctionnant en flux tendu, redessinent la carte des alliances entre prestataires, notamment par l'essor du monocolis, des services annexes, le tout de plus en plus influencé par le commerce électronique. L'arbitrage des entreprises clientes s'effectue en établissant leurs demandes d'après quatre critères : le temps (délai de livraison), le poids ou les dimensions, la nature de l'envoi, et les services annexes. Tout cela se comprend à l'intérieur d'un schéma (page suivante), expression du passage de la production de masse au sur-mesure de masse.

Ce bref panorama des tendances commerciales de ces cinquante dernières années permet aussi de comprendre les mutations constatées dans les comportements de vente plus que dans les comportements d'achat (qu'ils induiront) ainsi que les conséquences qu'elles ont entraînées sur la gouvernance des entreprises (émergence de structures de production liées à la diminution du coût du stockage). De concession en concession, c'est souvent dans le déchirement que le monde du transport, comme tant d'autres, s'est trouvé contraint de s'adapter, grâce à des attitudes commerciales réactives qui ont engendré une succession de pertes de marges. L'apparition de ces nouveaux services a principalement répondu au besoin de maintenir une clientèle en augmentant les contraintes internes afin de se distinguer de la concurrence par une aptitude à faire mieux encore, plutôt qu'à une demande initialement raisonnée du marché à diminuer la durée entre l'enlèvement et la distribution. A l'exception des denrées périssables, rien a priori ne justifiait de tels changements dans la logistique. Mais rapidement les clients prirent conscience de l'intérêt que revêtait pour eux la création d'une production à flux tendus qui diminuerait substantiellement les coûts de stockage.

Diagramme : Production-Organisation/attentes des marchés.

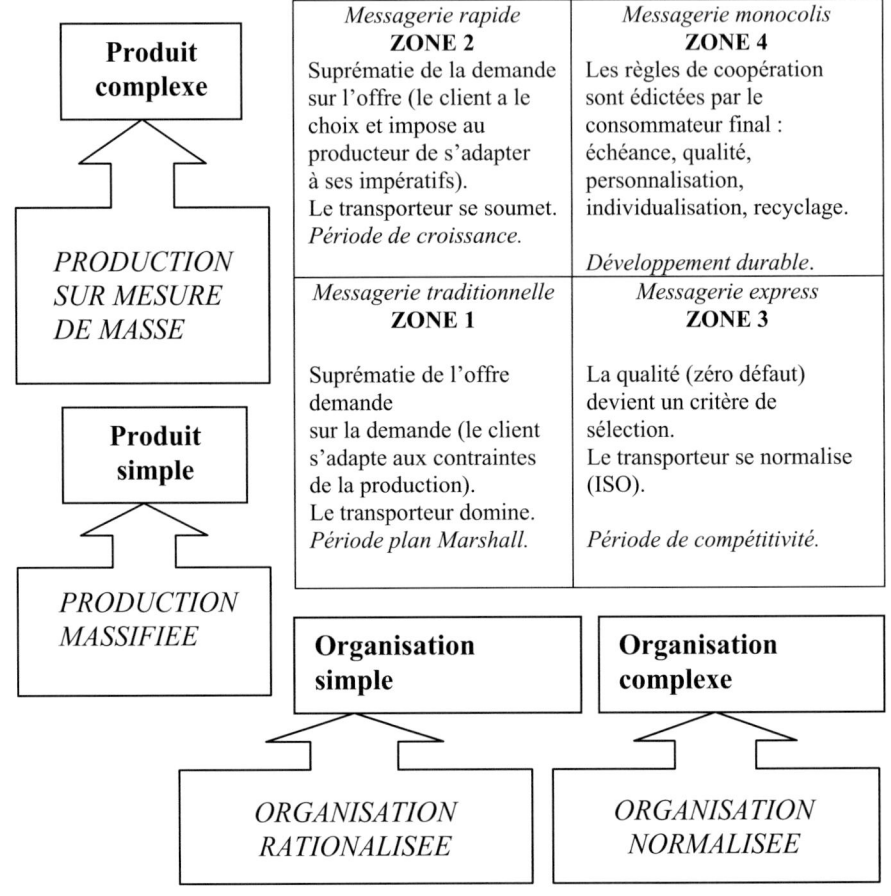

Trop préoccupés par le maintien des parts de marché acquises, les transporteurs n'ont pu ou su adopter une argumentation visant au calcul de nouveaux prix établis sur le partage des profits ainsi générés pour leurs clients. Les prix sont restés, pour le mieux, stables.

La messagerie nous offre l'exemple même de tactiques commerciales, non inscrites dans une stratégie, dont l'objet était initialement d'éviter des ruptures de contrat sur fond de guerre commerciale (tradition de conquête) entre membres d'une même corporation. La crise s'aggravant, les plus avertis, confrontés à une ambiance maussade sur fond de remises, se sont alors posés la question de la bonne adéquation des produits aux attentes. Les stratèges passéistes de la « guerre de tranchées » se sont réveillés, après quelques victoires à la Pyrrhus, dans un champ miné. Les cartes étaient redistribuées.

Le schéma précédent permet aussi de comprendre l'évolution contrainte de la pensée commerciale durant ces cinquante dernières années :

- *Zone 1*. La demande est supérieure à l'offre : on cherche à développer les volumes dans une certaine régularité. La pensée est de type quantitative.

- *Zone 2*. L'offre est supérieure à la demande : on cherche à se distinguer par des délais plus courts. La pensée est à la défense des acquis contre une concurrence sur fond de baisse des tarifs.

- *Zone 3*. Les offres se standardisent, le marché devient volatil : on cherche la reconnaissance par les labels de qualité délivrés par des organismes certificateurs. La pensée est aux normes qui, croit-on, feront la différence.

- *Zone 4*. Le client final émerge en tant qu'arbitre des choix entre partenaires : les alliances sont à durée déterminée. Alors que la pensée doit devenir proactive, elle reste de nature réactive. Il faudrait anticiper sur les choix et conditionner la fidélité en intervenant de plus en plus à l'intérieur des systèmes et des procédures des entreprises clientes afin de générer des marges sur la périphérie du service ou du produit par des les interactions organisationnelles (conditionnement, informatique, suivi des colis, etc.). Tout ceci se passe à l'instant où la disparition des frontières relance un commerce élémentaire de zone 1 (matières premières et main-d'œuvre moins chères), ce que l'on appelle les délocalisations. La pensée devient alors paradoxale. Il faut à la fois conjuguer le développement des produits ou des services complexes qui nécessitent des organisations elles-mêmes complexes sur lesquelles se font les marges, et maintenir l'existence d'une activité traditionnelle qui fait vivre. Dans un tel contexte, la qualité de la pensée commerciale liée à la production est de toute première importance pour prendre le contrôle des cartes encore vierges.

Le paradoxe prend la place de l'orthodoxie en situant ainsi la nouvelle équation : sachant que la facilité est inexorablement à l'origine des ruptures avec la tradition, quelles sont les stratégies à mettre en place pour rester maître du jeu, sachant que seule la maîtrise de la complexité est de nature à répondre à la massification du sur-mesure ? Un exemple peut illustrer les nouvelles stratégies de commercialisation :

L'imprimante de mon ordinateur, achetée au dixième du prix d'une imprimante de première génération, a la valeur de quelques cartouches d'encre qu'elle consommera durant quelques semaines d'utilisation. L'imprimante devient donc un produit d'appel par rapport à la cartouche d'encre qui, sans que j'en aie conscience, est devenue un luxe. En plus de cela, sans le savoir réellement en achetant l'imprimante, je deviens dépendant du logiciel qui la fait fonctionner, lequel a pénétré mon ordinateur, mon système. Je suis contraint par le système à la fidélité. En conséquence, les marges se font non plus sur le produit de base mais sur son utilisation. Ma liberté d'expression s'intègre donc dans un réseau de logiques dont elle devient dépendante économiquement.

L'infidélité des consommateurs aux efforts produits pour mettre à la portée du plus grand nombre, la quantité, la qualité et la nouveauté, (zone 4) est ainsi contournée en la ramenant à la case départ : payer au final d'une utilisation le vrai prix du produit acheté et ainsi participer à ce que les meilleurs puissent continuer à contribuer au développement de tous. L'antidote de l'infidélité de la clientèle, c'est l'organisation en réseaux d'éléments interactifs répondant aux contraintes d'utilisation du produit de base qui devient ainsi un produit d'appel. Telles sont les stratégies actuelles pour contrebalancer l'infidélité. Ces stratégies sont appelées à se généraliser et de façon plus pernicieuses sur des produits ou des services vitaux ou de première nécessité sans qu'une valeur ajoutée réelle ne le justifie : l'eau, le recyclage par exemple. On joue seulement sur l'obsession d'un hypothétique manque.

La grande distribution a compris cela depuis longtemps, l'informatique et les médias se développent irrésistiblement sur ces bases. Le transport doit se penser dans ce sens.

Toutes les tentatives de raisonner la défense des prix du transport par la seule justification du partage des profits enregistrés sur le produit de base qui s'opérerait en dehors de ce champ stratégique auraient pour seule conséquence de continuer à appauvrir une profession trop fragilisée par son souci de servir selon des modalités qui avaient leurs raisons d'être à une autre époque. Les clients importants ne négocient pas les prix du transport, dont ils savent pertinemment qu'ils ne représentent qu'une part insignifiante dans le prix de vente de leurs produits, mais la fragilité des dysfonctionnements socioprofessionnels dont les défaillances sont sous-traitées par l'ensemble de la collectivité.

Ce n'est plus le téléviseur qui a de la valeur, mais le décodeur qui, lui, est offert gracieusement. Il satisfait au sentiment de liberté (donne l'impression d'une relative gratuité) en permettant l'accès à la diversité. *In fine,* c'est ce système qui fait payer le vrai prix des produits consommés. Au lieu de s'appuyer initialement sur la conscience éthique du consommateur qui désormais ne peut résister à l'appel des prix bas, surtout lorsque des technologies de pointe deviennent très abordables, l'organisation en système contraint cette fidélité en autorisant une redistribution qui sans cela ne bénéficierait qu'aux braderies avec toutes les conséquences que cela aurait sur l'innovation et à terme sur des pans entiers de notre économie : contraindre le retour au sens. Le concept de *client roi* détient une part de vérité à condition qu'il se comporte comme tel, faute de cela il se condamne à n'être qu'un bouffon, le dindon d'une farce dont il est responsable.

C'est dans ce contexte nouveau que nous avons cru important d'ouvrir une réflexion sur la fonction commerciale comme devant inscrire ses comportements, ses attitudes, ses tactiques dans le cadre d'une *stratégie sensée* afin qu'il soit mis un terme aux courtes vues dans lesquelles on la cantonne trop fréquemment : celles des brancardiers de l'économie.

On ne peut plus manager la fonction commerciale, ou même vendre sans mettre la qualité de la réflexion stratégique à moyen et long terme au centre de la table des négociations. L'époque de la production de masse et de l'organisation rationnelle (taylorienne), réactive, n'est plus en concordance avec les réalités du marché. Les exigences sont plus importantes et la pensée moins simplificatrice. En zone 4, le commerce devient une affaire de stratégie plus que de tactique. Le court terme doit donc s'inscrire dans une logique de sens connue de tous et à laquelle chacun adhère, car il est affligeant de s'apercevoir qu'en interrogeant les collaborateurs sur la raison d'être d'une entreprise, les réponses n'entrent que dans le registre suivant : « dégager des profits ». Or qu'on le veuille ou non, les profits ne représentent au plus, les meilleures années que 10 % de l'activité… Les inversions de sens ont des effets dévastateurs sur la dynamique sociale. C'est une affaire de management, de communication et plus encore de retour au sens de la citoyenneté autant que de défense de ses propres intérêts.

Définir un objectif ainsi qu'une politique commerciale est donc un exercice plus complexe qu'il n'y paraît au premier abord. On pourrait croire que l'objectif est une sorte de sommet espéré à partir duquel on mesure la distance à franchir. L'écart se transforme alors en objectif : gagner tel pourcentage en taux de pénétration, accroître le chiffre d'affaires de tant, devenir leader, etc. Puis, par division du travail on répartira équitablement la charge de travail qui incombera à chaque membre de l'équipe selon la surface qui détermine son territoire (organisation géographique–multiproduits–multi-clientèle)… Une petite fête pour motiver tout le monde, lancée par un discours mobilisateur, et le tour semble joué. L'enchantement disparaît quand on découvre que le matériel dont chacun dispose ne se trouve pas toujours adapté à la nature de la paroi à escalader et que les compétences individuelles ne permettent pas au groupe d'effectuer la progression souhaitée. À cela s'ajoute la météo que l'on n'a pas consultée parce que, dit-on, jamais fiable à cent pour cent. Alors, comme le dit la comptine, « faute d'un clou le fer fut perdu, faute de fer le cheval fut perdu, faute de cheval le cavalier fut perdu, faute de cavalier le message fut perdu, faute de message la guerre fût perdue. Et tout cela arriva, faute d'un clou… ».

C'est dans cet écart entre l'horizon immédiat et le recul historique (ou tranche du passé la plus propice à être projetée sur l'avenir) que doit se définir l'objectif. C'est par cette voie qu'on peut espérer être opérationnel, en sorte qu'on ne peut donc définir un objectif en ayant pour seule perspective celle de pallier les carences passées ou de nourrir l'espoir nostalgique d'un retour à une stabilité passée, par définition éphémère.

Définir un objectif est la suite d'un processus mental au sein duquel logique et intuition, expériences et connaissances s'entremêlent pour, en s'appuyant sur les atouts, envisager une réalité nouvelle. Pour cela, il convient d'établir sa stratégie sur une seule réalité vraie : les cartes dont on dispose sont celles qui restent dans le sabot… Au black jack les cartes jouées sont hors du jeu.

Le caractère quelque peu théorique de ce chapitre pourrait inviter certains lecteurs à le survoler pour accorder une attention plus soutenue aux sujets en apparence plus pratiques de la seconde moitié de cet ouvrage. Nous avons considéré, non sans une certaine obstination, qu'il serait hasardeux de laisser à penser que la vente soit uniquement affaire comportementale. Certes, cela a été vrai dans les années « bénies » où les VRP se déplaçaient pour simplement enregistrer des commandes : l'environnement était peu concurrentiel à une époque où l'automobile était réservée à une élite et le téléphone une annexe des services postaux. Les temps ont changé. Bob Dylan en avait la prémonition il y a presque un demi-siècle : « L'eau commence à monter, braves gens, soyez plus clairvoyants, car le monde et les temps changent. »

Mais les mentalités ont parfois plusieurs trains de retard sur les wagons de marchandises !

Arrivés au terme des errances du passé, nous devons maintenant nous persuader que la fonction commerciale doit être pensée pour devenir action, non comme un mal nécessaire mais comme une fonction vitale. L'ingénierie de production et celle du marketing, en liaison avec la gestion, doivent désormais faire corps, se respecter mutuellement dans la reconnaissance de la valeur des outils dont chacune dispose mais sans qu'aucune n'ait la suprématie sur l'autre.

Nous l'avons écrit précédemment : quelle que soit la forme prise par une organisation, lorsqu'elle est pérenne, sa construction s'est opérée de façon à s'insérer au mieux dans le mouvement qui la concerne et ceci par complémentarités successives aux points de fragilité de son marché initial, généralement par la simplicité, en se trouvant là où les pressions du système peuvent naturellement s'échapper. Sa forme résulte donc d'une adaptation à son environnement économique par intégration de complémentarités. Il s'agit d'être fort au point de fragilité de l'autre (*avoir une ouverture*). En somme de déterminer la fragilité du jeu par les cartes qui ne sont plus dans le sabot. Aussi doit-on se méfier comme de la peste des modes managériales qui se succèdent et qui ont pour objet de laisser à penser que l'on est performant seulement si l'on est le premier. Certains ont payé cher l'adhésion à ce mensonge.

Ce registre qui a entretenu l'illusion considère que l'entreprise existe dès l'instant où des moyens financiers puissants et humains importants se trouvent mobilisés autour d'un pouvoir conquérant et mobilisateur. En réalité, la puissance d'une organisation ne procède pas de sa domination sur l'intégralité d'un marché, mais de son intelligence à exploiter au maximum les insuffisances qui apparaissent dans le système de défense ou de production de l'autre. Ce n'est pas la forme qui crée le flux mais le flux qui crée la forme du système. Ce système interactif se construit au fur et à mesure aux différents points de fragilité laissés à l'abandon par polarisation du système sur, fréquemment, d'autres points à protéger. De cette façon, le système maintient les acquis en monopolisant ses efforts pour protéger le donjon et se développe, se construit, prend forme au travers des points de fragilité de ses remparts.

Le système que nous croyions initialement cohérent est donc de nature *paradoxale*.

Ainsi le donjon a-t-il été défendu par les cathédrales, les cathédrales par les usines, les usines par le chemin de fer pour, finalement, transférer les lieux de consommation bien loin du donjon, à la périphérie, aux points de jonction entre les voies de communication, conjonction de coordination de l'ancien et du nouveau. « Mais, ou, et, donc, or, ni, car » sont plus puissants que « parce que, il faut, nous devons ». Avec les premières propositions, nous construisons, nous démontrons, avec les secondes nous défendons, nous argumentons. Il est évident que les unes ne vont pas sans les autres, mais dans le sujet qui nous préoccupe nous percevons bien que la conquête n'est pas celle du donjon mais celle de la conjonction de coordination : c'est justement à cet embranchement *constructal* que se situe la fonction commerciale qui est de nature intégrative, tant et si bien que ce qui pourrait apparaître relever du bricolage est susceptible de fonctionner au grand étonnement des ingénieurs en organisation.

Puisque le hasard et la nature humaine font bien les choses, chacun peut se prévaloir de posséder la solution à l'instant où tout fonctionne bien. Le problème est de savoir jusqu'à quand… Une question d'horizon. C'est ce qu'ont compris les bâtisseurs de cathédrales qui, avant de se lancer dans de grands projets, testaient par la pratique les limites de faisabilité de leurs ambitions. Les clochers effondrés de certaines de nos églises paroissiales sont la matérialisation de ces tâtonnements architecturaux (tâtonner étant de même origine que tester). Petit à petit, des lois architecturales se sont dégagées, rendant les conséquences d'une pratique incertaine de moins en moins improbable, jusqu'à ce que, de nos jours, nous soyons capables de couler à la verticale le béton d'arches gigantesques en nous référant à des lois physiques de plus en plus élaborées.

Il en va de même pour le management et le commerce. Les conséquences de mauvais choix se déclarent rarement dans l'instant. Ce n'est qu'après que l'on déplore les conséquences d'économies de bouts de chandelles et des précipitations aveugles dans le « y'a qu'à » et du « faut qu'on ». Tout comme en navigation, le volant d'inertie d'une organisation, conséquence de l'endormissement dû aux succès d'hier, rend conscient des erreurs de cap lorsqu'il est trop tard. Mais nombreux sont les mouvements des courants qui font éviter, sans que nous en ayons conscience, les écueils. La nature du système est conçue pour fonctionner dans une marge acceptable et non pour sanctionner. La vigilance doit tabler sur la malchance, consciente qu'elle doit être que les paix relatives ouvrent sur des guerres d'un tout autre genre, celles de l'économie. Dans ce cadre, les perdants d'hier s'en sont toujours mieux tirés (cf. Allemagne et Japon) car ils ne peuvent plus compter que sur l'intelligence pour se sortir d'affaire. Il faut donc tout autant connaître le volant d'inertie acquis par les succès du passé immédiat (qui peut donner l'illusion de l'immanence) ainsi que de savoir identifier les courants qui, en se heurtant aux écueils, permettent au courant de prendre sens, celui qu'il faut prendre, juste au point de convergence entre les forces contraires. Là se trouve l'énergie.

L'environnement changeant nous invite donc à adopter une attitude projective, laquelle repose sur une pensée *constructale* (construction dont la complexité s'opère par propagation de structures simples complémentaires) qui s'appuie sur les flux et non sur la stagnation, la puissance ou le hasard, et cela de plus en plus à partir d'objectifs de type qualitatifs. Le moyen d'opérer ce changement de conception, autant que de perception de notre environnement économique, passe nécessairement par la fonction commerciale ainsi que par la capacité des organisations à définir avec elle de réels objectifs.

Malheureusement, dans la quasi-totalité des cas, les objectifs définis par les organisations sont confondus avec le but ou avec les moyens. Parfois même on y ajoute une pincée d'infaisabilité, pour, dit-on, motiver… L'objectif, contrairement à ce que l'on pense communément, n'est pas simplement une cible mais avant tout le point d'appui d'un bras de levier qui permet d'atteindre une situation judicieusement programmée. En le définissant avec exactitude, nous pouvons aisément faire se mouvoir, avec un effort minimum, des charges considérables. La difficulté est dans la façon de le penser (« Tu travailleras à la sueur de ton front. »). Opérer avec un bras de levier, c'est fonctionner de façon constructale, en choisissant la facilité au détriment d'une mentalité esclavagiste ou stakhanoviste (du nom de cet ouvrier, en réalité un acteur de cinéma, propulsé médiatiquement par le plénum du comité central de décembre 1935 en U.R.S.S. et censé incarner la mobilisation du peuple soviétique vers le productivisme). Nous connaissons la suite…

« Tu enfanteras dans la douleur » et « tu travailleras à la sueur de ton front ». Comprises au premier degré, ces maximes bibliques peuvent laisser croire que le déplaisir est une condition de la satisfaction des besoins. Mais, interprétées comme doivent l'être les images pour coller à la réalité, ces aphorismes signifient plus subtilement que le passage obligé de l'évolution passe par l'intelligence. Alors la sueur n'est plus la conséquence physiologique d'un effort réactif à un travail physique mais un préalable anticipatif intellectuel. La qualité de la réflexion permet ainsi de limiter l'effort à ce qui est strictement nécessaire afin de rendre le travail plus efficace. Ainsi les douleurs de l'enfantement deviennent-elles celles des idées qui, regroupées en pensées cohérentes, aboutiront à une synergie donnant lieu à des solutions nouvelles (cf. synergie, chapitre XI : Faire évoluer favorablement les désaccords).

Les représentations cinématographiques hollywoodiennes nous ont laissé croire que les pyramides ont été construites par des esclaves. À l'encontre des idées reçues, l'égyptologie scientifique a démontré qu'elles l'ont été par des hommes libres qui, profitant du cycle de crues du Nil, surent unir leurs efforts et leurs intelligences : les pyramides deviennent alors le point d'appui du bras de levier d'une civilisation dont la culture imprègne dans ses fondations celle que nous continuons à développer aujourd'hui. Paradoxalement nous vivons plus dans un environnement constructal, positif, au sein duquel nous réfléchissons de façon fractale. Les fractures du système n'apparaissent que lorsque les points d'appui ont été insuffisamment pensés au préalable.

Définir un objectif n'est pas affaire de croyance, d'intention ou de passion, encore moins un acte d'autorité

Disons le sans ambages, continuer à définir comme objectif commercial la simple augmentation du chiffre d'affaires, par la multiplication du nombre des visites ou des contacts, relève de la naïveté ou de l'inconscience, ou bien de l'endormissement lorsque l'on est seul concerné, mais plus encore de la niaiserie coupable lorsque l'on est dépositaire des destinées de ses semblables. Cette façon de penser était compatible à l'époque bénie du *one best way* où le discours accompagnait celui du progrès par l'effort (à l'époque où la réclame ne se nommait pas encore publicité). Nous savons maintenant que l'effort doit être préalablement pensé dans un environnement dont les changements deviennent une constante. Et ce ne sont pas les contrôleurs de gestion, qui durant un temps ont oublié que sans dynamique de commercialisation on gérait les effets d'une peau de chagrin, qui pourraient dire le contraire.

L'environnement a changé, nous ne sommes plus tout à fait dans :
- une économie d'offre, où l'entreprise doit surtout chercher à optimiser ses coûts de production en augmentant la quantité en réponse à une demande constamment croissante des Trente Glorieuses qui assuraient des débouchés quasi-certains à la production.
- un environnement économique stable, au pire « risqué » (au sens de F. Knight, 1921 : l'incertitude étant limitée puisque les évolutions de l'environnement sont considérées comme probabilisables) dans l'inégalité due à l'importance variable des entreprises : chacune pouvait espérer bénéficier des dividendes de la croissance.

La disparition progressive du *one best way* du succès, approche apaisée du *blood sweet and tears* (Winston Churchill), dite approche analytique (ou fractale), évolue progressivement vers celle du *the easiest way is creative*, celui du levier, approche dite systémique (ou cybernétique, c'est-à-dire qui s'améliore et s'alimente par la qualité de sa démarche d'ouverture créative originale et circonstancielle). Chacune de ces formes de pensée se distingue de l'autre par les éléments suivants qui les caractérisent. Pour tenter une comparaison, c'est très exactement la différence de conception qui existe entre la conduite d'une voiture légère et celle d'un semi-remorque : la première est plus réactive, la seconde plus anticipative.

Approche analytique Type conduite véhicule léger	Approche systémique (cybernétique) Type conduite semi-remorque
Centrifuge : elle se positionne sur les éléments	Relie : se concentre sur les interactions entre les éléments.
Cherche les causes lorsque confrontée aux conséquences.	Anticipe sur les conséquences en se positionnant vers la compréhension des causes.
Cherche la précision dans les détails pour accroître sa force et son autorité.	S'appuie sur la globalité dans une perspective de cohérence en utilisant les points de fragilité dans une recherche de synergie pour des solutions innovantes.
Modifie une variable à la fois.	Modifie des groupes de variables simultanément.

Fonctionne dans un système linéaire de pérennité. En modifiant une cause d'échec, on pense que les acquis perdus sont réversibles.	Intègre la durée, le transfert et l'irréversibilité.
La validation des faits est opérée par l'expérience, et ce dans le cadre d'une théorie ou de valeurs dualistes.	La validation des faits se réalise par comparaison du fonctionnement du modèle espéré par rapport à la réalité.
Modèles précis et détaillés établis selon un mode opératoire d'occupation optimale, hiérarchiquement contrôlé.	Modèles de résolution de problèmes impliquant l'opérateur ayant acquis des connaissances et en mesure de les mettre en application dans le cadre d'une politique connue et définie conjointement. La connaissance est déterminée dans le cadre d'une logique collective.
Chacun opère dans des territoires protégés. Organisation géographique de la force de vente, souvent multiproduits et multi-clientèles.	Les moyens de chacun sont à la disposition de tous dans le cadre d'interactions au sein des groupes. Organisation par ligne de produits ou par type de clientèles prenant en compte et développant les atouts individuels.
La formation s'opère par transfert d'expérience et des pratiques.	Formation interservices, ou formation - action mettant en perspective les fonctions et les savoir-faire de chacun au service de l'organisation.
Conduit à une action programmée vers un objectif cible quantitatif : nombre de visites/chiffre d'affaires et décliné verticalement dans son détail. La gouvernance s'opère sur des valeurs morales.	Conduit à une action par objectifs de type levier. La gouvernance s'opère en liant qualitatif et quantitatif. On pense que la qualité de la négociation a des incidences directes sur la quantité projetée dans le temps.
Connaissance des détails, avec des buts idéalisés. Le	Dans le cadre d'une gouvernance éthique (sens), on se situe dans un rapport gagnant-

client impose, l'entreprise dispose. Le client est roi. Valeurs morales fortes (souvent nostalgique).	gagnant. Connaissance partagée des objectifs (qualitatifs et quantitatifs), mais détails flous et buts fluctuants dont la conséquence peut être une morale à géométrie variable. L'entreprise suggère des marges de choix à l'intérieur desquelles le client doit avoir le sentiment d'exprimer sa liberté de choix. Mais attention : risques de manipulation (conséquences des comportements infidèles de la clientèle). Si l'éthique n'est pas présente (en tant que garante des grands équilibres par l'honnêteté, la préservation d'un avenir durable transmissible, la valorisation des forts et la protection du faible, etc.), il y a des risques de dérapage, car sans cela cette liberté mise en avant comme argument d'aide à la décision n'est souvent qu'un artifice de communication, notamment concernant les produits ayant une nécessité relative (cf. forfaits téléphoniques, pack d'assurance, produits bancaires intégrés, etc.) qui, plus tard, seront découverts comme n'étant que des goulots d'étranglement. Attention au réveil !

Une lecture quelque peu attentive de ce tableau fait apparaître que l'on aurait tort d'opposer les deux approches. Chacune offre des avantages et des limites que définissent en réalité les cas d'utilisation selon la nature de l'entreprise et de celles des préoccupations qui se présentent à elle. On pourra toutefois considérer que l'évolution des marchés, ainsi que sa relative volatilité, invite à conjuguer approche analytique et approche systémique. L'approche systémique est efficace pour aborder les perspectives de développement largement ouvertes et le système analytique traditionnel pour les développements plus restreints. En utilisant chacune des approches dans un contexte approprié, il est possible de garantir l'évolution dans le *bon sens de la nature des choses*, celle de la pérennité.

En définitive, le meilleur chemin est celui que l'entreprise se crée elle-même à condition de définir valablement ses objectifs, leurs articulations, qui indéniablement doivent être de nature systémique (il ne s'agit pas de chercher à recréer le passé). L'élargissement de l'Europe et la mondialisation de l'économie stigmatisent l'entrée dans un cycle nouveau, différent de ce que nous avons connu sans pour autant nous être complètement étranger : les nouvelles structures économiques sont l'émanation des rêves d'hier, mais l'accouchement est difficile. La nostalgie n'apportera qu'un peu de sagesse, rien de plus. Dans notre exemple de référence, le monde du transport, au point de convergence des échanges, dispose des atouts d'un nouveau positionnement. Nous connaissons bien l'itinéraire que suivront les pays émergents, nous sommes passés par là. Ce sont les méandres par lesquels nous devons franchir qui nous interpellent. Il faut dès lors innover et non chercher à réitérer ce que nous avons été. La prospective repose donc sur une pensée systémique, et cette dernière sur l'aptitude à faire le choix des objectifs leviers.

Définir les objectifs

Rappelons qu'un objectif de type levier (ou systémique/cybernétique) doit contenir les qualités suivantes :
- Être la conséquence d'un raisonnement logique autant qualitatif que quantitatif porté autant sur le marché que sur l'organisation même de l'entreprise.
- Être formulable clairement.
- Être mesurable.
- Être limité dans le temps.
- Recevoir l'adhésion des parties concernées.
- Satisfaire à l'intérêt individuel autant que collectif et sociétal.
- Limité dans le temps.
- Être réaliste et réalisable.
- Mobilisateur (symbolique/valeur/désir).

Cet acte de management, tout aussi valable pour la gestion individuelle d'un portefeuille de clientèle, sera d'autant plus facile que les quelques règles suivantes seront respectées :

- Avoir l'esprit libre de tous préjugés sans toutefois accepter la remise en cause du sens (préservation des équilibres sociétaux).
- Cheminer strictement étape par étape.
- Toujours justifier les choix de la phase suivante.
- Sélectionner les données essentielles dans une globalité.
- Féconder les oppositions (chercher la synergie).
- Se méfier de l'unanimité (pour ou contre) trop facilement acquise.
- Partir de la difficulté pour aller vers la facilité.
- Idéaliser la réalité (se référer à des valeurs de sens. Éthiques.)
- Être généreux et constructif : permettre le progrès, le partage des résultats, la redistribution du progrès.
- Être accueillant en suivant la logique suivante :

Méthode de planification

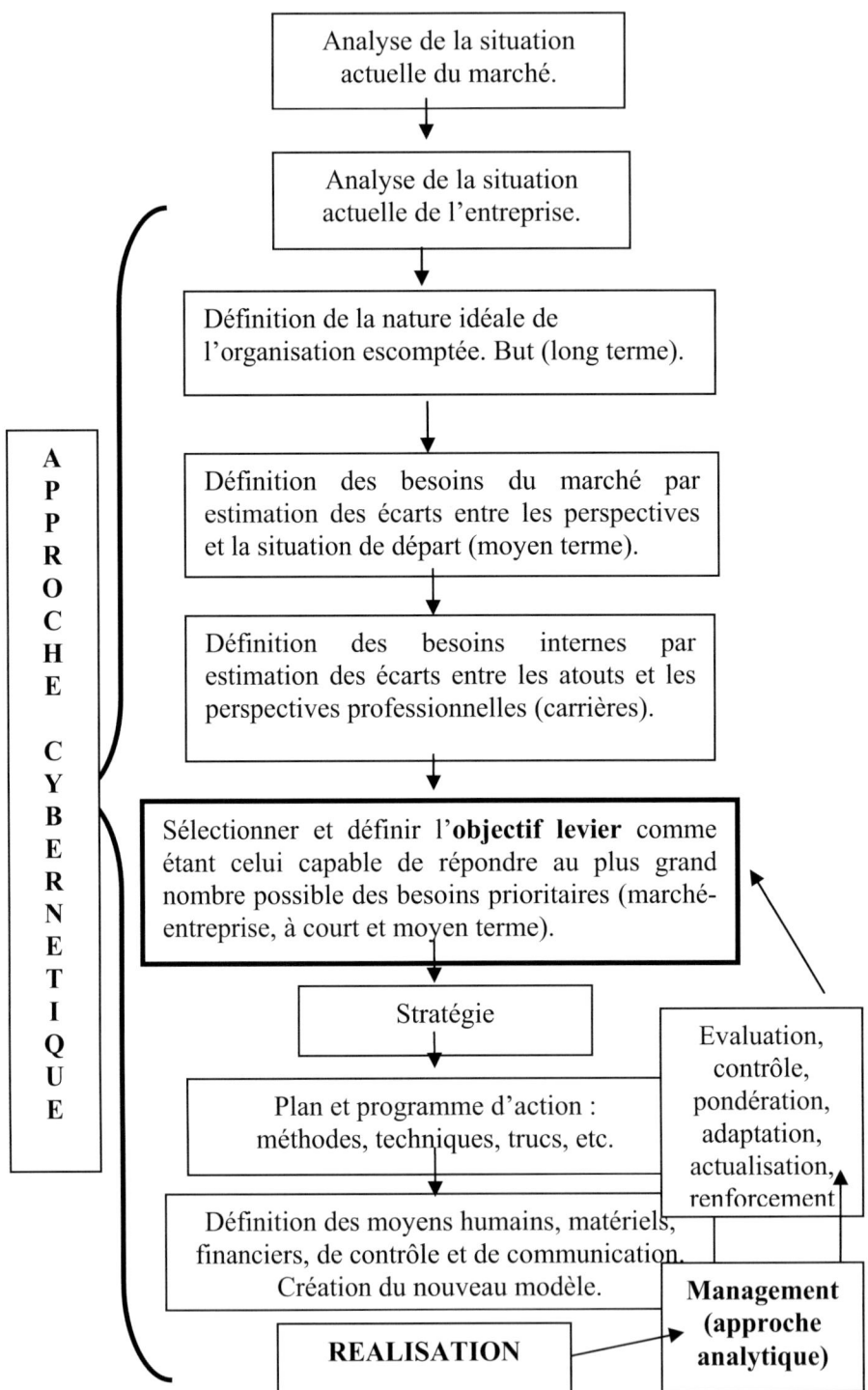

Cette méthode de planification, aussi appelée cybernétique (science de l'action orientée vers un but), est efficace parce qu'elle prend en compte les interactions dans le mouvement et non les principes ou les valeurs dans l'immobilité : on décloisonne. Le mot cybernétique est d'ailleurs plus ancien qu'on ne pourrait le penser : Platon l'utilise plusieurs fois pour évoquer l'art de gouverner, considérant que l'évolution effective de tout système n'est possible que si elle est gouvernée par une des structures proactives, ouvertes vers l'évolution désirée.

Toutefois, le système analytique qui présidait à la pensée traditionnelle conserve toute son efficacité lorsqu'il devient un élément d'un ensemble plus large de type « cybernétique ».

La différence entre ces deux conceptions (cartésienne et cybernétique) est très exactement comparable à celle qui existe entre manœuvrer un semi-remorque ou un véhicule léger pour effectuer un créneau : avec un véhicule léger il suffit de se diriger vers le point d'arrivée, l'objectif est simple ; dans le premier cas, celui du semi-remorque, le point d'arrivée sert à définir un point de contre-braquage (paradoxalement opposé au point d'arrivée), lequel, en exploitant les forces contraires, aboutit à l'alignement souhaité : « comme par magie ».

Le conducteur de semi-remorque procède donc, inconsciemment et de façon réflexe, selon un processus cybernétique. Les impressions psychophysiques ressenties lors d'une telle manœuvre complexe sont sensitivement proches de celles éprouvées quand l'objectif levier apparaît dans la réflexion d'une planification cybernétique. Si la manœuvre est bien positionnée dans la tête, l'action complexe devient aisément réalisable. Le déchargement à quai peut alors s'opérer, mais, « ne dites pas à maman que je suis cybernéticien, je conduis un poids lourd ! ».

Résumé

Lorsque l'on conçoit une politique commerciale, la définition de l'objectif est cruciale.

Pour être opérationnel, un objectif doit être :

- clair, précis mesurable, limité dans le temps, obtenir l'adhésion, être réaliste et réalisable ;
- issu d'une réflexion globale de type systémique (cybernétique) plutôt qu'analytique. Le développement des organisations d'aujourd'hui implique des systèmes de pensée adaptés, innovants, et non calqués sur une logique linéaire de production de masse correspondant à la recherche d'états stables par la domination, cette dernière pouvant à tout instant, dans un environnement changeant, être remise gravement en cause par manque de lucidité.

L'objectif, ou la succession d'objectifs, sera le fer de lance de la politique commerciale.

L'objectif est le point d'appui d'un bras de levier qui permet de propulser des ensembles vers l'efficacité avec le moins d'efforts dans un environnement complexe et versatile. Il relève en quelque sorte d'une démarche astucieuse de déstabilisation plus que du volontarisme sur laquelle, toutefois, on s'appuiera ultérieurement. La quantité est une conséquence, non un objectif. Un objectif commercial purement quantitatif ne peut suffire à mobiliser le personnel et encore moins la clientèle dans un environnement complexe de production massive du sur-mesure.

ooo

Test d'auto-évaluation : « savoir définir un objectif ».

Dans la série d'évocations suivantes, certaines propositions peuvent être des objectifs et d'autres pas. Pouvez-vous dire pourquoi et formuler avec précision s'il s'agit ou non d'un objectif ?

1. Je dois rencontrer prochainement mon directeur pour tenter d'obtenir un meilleur positionnement de ma situation.

2. Lors de la prochaine réunion commerciale, il faut obtenir de celle-ci que nos propositions soient prises en compte pour l'année à venir.

3. Il faut à l'occasion de la prochaine réunion commerciale mettre d'accord les commerciaux et les responsables de production.

4. Il faut établir, d'une manière systématique, un meilleur climat entre la maîtrise et l'ensemble du personnel afin d'améliorer les échanges d'informations portant sur les livraisons.

5. Il faut améliorer l'ensemble des résultats d'exploitation pour l'année prochaine de 15 %.

6. Il faut obtenir auprès de chacun de nos partenaires sur notre réseau une réduction de leurs coûts atteignant 15 % dans les trois ans à venir par l'intermédiaire d'audits portant sur la qualité.

7. Pour notre filiale de 150 personnes en Lituanie, il ne faut embaucher, à tous niveaux, dans les années à venir, que du personnel capable de parler et d'écrire correctement le français.

8. Tous nos cadres commerciaux doivent l'année prochaine se montrer capables d'organiser des actions de formation ciblées.

9. Afin d'optimiser les chances de succès et par conséquent le retour sur investissement du temps consacré aux négociations en direct, l'organisation commerciale s'opérera désormais en répartissant la clientèle et son potentiel auprès de chaque vendeur, en tenant compte des aptitudes et de l'expérience de chacun. Ceci doit conduire à une augmentation du taux de concrétisation de 15 % dès le premier semestre. Notre organisation commerciale cesse donc d'être géographique.

10. Il faut que l'ensemble des professionnels soucieux de contribuer à l'amélioration de la qualité de l'environnement se regroupe sous un même sigle et que dans les deux années à venir, durant lesquelles des campagnes de communication seront réalisées pour asseoir de nouvelles normes, nous soyons en mesure d'entamer des négociations en partenariat durable avec la grande distribution.

Évaluation des réponses.

Pour évaluer si une formulation est ou non un objectif, il convient d'identifier qu'elle contienne bien les qualités suivantes : être claire, précise, mesurable qualitativement et quantitativement, limitée dans le temps, réaliste, réalisable et puisse répondre aux attentes réciproques des personnes chargées de l'atteindre ainsi qu'à de celles des bénéficiaires.

Un objectif est la conséquence d'un raisonnement logique (cf. schéma ci-avant)

1. *Non*, ce n'est pas un objectif.
La formulation n'est pas précise : qu'est-ce qu'une amélioration ? Il n'est pas non plus indiqué d'échéance. Même si dans ce cas on n'a rien obtenu on pourra toujours dire « j'ai attiré l'attention, j'ai sensibilisé, c'est un progrès ». On idéalise en confondant le but et l'objectif.

2. *Peut-être que oui*, si l'on veut vraiment obtenir un accord global et que l'on se positionne dans un rapport de force. *Non*, si l'on est prêt à des aménagements car il faudrait être plus précis quant aux modifications que l'on est disposé à accepter.

3. *Non*. Cette formulation pèche par manque de précision. On ne sait même pas si les désaccords sont des conflits d'opinion ou d'intérêt, ou bien simplement des divergences de perception sur les fonctions respectives.

4. *Non*. Il ne s'agit ici vraiment que d'une intention. Nous sommes plus en présence d'un but que d'un objectif. On tend vers l'idéal par une succession d'objectifs. Placer une valeur comme étant un but mène irrémédiablement à l'infaisabilité, donc aux conflits.

5. *Peut-être que oui*, si chacun dispose de données précises sur l'analyse des résultats précédents et s'il y a homogénéité des potentiels entre les diverses unités de production, ce qui est rarement le cas. *Peut-être que non*, par absence de nuances tenant compte des réalités de chaque unité de production. Le risque est grand que les plus petites unités comptent sur les plus grandes pour atteindre le seuil indiqué. Les objectifs quantitatifs ne peuvent être souvent atteints qu'en référence à des objectifs qualitatifs.
6. *Oui*. L'objectif est ici clair, précis, limité dans le temps, réaliste, réalisable et les moyens sont mis à disposition.

7. *Non*. Tout a fait irréaliste, la formulation manque singulièrement de précision. Veut-on embaucher des interprètes ou des collaborateurs capables de s'exprimer dans un cadre professionnel pour lequel un niveau basique et quelques centaines de termes techniques suffisent ?

8. *Non*. Les niveaux de savoir, de savoir être et de savoir-faire n'étant pas clairement fixés, on risque fort d'investir dans des formations de formateurs dont le caractère théorique laissera toujours un goût d'inachevé, et pour certains d'infaisabilité.

9. *Oui*. À condition que la répartition des commerciaux se fasse à partir de critères métrologiques (mesurables) valablement étalonnés et que les potentiels confiés garantissent à chacun un point de départ au moins égal aux acquis de l'année précédente, le tout devant permettre un développement de la motivation de chacun dans le cadre d'un plan de carrière.

10. *Oui, peut-être bien*. Car l'isolement est cause de fragilité dans les négociations avec certaines puissances économiques face auxquelles les regroupements s'avèrent être un langage qu'elles entendront d'autant mieux que la communication du groupement se positionnera sur le même registre et en complémentarité. Toutefois, cela nécessite une forte mobilisation qui n'est pas acquise a priori.

CHAPITRE IV

SITUER LE MARCHE

Dans les chapitres précédents, nous avons pris soin de placer l'acte commercial (en face à face) comme étant l'aboutissement d'un processus de réflexion préalable sans lequel les succès relèveraient du hasard et de la loi des nombres par complémentarités statistiques naturelles entre une position (style de vente) de vendeur et une position d'acheteur (style d'achat) : sujet que nous développerons en détail dans un prochain chapitre. Nous avons aussi évoqué toute l'importance que revêt la définition d'authentiques objectifs - leviers qui, par le qualitatif, génèrent le quantitatif : démarche risquée lorsqu'elle n'est que purement quantitative et intuitive car cela revient à naviguer à vue, sans ligne d'horizon.

Pour s'avérer efficace, l'objectif doit non seulement s'inscrire dans une perspective, mais de surcroît dire comment, dans quelles circonstances et avec qui il sera décliné.

L'environnement économique détermine les décisions d'achat et conditionne la nature des entreprises susceptibles d'entrer dans son champ. Il les façonne puis structure leurs formes jusqu'à leur conférer une raison sociale : une carte d'identité. C'est dans ce cadre qu'il est possible de comprendre les conditions dans lesquelles se dérouleront les entretiens commerciaux, les négociations.

Au terme de longues années de recherches, la sociologie des organisations, celle qui observe et analyse le fonctionnement des entreprises, vient de prendre conscience qu'un certain nombre de ses travaux ont conduit à des impasses. La cause est simple : elle a cherché à comprendre les mécanismes de fonctionnement au travers d'une vision unique qui consistait à penser que les entreprises se différencieraient les unes des autres par les changements qu'elles opéreraient de l'intérieur par ce que les sociologues appellent les *acteurs* (les collaborateurs). En somme, une perception unique qui laisserait à imaginer que l'évolution des organisations serait dépendante de facteurs strictement endogènes (internes), ignorant donc totalement l'influence de facteurs extérieurs (exogènes, venant du marché) sur l'évolution structurelle. Les meilleurs d'entre ces chercheurs concluent qu'en l'absence d'une cartographie des organisations permettant de situer chaque entreprise dans des ensembles distincts, les recherches seraient dès lors vouées à l'échec.

C'est pourtant dans ces travers sociologiques que nous avons fonctionné pendant quelques décennies : vision unique sur un idéal d'entreprise, vision unique sur son management, vision unique sur l'acte de négociation. Au nom de ces conceptions monolithiques, les entreprises furent soumises en permanence à des effets de mode relayés par les discours politiques et sociaux ambiants pseudo-démocratiques sans avoir pleinement conscience des conséquences déstabilisantes que leurs mises en application pouvaient avoir sur des équilibres singuliers qu'elles avaient construits par rapport à des marchés spécifiques. L'entreprise ne fonctionne pas avec des *acteurs* mais avec des *contractants*. La notion de contrat définit bien le point d'intersection des interactions qui lie l'intérieur avec l'extérieur. Entreprendre c'est prendre… entre.

Dans la vie économique, tout comme dans la vie sociale, être partenaire c'est détenir une part de l'équilibre d'ensemble auquel on appartient. La fidélité est la façon qu'ont les contractants de s'accompagner mutuellement dans le changement afin de maintenir et de développer les acquis. Des revers de marché peuvent avoir des conséquences dramatiques si l'organisation ne sait pas prendre les devants en tenant compte de sa propre nature : anticiper ne consiste pas à s'adapter aux modes mais d'adapter la mode à sa nature. Lorsqu'une collectivité organisationnelle, maillon de cette chaîne, perd le contrôle de sa nature, les équilibres initialement satisfaisants peuvent s'inverser vers des profits unilatéraux. Certains des partenaires peuvent se retrouver en position de dépendance conjoncturelle. Il s'opère alors un transfert de climat économique : on passe du proactif au réactif. De fécond (canéphore) le marché stagne ou régresse, les investissements deviennent incertains et lorsque la situation se prolonge, les organisations soumises entrent en phase d'autoconsommation (canéphage).

La croyance en une vision idéalisée ou fixiste de l'entreprise, qui chemine fréquemment de concert avec la recherche de la stabilité, sont deux perceptions adolescentes qui entravent le développement, lequel est par essence un mouvement créateur d'équilibres dynamiques.

Cela signifie que, de même qu'il n'existe pas un schéma organisationnel « idéal-type », il ne peut exister d'organisation commerciale sans référence identitaire à l'organisation qu'elle sert dont la nature est déterminée par le marché.
.
Il faut donc convenir que le problème de l'efficacité commerciale doit être recherché non dans un savoir-faire idéalisé et réitéré mais bien dans l'adaptation de savoir-faire en tant que conséquences d'une méthode. Selon cette logique, la méthode est donc directement issue du plan d'action

commerciale, ce dernier devant être élaboré avec une conscience la plus complète possible du marché qui en sera le bénéficiaire.

Cela est aussi valable en interne pour l'ensemble des autres services de l'entreprise concernée. Hors de cette logique, les concepts de culture d'entreprise et de chartes ne peuvent avoir pour effet que d'entretenir de faux espoirs : elles ne seraient alors qu'un mensonge partagé.

Dans un environnement en mutation, l'adaptation aux évolutions du marché engendre obligatoirement des changements de natures que l'organisation doit impérativement envisager dans le cadre d'une démarche de veille prospective. Malheureusement, le réveil n'intervient souvent que lorsque le changement se présente. Il ne reste alors qu'à réagir et il est souvent trop tard. Entre la prise de conscience d'un changement de marché et le repositionnement commercial, il s'écoule en moyenne deux ans. C'est pourquoi il est impératif de considérer la force de vente comme étant aussi une instance de renseignements, fer de lance de la veille prospective des organisations.

Pour l'ensemble de ces raisons, nous n'avons pas voulu dans cet ouvrage situer l'acte de négociation dans le cadre restrictif d'un idéal comportemental ou bien dans une vision idyllique d'un schéma unique d'entreprise, mais plutôt l'inscrire dans celui d'une conscience identitaire d'entreprise dont la force de vente est l'émanation. Calquer une organisation en fonction des modes au prétexte que cela fonctionne pour d'autres, sans avoir au préalable compris les tenants et les aboutissants, est la meilleure façon de se placer en situation d'échec. Qu'il s'agisse de la communication interne ou externe, la problématique est du même ordre.

Ce même devoir de cohérence s'applique aussi envers le lecteur qui nous fait crédit de son attention. En effet, une récente étude a montré que 50 % de commerciaux ont acquis le niveau du baccalauréat, que 21 % sont au niveau d'une maîtrise et que 12 % ont eu accès à un troisième cycle universitaire. En trente années, la négociation s'est structurée en un vrai métier. Cette évolution nous fait obligation de situer l'acte de négociation, ainsi que l'ensemble des outils, des techniques et des méthodes professionnels utilisés, dans un registre de réflexion conforme au potentiel intellectuel, donc de placer la réflexion au-delà des trucs et astuces. Parler d'ingénierie commerciale implique dès lors d'accepter de situer cette fonction dans un environnement de réflexion conforme aux ambitions et aux responsabilités dont l'objet autant que la finalité consistent à être en capacité de créer des solutions à partir de modèles « intelligents » en tant qu'aides à la construction d'un « sur-mesure » à l'action.

C'est pour avoir satisfait aux modes que de nombreuses entreprises de tailles moyennes ont succombé aux fluctuations économiques qui fondent l'investissement sur la valeur des actions en Bourse plus que sur le capital travail. Dans une recherche aveugle de notoriété ayant pour perspective de susciter le désir d'actionnaires potentiels se sont tissées des alliances inter-entreprises dont l'objectif était purement quantitatif. Dans cette mouvance, certaines ont abandonné leur métier d'origine en investissant inconsidérément sur d'autres. Nous connaissons la suite.

L'ingénierie commerciale doit donc se penser au sein des caractéristiques d'une entreprise dont le préalable consiste à déterminer sa nature ainsi que celle des familles de marchés où elle situe son action.

Selon cette logique, nous pouvons nourrir l'espoir de concevoir des plans d'actions commerciaux efficaces autour d'objectifs clairement définis dans le cadre d'une approche qui tient compte non d'un idéal, mais de la réalité des échanges entre une offre et une demande dans un environnement connu. Alors, et alors seulement, l'utilisation des aspects de ce code secret comportemental que nous avons évoqué précédemment sera susceptible de donner satisfaction.

Pour comprendre l'environnement socio-économique des entreprises, il faut prendre conscience que contrairement à l'idée reçue, l'Histoire n'est pas composée d'une succession de retours à des phases précédentes, sauf à entendre qu'il puisse y avoir des analogies de phase. Si ces phases sont analogues, elles ne sont pas pour autant similaires : du semblable à l'analogue, des transformations se sont produites, la phase initiale est devenue autre chose de plus complexe que ce qu'elle était préalablement. D'autre part, s'il y a analogie, cela signifie et nous rassure sur le fait que nous sommes en mesure d'isoler quelques facteurs-clefs. En effet, nous savons qu'en science, c'est la cause première qu'il faut découvrir. En médecine, aucun vaccin ne peut être élaboré de façon efficace (hors du champ du hasard) sans isoler préalablement le virus à combattre et ceci en allant chercher sa trace au sein même des lieux où il opère des dysfonctionnements : les zones de fragilité.

De la même façon, pour espérer comprendre les mécanismes économiques, il faut les appréhender en tant que complexification d'un petit nombre de modèles simples animés par le désir. Nous sommes alors en présence d'un système de type *constructal* (qui construit sa forme à partir de formes simples). Il est alors possible en ayant connaissance des phases précédentes d'en envisager la suivante, de cerner où se situent les points de fragilité à partir desquels de nouveaux besoins prendront forme. En isolant les constantes, qui déterminent la forme initialement simple, nous pouvons déterminer ce que, dans un système linéaire, nous attribuions au hasard, c'est-à-dire la nature des formes prises par les organisations pour répondre aux attentes de son marché.

En conséquence de quoi nous pouvons être en mesure d'en déduire la communication, le management et les stratégies de commercialisation à adopter.

L'objet de la science consiste à remonter jusqu'aux causes d'un effet pour en isoler les facteurs déterminants. Ces constituants élémentaires sont acquis dès l'instant où chacun ne dépend ou n'appartient pas aux autres et s'en distingue entièrement. En procédant par tamisages successifs, puis par classement et regroupement, trois éléments distincts apparaissent généralement à l'évidence lorsque l'on cherche à comprendre (au plus simple) les mécanismes qui animent le marché : la *qualité*, la *quantité*, la *nouveauté*.

Chacun de ces déterminants, de ces invariants, (*qualité, quantité, nouveauté*) constitue un des sommets d'une triangulation (ou *trikãla*) à partir desquels naissent et se développent les marchés, lesquels détermineront la nature des entreprises aptes à s'y positionner par complémentarité.

Il est alors possible de situer un marché simplement en le positionnant selon la plus ou moins grande importance qu'il accorde à la *quantité*, la *qualité*, ou à la *nouveauté*, par les volumes concernés, les chiffres d'affaires et marges qui le caractérisent, et où selon leurs potentialités lorsque l'on opère en prospective (cf. les approches statistiques du pilotage de l'incertain).

Le marché de la messagerie dans le monde du transport illustre bien l'importance de ces trois facteurs déterminants selon ces trois tendances, *quantité* puis *qualité* puis *nouveauté*. Les changements de centres d'intérêts correspondent à des périodes qualifiées de crises.

Ces crises ne sont en réalité que la prise de conscience collective des points de rupture (aux points de fragilité), conséquences des pressions exercées à partir desquelles apparaîtra un ensemble nouveau qui, dans le changement, assure le maintien de la diffusion de l'énergie par la création de nouveaux modèles. Les crises doivent donc être comprises comme détenant potentiellement la cohérence d'un nouvel équilibre, lequel, après une phase plateau, évoluera puis se fragilisera à nouveau. La pérennité se comprend donc non comme une aptitude à maintenir les acquis mais, authentiquement comme une capacité d'anticipation de phénomènes inéluctables à venir (signification étymologique du mot *apocalypse*). Désormais, la gouvernance des entreprises ne peut plus uniquement reposer sur la morale (improprement assimilée à l'éthique) ou bien sur l'esprit de conquête mais bien sur des structures de veilles, seules capables de digérer le cheval de Troie avant qu'il ne remplisse son office.

C'est sur cette base constructale (construction de la complexité à partir de structures simples qui se développent selon le même schéma de base) que nous pouvons approcher la nature des marchés à l'aide du trikãla suivant, qui permet de les définir distinctement :

TRIKALA DES MARCHES

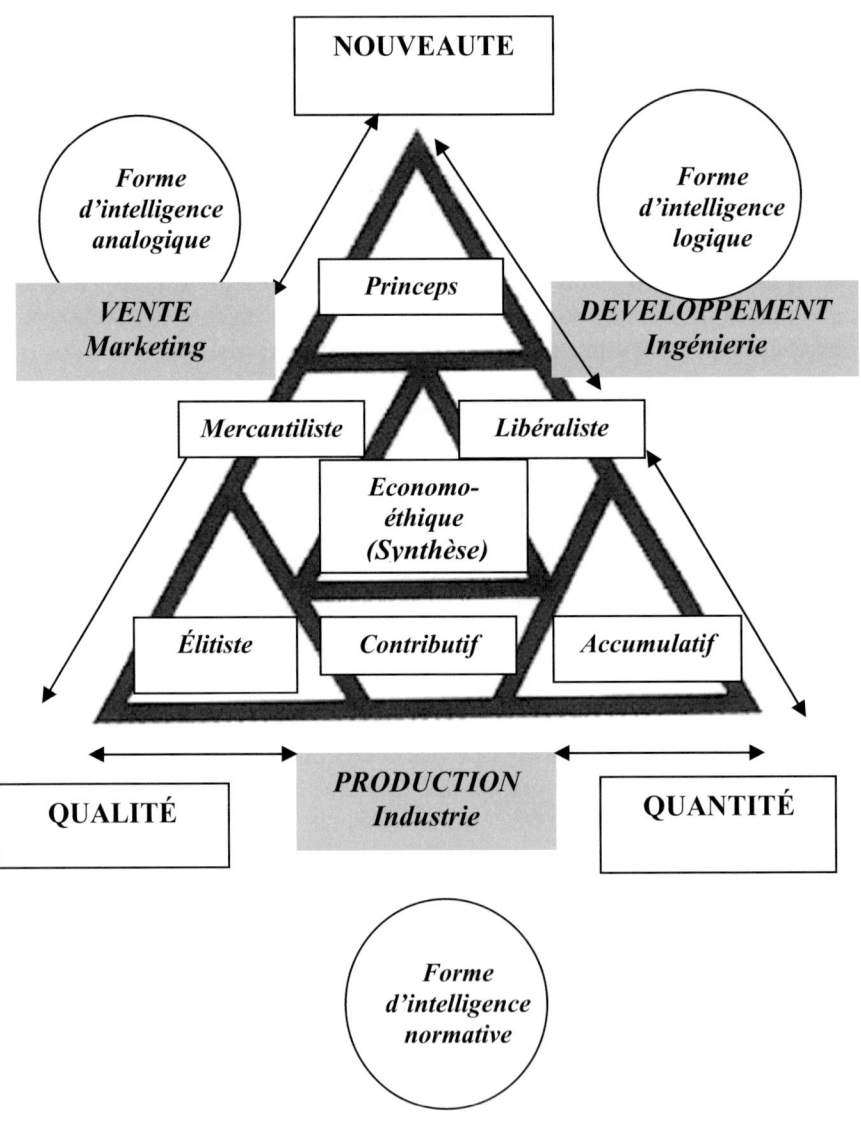

Marché Élitiste. Qualité

On entend par qualité les propriétés positives et comparées d'un objet, d'un produit, d'un service qui font qu'elles correspondent ou influencent au mieux à ce que l'acquéreur possible ou le bénéficiaire ou donneur d'ordre peut espérer par rapport à ses besoins vitaux, essentiels ou périphériques.

Pour Hegel, la qualité désigne cette première modalité générale de l'être comme étant la détermination immédiate et première. On recherche ce qui est bon, le meilleur. Dans le monde économique, la qualité est reconnue quand elle est conforme à la norme énoncée d'un progrès. Elle concerne non seulement le produit lui-même, sa fabrication, mais aussi sa méthode de commercialisation et son suivi (ce que nous appelons maintenant la *traçabilité*), de l'approvisionnement à la distribution.

Ce type de marché est fortement conditionné par l'opinion, les références, la marque. Le marché n'est pas exempt de préjugés, d'impressions. La communication commerciale devient alors un balancier qui doit anticiper les pertes d'équilibre et si possible orienter les mouvements d'opinion. En l'absence de communication le vide, que les clients ressentent comme du désintérêt à leur égard, peut entraîner des rumeurs qu'il sera difficile alors de récuser. Le bouclier défensif de la rumeur, c'est la communication directe (ou marketing direct, le face-à-face), la plus constante possible, car elle désamorce les bruits parasites à leurs naissances en se retournant contre leurs auteurs qui, plus tard, pourront être identifiés. C'est une affaire commerciale et non celle d'un pur marketing à distance, bien que la définition de ce qu'est une image de marque soit déterminante pour cette clientèle férue de qualité. La réputation est pour les acheteurs un gage de sérieux qui les protège. L'image de l'entreprise renforce celle du donneur d'ordre en vertu du dicton « qui se ressemble s'assemble ».

Marché accumulatif. Quantité

Moins préoccupée de qualité, c'est-à-dire de valeur ajoutée, et moins encore de nouveauté, le marché accumulatif cherche à dégager des marges sur la quantité ainsi que sur une bonne organisation de la distribution avec le moins de pertes de charges possibles. C'est un marché lent, moins sujet aux flux tendus, et fortement négociateur sur les marges obtenues en spéculant, c'est-à-dire en anticipant. Le transport aérien fonctionne beaucoup selon ce principe.

Marché princeps. Nouveauté

Le mot princeps est issu directement du latin signifiant *qui occupe la première place*, le premier. Il exprime une demande étendue à ce qui est inhabituel, original, étonnant, inédit, rare. Le princeps en tant que nouveauté échappe à la qualité et à la quantité. Si la quantité rassure alors que la qualité protège, le princeps (la nouveauté) est une échappatoire identitaire vers l'exclusivité. Le secteur du marché de l'art (ou de l'artisanat d'art) est ainsi partiellement une chasse gardée. La déontologie (en joaillerie par exemple) y est forte ainsi que les savoir-faire qui sont strictement codifiés par des procédures rigoureuses. Ces marchés fonctionnent dans l'urgence, souvent au dernier moment. Les prix ont moins d'importance que la rareté des produits et des savoir-faire qui suscitent le désir et l'imagination.

Marché contributif. Qualité + Quantité

L'interaction entre un marché *accumulatif* (quantité) et un marché *élitiste* (qualité) donne naissance à un marché *physiocratique*. Ce qualificatif fait référence au monde agraire, où la valeur de la production (augmentation de la quantité par la qualité et de la qualité au sein de la quantité) est améliorée par des croisements, des sélections. La pensée physiocratique est une doctrine qui invite l'homme à agir selon les lois de l'ordre naturel, à opposer à la doctrine *mercantiliste* ci-après (qualité-nouveauté) ainsi qu'elle invite à réagir contre les valeurs matériellement inutiles (les métaux précieux) et contre l'industrialisation.

Pour Quesnay, avec Mirabeau, Dupont de Nemours, Lemercier de la Rivière et Turgot, le produit net circule dans le corps social comme le sang dans le corps humain car les manufactures ont besoin d'acheter des produits agricoles aux agriculteurs, tandis que ceux-ci doivent acheter des produits manufacturés. Il n'y a que l'agriculture qui le fournit.

Cette théorie issue des XVIIe et XVIIIe siècles est celle des équilibres des quantités globales en liaison avec la qualité qui doit être taxée.

À partir des fondements de la pensée physiocratique se déclencheront les grandes révolutions, jusqu'en 1968 avec l'apparition des premiers mouvements écologiques ou anti-mondialisation. Beaucoup de petites ou moyennes entreprises du transport ont pour racine la ruralité. Les couleurs rouges et blanches arborées par certaines sociétés de transport étaient celles qui signalaient le transport de la viande, lequel ne pouvait être soumis à des limitations de circulation. Ces couleurs offraient un laissez-passer.

Marché mercantiliste. Qualité + Nouveauté

Le mercantilisme part du principe qu'un État, un pouvoir, doit être riche pour être puissant et que sa force se matérialise dans les métaux précieux et dans la rareté. Cette démarche a déclenché les grandes conquêtes et aboutira pour l'Angleterre à la domination du commerce maritime. L'arme principale du *mercantilisme* est le nationalisme et le protectionnisme sévère. Ce n'est que dans les années 70 que l'or ne servira plus de référence monétaire. Le changement sera dès lors une constante orchestrée par la fluctuation d'autres valeurs.

Marché libéraliste. Nouveauté + Quantité

La prise de pouvoir toute relative du *physiocratisme* sur le pouvoir *mercantiliste*, dont la convergence en période de croissance donnera l'industrialisation, imposera de plus en plus le partage des richesses jusqu'à devenir un contre-pouvoir, donc un marché interne qui fera émerger le libéralisme, c'est-à-dire le droit à l'expression des besoins au sein de la « masse » (quantité vers nouveauté).

Cette doctrine, issue également des XVIIe et XVIIIe siècles, privilégiera la liberté. Elle émet l'hypothèse que les jeux individuels, au sein de la masse conduiront à l'amélioration de l'intérêt général par l'émergence de solutions nouvelles (qualité-nouveauté).

La thèse centrale du libéralisme pour Adam Smith, Malthus, Ricardo, John Stuart en Angleterre et par Jean Baptiste Say, Frédéric Dastiat en France, revient à considérer qu'un ordre matériel répartit les rôles pour parvenir à l'équilibre.

Marché économo-éthique : Quantité + Qualité + Nouveauté
(Formé de Économie - Écologie-Éthique)

Ce concept naissant, appelé *économo-éthique*, se constitue actuellement par la synergie naturellement difficile qui s'opère entre les pratiques *physiocratiques*, *mercantilistes* et *libéralistes*. Ne percevant pas l'importance du phénomène, certains n'y voient qu'un épiphénomène qualifié faussement de post-moderniste.

Les mots économie et écologie ont une racine commune : le premier définit les normes, le second en parle, et dans les deux cas c'est de nous qu'il est question.

Le concept d'*économologie* ou d'*économo-éthique* est sur le point de devenir la forme de pensée syncrétique qui animera notre société pour de nombreuses décennies. Pris à son stade embryonnaire, nous n'y voyons que quelques perturbateurs hirsutes et fumeuses, mais force est de constater qu'une liaison s'opère inéluctablement entre le vert et l'or, entre la chlorophylle et la pérennité. La vie humaine est de plus en plus perçue comme une globalité cohérente d'interdépendances entre *production*, *consommation*, *admiration* : pérenne des grands équilibres. Les balbutiements se nomment « marché équitable », « altermondialisation », « production raisonnée » (actuellement quatre consommateurs sur cinq souhaitent privilégier cette forme de consommation citoyenne) sur lesquels les instances mondiales envisagent de légiférer. Ainsi procédons-nous au passage d'une pensée binaire vers une pensée trinaire (ou multimodale). En adoptant des textes de loi sur le principe de précaution, le législateur se fait l'expression d'un mouvement vers l'appréciation de la conséquence des actes contre les forces de l'habitude. Nous sommes alors simplement en train de lier la qualité et la quantité avec la nouveauté et de leurs donner un sens, celui des enjeux de l'équilibre dynamique. Observons bien le phénomène Internet : il est le modèle en gestation qui régira les rapports *écomologiques* dans lesquels nous aurons à opérer dans des délais très courts : le consommateur en tant qu'arbitre. Le client final étant de plus en plus présent dans ce qui était hier la chasse gardée du donneur d'ordre, il représente désormais un point d'appui extraordinaire dont la grande distribution a compris l'importance dès l'éclosion de ce phénomène social. Il reste à s'en inspirer. Il faudra désormais penser en base 3.

Situer son marché

On peut aisément situer le marché sur lequel intervient une entreprise selon le plus ou moins grand intérêt que manifestent les décisionnaires à la qualité, la quantité, la nouveauté par la résultante de ces paramètres au point de tension exercée entre chacun des pôles. On peut ainsi obtenir une lecture instructive, cartographiée de l'ensemble des clients d'un même portefeuille, et par extension de ceux d'une force de vente.

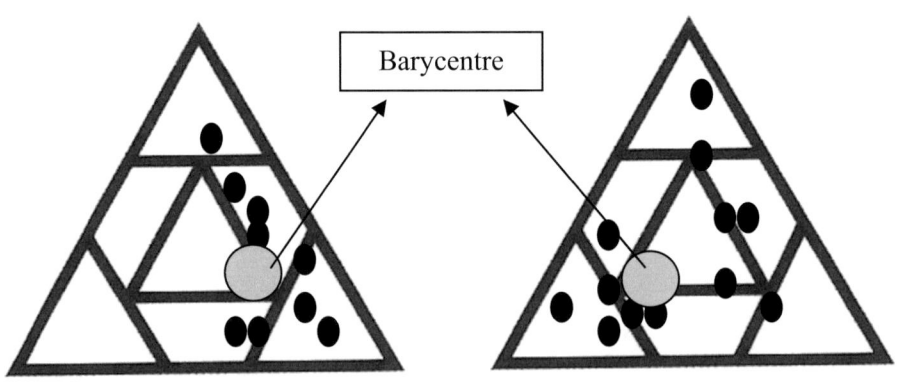

Schéma 1 : Situation commerciale de départ.

Schéma 2 : Situation commerciale d'arrivée.

Par exemple dans le schéma 1, le barycentre des clients d'une organisation se situait à la convergence entre *libéraliste*, *contributif,* avec une forte tendance *accumulative*. Le schéma 2 situe le barycentre des clients à la convergence de l'espace *élitiste* et *contributif*. On constate aussi qu'une partie de la clientèle est restée fidèle à la zone élitiste et libéraliste. Il y a donc disparition des besoins de nature *accumulatif* au profit d'une attraction vers l'*élitisme*.

On peut donc opérer le diagnostic suivant :

La force de vente devra désormais communiquer sur un marché d'ensemble devenu relativement instable par l'affaiblissement du pôle accumulatif, celui de la quantité. Dans l'hypothèse où l'entreprise se situait initialement sur un marché *contributif*, historiquement à tendance plus fortement *accumulative*, on pourrait considérer qu'il y a apparition d'une demande de personnalisation plus grande des services ou des produits plus soumis aux impératifs dictés par le consommateur ou le destinataire final.

Les conclusions qui seront tirées de ces constatations conditionneront donc l'organisation nouvelle de la force de vente, ainsi que les argumentaires à développer lors des contacts avec les prospects ou auprès de la clientèle acquise. Dans certains cas, on peut aussi assister à des changements de type de négociations par rapport à celles habituellement pratiquées par la clientèle traditionnelle, ce qui peut faire l'objet d'une réorganisation de la force de vente qui, de géographique, peut soit être organisée par ligne de produits, soit par type de clientèle. Ces choix pourront d'autant mieux s'effectuer que l'on saura s'appuyer sur une connaissance des styles d'achat des interlocuteurs ainsi que sur une réelle connaissance des styles de vente pratiquées par chaque vendeur au sein de la force de vente (se reporter au chapitre VII du présent ouvrage) tels que définis par Patrick Kalason, *Les 7 Styles de vente... et d'achat* (Éditions Celse et du Puits Fleuri).

L'efficacité, c'est-à-dire l'obtention des résultats escomptés avec une déperdition minimale, dépend donc d'une bonne adéquation entre le type d'entreprise (voir chapitre suivant), ses objectifs, l'organisation de sa force de vente, sa communication par les styles de vente à utiliser, et ceci en fonction des types de marchés à servir.

Résumé

Pour situer le marché de l'entreprise, trois éléments sont à considérer selon l'intérêt que manifeste le client pour la *quantité*, la *qualité*, la *nouveauté*. Ainsi et par concordance obtenons-nous 7 grands types de marché :

- Marché quantité, ou marché accumulatif.
- Marché qualité, ou marché élitiste.
- Marché nouveauté, ou marché princeps.
- Marché quantité + marché qualité, ou marché contributif.
- Marché qualité + marché nouveauté, ou marché mercantiliste.
- Marché qualité + marché nouveauté, ou marché libéraliste.
- Marché quantité + quantité + nouveauté, ou marché économo-éthique.

L'évolution économique s'est constituée à partir et sur la base de trois pôles, *accumulatif*, *princeps*, *élitiste*, qui ont donné naissance à trois autres types de marchés, *contributif*, *mercantiliste*, *libéraliste* mais aussi à des formes de pensée qui conditionnent la nature des rapports de négociation entre acheteurs et vendeurs. Nous entrons depuis une quinzaine d'années dans un cycle *économo-éthique*, septième forme, celle du toujours mieux pérenne au sein duquel, très en aval et très en amont de la production, interviennent le commerce équitable et le développement durable, arbitré par le citoyen qui devient une troisième donne entre le vendeur et l'acheteur.

OOO

CHAPITRE V

SITUER L'ENTREPRISE

Afin d'aborder ce sujet de la façon la plus concrète possible, nous vous proposons à notre lecteur de cerner la nature de l'entreprise au sein de laquelle il intervient, à l'aide du questionnaire suivant.

Test d'auto-évaluation « Dans quelle entreprise suis-je ? »

Vous êtes placés en présence de 10 situations familières de la vie de l'organisation dans laquelle vous travaillez ou que vous dirigez. Pour chaque situation, vous retiendrez deux propositions parmi les six qui vous sont offertes. Les deux retenues doivent être, pour vous, considérées comme prioritaires par votre entreprise (et non forcément par vous-même) comparativement aux autres propositions. Il n'y a pas de bonnes ni de mauvaises propositions. Ne procédez donc pas en fonction de ce qui devrait être, mais en fonction de ce qui se pratique réellement de façon prioritaire au sein de votre organisation.

1 - Le client est roi, dit-on. Dans mon entreprise, être au service du client c'est :

- A- s'appuyer sur une organisation solide qui permette d'identifier le client tout au long de la ligne de production ou de service ainsi que de le suivre ultérieurement.
- B- chercher en permanence, par des réunions internes notamment, à améliorer les prestations pour le satisfaire jusque dans les moindres détails.
- C- suivre les instructions de la direction, qui connaît son marché et qui a fixé les stratégies commerciales ainsi que les orientations marketing.
- D- pouvoir à tout instant avoir accès au dossier informatique du client.
- E- être en contact direct avec le client, au plus proche de son activité ou de ses préoccupations pour adapter au mieux le produit où le service.
- F- pouvoir à tout instant compter sur une intervention de la direction auprès d'un client sur un dossier délicat, quelle que soit l'importance de ce client.

2 – Quel que soit notre niveau de responsabilité, nous dépendons tous d'une hiérarchie. Dans mon entreprise, il est demandé à la hiérarchie d'être :

- A- soucieuse d'une bonne organisation du travail afin que chacun soit le plus opérationnel possible, en sachant limiter les aléas de façon à éviter les gaspillages.
- B- à l'écoute des attentes des collaborateurs afin que le climat soit favorable à l'expression des compétences de chacun.
- C- exemplaire dans ses attitudes et ses comportements.
- D- en mesure de mettre à la disposition de chacun les moyens nécessaires à la réalisation de son travail.
- E- un animateur capable de réguler et fédérer, notamment par des entretiens et des réunions régulières.
- F- capable de prendre les décisions qu'imposent les circonstances.

3 - Les lois, les règlements, les techniques, les marchés évoluent tout le temps. L'environnement se complexifiant, la formation joue donc un rôle important. Dans mon entreprise, la formation s'effectue par l'intermédiaire :

- A- de supports techniques utilisables sur mon lieu de travail (mails, documentations, journaux professionnels, etc.).
- B- de séminaires ou de déplacements réalisés à l'extérieur de l'entreprise.
- C- de la hiérarchie sur le lieu de travail et durant les heures de travail.
- D- de la limite stricte des obligations légales.
- E- de mes initiatives personnelles.
- F- des décisions et choix de la hiérarchie.

4 - Qu'ils soient ou non écrits, de façon explicite ou implicite, de grands principes gouvernent le quotidien de l'entreprise. Rédigés sous la forme d'un règlement ou d'une charte, on peut retenir :

- A- Les méthodes tu respecteras.
- B- L'équipe tu valoriseras.
- C- Du travail des autres tu ne te mêleras.
- D- Pour la qualité tu travailleras.
- E- La vocation tu susciteras.
- F- Ta confiance absolue tu manifesteras.

5 - On parle de plus en plus d'éthique dans le travail. Elle peut être morale, économique, écologique ou sociale. L'éthique dans mon entreprise repose sur :

- A- le contrôle régulier sur pièces, à quelque niveau que ce soit, pour la transparence.

B- un état d'esprit : chaque collaborateur est traité avec les mêmes égards que la clientèle.
C- une direction qui est l'émanation d'un conseil d'administration, qui agit selon ses orientations et procède aux contrôles nécessaires.
D- l'accessibilité de chacun aux dossiers de travail de tous.
E- une connaissance par tous et par les instances représentatives du personnel des préoccupations de l'entreprise.
F- des informations qui sont accessibles auprès de la direction générale.

6 - Les relations avec la hiérarchie ne sont pas toujours aisées. Charge importante de travail, nombreuses obligations, tout cela ne la rend pas aussi disponible qu'on le souhaiterait. Pourtant il y a des moments favorables pour établir le contact :

A- Lors des bilans annuels, durant lesquels on fait le point sur le travail de chacun.
B- Lorsque je n'arrive pas à solutionner un problème.
C- Lorsque je sais que je ne peux pas prendre de position.
D- Lors de réunions de travail qui sont régulièrement organisées.
E- À chaque fois que c'est nécessaire, même pour des raisons personnelles : j'ai toujours une écoute attentive en face de moi.
F- Lorsque je suis convoqué.

7 - L'accueil des nouveaux est un moment important pour tous. L'entreprise doit mettre en avant ses atouts, donner envie aux futurs collaborateurs de s'impliquer dans la collectivité. Dans mon entreprise, lors de cet accueil :

A- on insiste sur l'organisation hiérarchique et fonctionnelle afin que les personnes recrutées sachent se situer en toute confiance.
B- les nouveaux passent de service en service et échangent librement avec les collaborateurs.
C- la direction les reçoit avec égards, comme s'il s'agissait d'un client, en cherchant à valoriser le métier et l'entreprise.
D- des brochures, des montages audiovisuels sont présentés ou remis systématiquement.
E- La direction reste très attentive les premières semaines aux performances des nouveaux.
F- On met en valeur la personnalité exemplaire des fondateurs.

8 - Dans mon entreprise, le patron c'est :

- A- celui qui est attentif à la bonne articulation des actions dans le cadre fixé.
- B- celui qui sait mettre à l'aise et régler les conflits sans les accentuer.
- C- celui dont les décisions sont exécutées, même si cela ne fait pas plaisir.
- D- celui qui sait adapter rapidement la structure aux objectifs de résultat.
- E- celui qui tient compte dans ses décisions de l'expérience de ses collaborateurs.
- F- celui qui privilégie les résultats en premier lieu.

9 - Une maladie d'enfant, l'achat d'un bien, une urgence familiale, tout cela vient parfois perturber notre vie de travail et il n'est pas toujours facile de demander un congé. Lorsque vous y êtes contraint, celui-ci vous est accordé :

- A- uniquement si cela n'entraîne pas une charge supplémentaire de travail pour les autres collaborateurs.
- B- presque toujours, sur la confiance et sans me demander trop d'explications.
- C- en se référant systématiquement à la direction du personnel.
- D- en me demandant d'effectuer des heures supplémentaires pour compenser.
- E- en me demandant de m'organiser au préalable avec mes collègues.
- F- selon la convenance de ma hiérarchie.

10 - L'évolution du monde a pour effet de nous confronter de plus en plus au changement. Lorsque celui-ci doit s'opérer, mon entreprise a tendance à :

- A- préserver l'organisation qui a fait ses preuves.
- B- soumettre les diverses possibilités à la réflexion des collaborateurs.
- C- attendre les décisions de la direction.
- D- opérer des expériences intermédiaires.
- E- constituer des groupes de travail rassemblant divers responsables.
- F- privilégier les orientations des actionnaires.

Dépouillement et interprétation

Reportez dans la grille ci-dessous vos choix.

SITUATIONS REPONSES	1	2	3	4	5	6	7	8	9	10	TOTAL
STRUCTURE	A	A	A	A	A	A	A	A	A	A	
INTERACTION	B	B	B	B	B	B	B	B	B	B	
POUVOIR	C	C	C	C	C	C	C	C	C	C	
STRUCTURE	D	D	D	D	D	D	D	D	D	D	
INTERACTION	E	E	E	E	E	E	E	E	E	E	
POUVOIR	F	F	F	F	F	F	F	F	F	F	

Totalisez le nombre de choix par ligne, puis cumuler les totaux :

STRUCTURE   =   = **S**
INTERACTION   =   = **I**
POUVOIR   =   = **P**

Puis diviser   **I/P** =
Et diviser   **S/P** =

Reporter votre résultat I/P sur le segment gradué IP du triangle et joindre ce point par une droite au sommet S. Reporter ensuite le résultat S/P sur le segment gradué SP du triangle et joindre ce point par une droite au sommet I dans le trikãla suivant, que vous interpréterez à l'aide des définitions ci-après.

Les 7 catégories d'entreprises

Reprenant le modèle triangulaire (ou *trikãla*) utilisé pour l'élaboration des catégories de marchés, nous poursuivrons le même raisonnement pour définir des catégories d'entreprises.

Selon la plus ou moins grande importance qu'une entreprise accordera au pôle *pouvoir* (souveraineté des décideurs), *interactions* (valorisation des échanges dans la recherche de solutions), *structure* (outils et supports de productions), nous obtiendrons des catégories d'organisations clairement identifiables. En les mariant au *trikãla* (triangle) des marchés, nous obtiendrons un tableau des types d'entreprises (famille, tribu, clan qui constituent des catégories organisationnelles). Ainsi, notre lecteur pourra croiser le type d'entreprise au sein de laquelle il opère avec sa clientèle type (se référer au triangle des marchés).

Il faut toutefois insister sur les précautions d'utilisation des *trikãlas* : ils ne doivent pas être compris comme un système linéaire fractionné (fractal) par opposition entre pôles. L'approche par triangulation (par *trikãla*) est la représentation d'un système *chrono-holistique constructal* (qui construit dans le temps son identité en procédant par attraction puis inclusion des pôles par synergie (voir sens à donner à ce terme au chapitre IX). *Ainsi la construction finale d'une organisation est-elle la conséquence de l'intégration d'un, deux ou trois des pôles, lesquels se trouvent transformés et enrichis par rapport à leur situation initiale.* Cela signifie que le passage d'une forme d'organisation à une autre ne s'opère pas par des ruptures domination-dominé, mais bien selon un phénomène synergique (conséquence de désaccords plus ou moins valablement gérés). Ce processus *chrono-holistique* (qui construit son identité dans le temps par intégration des succès et des échecs) *constructal* fonctionne selon des principes de désir de perfectionnement en assimilant ce qui fonctionne de façon optimale tout en mettant en réserve ce qui momentanément peut être moins opérant. L'équilibre, en tant que capacité d'adaptation pérenne, est obtenu lorsque ces trois pôles se sont fécondés pour être capables d'offrir des réponses conformes aux fluctuations du marché.

Comme le résume N. Alter, *un processus de transformation consiste à viser une meilleure forme de rationalisation des facteurs de production, ce qui déclenche une complexité dynamique souvent conflictuelle entre les innovateurs et les conservateurs. Le système fonctionne par une recherche* d'équilibre dans le mouvement obtenu par l'attraction des pôles non encore intégrés. Le processus d'approche du fonctionnement des organisations par *trikāla* peut s'apparenter aux phénomènes électromagnétiques ou thermodynamiques des gaz. L'évolution des voitures de course peut encore illustrer ce concept : on a toujours une carrosserie, un moteur et des roues mais la physionomie d'ensemble s'est profondément modifiée dans le temps : la vitesse augmente la pression de l'air, laquelle impose de modifier l'aérodynamisme, ce qui nécessite des pneumatiques adaptés aux nouvelles forces et contraintes ainsi engendrées, etc.

Sur cette base vont être définis les 7 catégories d'entreprises que nous connecterons, après les avoir définis aux trikālas des marchés, ce qui permettra de situer au sein d'un ensemble cartographié la nature d'une entreprise issue de la conjonction de son organisation avec son ou ses marchés.
Le trikāla (triangle) des organisations est représenté par le schéma suivant :

TRIKALA DE FAMILLES D'ENTREPRISES

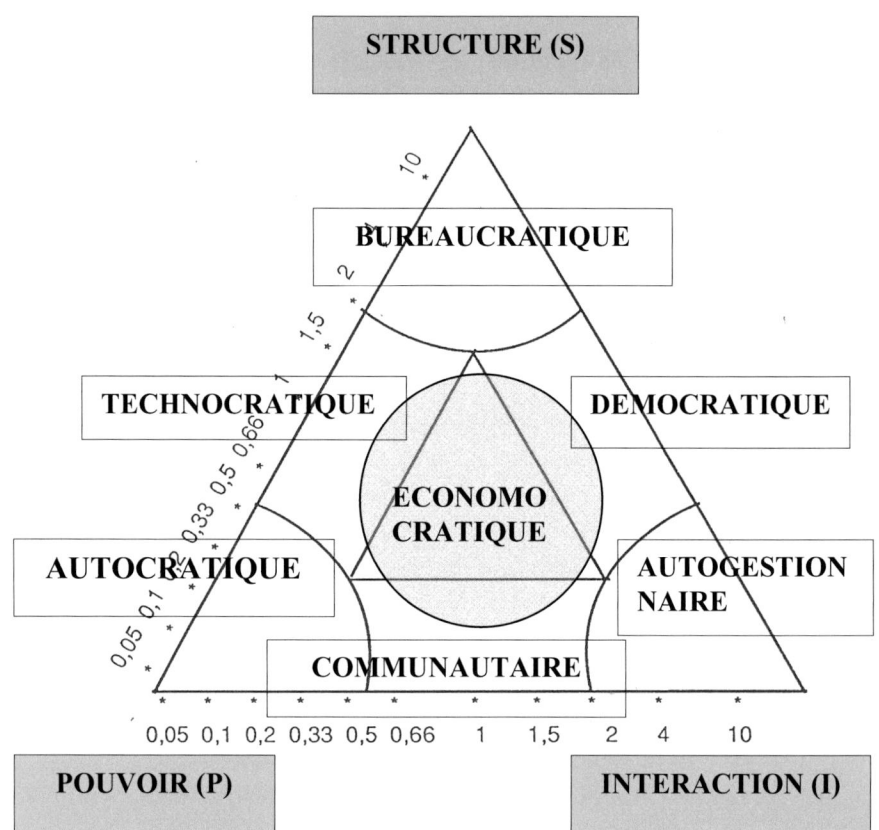

Définition des types d'organisations

Organisation autocratique (pôle Pouvoir)

Nous entendons par pouvoir la propriété, la capacité de décideurs à être la cause des effets qu'ils escomptent. Puissance financière, intellectuelle ou sociale, qu'elle soit autoproclamée par le capital ou investie par le droit, par l'élection ou par la compétence en fonction de valeurs reconnues ou estimées, le pouvoir s'exerce au travers de relations entre individus où l'un impose à l'autre une obligation selon un processus de sanctions positives ou négatives. Le pouvoir est dans la très grande majorité des cas un système régulateur ayant pris ses racines sur la force, la religion, les richesses, le politique puis a été cautionné par le droit.

En psychologie sociale, le pouvoir se distingue des autres types d'interactions par son caractère à court et moyen terme asymétrique. Un individu, un groupe, une organisation dépend d'un pouvoir lorsque d'une façon permanente il ne peut obtenir par lui même les biens ou des ressources qu'il ne peut trouver ailleurs, tant qu'il ne peut contraindre l'autre à les lui céder.

J.R.P. French et B. Raven en 1965 ont distingué 5 types de pouvoir selon la nature des motivations impliquées, l'intensité des forces de résistance et le degré de surveillance exigé :

- le pouvoir de récompense,
-.le pouvoir de coercition,
- le pouvoir légitime,
- le pouvoir de référence,
- le pouvoir de compétence,

auxquels nous pouvons ajouter en parallèle :

- le pouvoir de création,
- le pouvoir des réseaux ou pouvoir clanique.

Il est par ailleurs important de percevoir les systèmes de pouvoir comme étant par essence déviants (originaux) par rapport à la masse, dans la mesure où ils s'écartent, au départ de l'action, des limites fixées par la norme sociale pacifiante et dont le résultat sera évalué à son terme comme positif s'il améliore de façon intéressante les marges initiales des normes, voire négatif s'il contribue à les faire régresser ou à les mettre en péril. Toute société définit des normes sociales et le cadre des variations admises qui garantissent un équilibre préservant les systèmes dominants de référence.

Le déviant est celui qui digresse des règles. S'il ne présente aucun danger, il est perçu comme extravagant ; plus réaliste il est mal toléré et suscite l'agressivité de l'entourage des pouvoirs. La présence d'un déviant, ou d'une organisation déviante, peut créer des tensions, mais si ces tensions sont comprises et partagées par une collectivité, elles deviennent révélatrices de problèmes et des progrès espérés. Un déviant qui a réussi devient en phase transitoire un leader, et si ce dernier sait réintégrer les normes pour les exploiter dans le sens de ses objectifs, tout en intégrant d'autres intérêts qui envisagent sa protection, il disposera alors naturellement des pouvoirs reconnus à un dirigeant. La solidité des intérêts collectifs est proportionnelle à celle des intérêts individuels de ceux qui les dirigent ainsi que de ceux qui les servent. Dans les systèmes *physiocratiques* (tradition agraire), la valeur dominante est la surface, dans les systèmes mercantilistes la référence est la richesse concentrée en un faible volume, dans les systèmes démocratiques la valeur se situe dans le collectif. La tendance dominante actuelle des organisations étant de nature « démocratique », celle-ci a pour conséquence que les pouvoirs, moins émergents parce que fragilisés historiquement, laissent aux « collaborateurs » des échappatoires nouvelles moins transgressives, qui donneront lieu à de nouveaux concepts : transparence, polyvalence, responsabilisation, délégation, art de vivre, protection, devoir de précaution, etc., donnant l'illusion d'un pouvoir partagé.

Les délocalisations illustrent bien ces transgressions déviantes qui placent actuellement les dirigeants qui réussissent au rang de pionniers, alors qu'il y a à peine dix ans ceux-ci étaient traités comme des renégats. La morale en ce domaine est toujours à géométrie variable lorsqu'elle sert à justifier des erreurs d'anticipation.

Il ne m'appartient pas ici de porter un jugement mais simplement de constater qu'à cette date ou nous entrons dans « la grande Europe », le marché n'est plus commun mais mondialisé, et qu'à l'instant où nous croyons disposer d'une cohésion capable de renforcer notre production et de développer notre consommation à l'intérieur du système, elle soit devenue un pôle de gestion de productions effectuées hors zone dans les pays émergents et consommées *intra-muros*. Les discours ont trop souvent au moins un coup de retard par rapport aux logiques des pouvoirs. Ces phénomènes étaient pourtant émergents il y a plus de deux décennies. Personne ne les a pris en considération pour les anticiper et les gérer durablement ou encore prévisionnellement. C'est alors que l'on se trouve confronté à ce que l'on a appelé la *fracture sociale*, en laissant supposer qu'elle se résorbera lorsque la situation reviendra à son état stable initial. C'est oublier qu'au black jack les cartes sorties du sabot ne s'y trouvent plus. Alors à quoi bon laisser croire qu'elles ressortiront ! Dans l'intermède, des formes nouvelles viendront se substituer aux anciennes et cela de façon insidieuse.

L'excellent article de Cédric Morin dans « Le Monde Initiatives » évoque l'émergence de la tribu comme avatar d'une classe sociale sous le nom de tribalisme post-moderne. Michel Maffesoli constate que ces entités informelles ont vocation à défendre leurs intérêts propres et « les responsables des ressources humaines sont de plus en plus confrontés à la gestion de groupes de connivence et de moins en moins à des organisations syndicales ». Bien évidemment, les sociologues de l'observation attendront que ces tribus se constituent en contre-pouvoirs dominants pour constater demain qu'elles seront devenues des partenaires crédibles et d'en expliquer l'existence comme une donne nouvelle.

Le sociologue Robert Castel peut écrire tant qu'il aura des lecteurs sur la décollectivatisation comme étant la troisième étape de l'histoire du XIXe siècle, et justifier cela par la précarisation du travail, l'abandon progressif du taylorisme, le déclin syndicalisme, il ne fait que constater des phénomènes qu'il aurait dû anticiper il y a de cela quinze ans si sa discipline n'avait de scientifique que les outils d'observation qu'elle utilise pour regarder le passé. Trop empreint d'un paradigme justificateur des théories de la lutte des classes, ces penseurs ont ainsi magnifié la classe ouvrière à son propre détriment et plus encore contribué à considérer les pouvoirs comme de simples faire-valoir de la démocratie : une collectivité qui ne fonderait sa conception du développement sur des principes de lutte contre la pauvreté oublierait que ceux-ci ne peuvent être que la conséquence d'un combat victorieux d'acquisition de richesses. Exploitation et exploit sont de même nature et la prouesse ne peut siéger dans l'aptitude au larmoiement.

Il faut que nous cessions d'attendre que les phénomènes prévisibles aient franchi notre porte pour nous y intéresser, et les considérer comme transitoires alors que nous entrons dans une nouvelle phase. Les tsunamis économiques, quoique diffus dans le temps, causent plus de ravages que ceux de la nature. Nous connaissons mieux les phénomènes telluriques par ce que nous les avons cartographiés alors que les phénomènes socio-économiques ne disposent d'aucune structure de veille susceptible de mobiliser les énergies par anticipation autres que ceux des pouvoirs lorsqu'ils sont en éveil.

Dans ce contexte, les clans n'ont plus rien de protectionniste et de passéistes. Ils ont été bien observés récemment par *l'Observatoire national des tendances socioculturelles récemment*, alors que Bernard Cathelat du *Centre de communication avancée*, mais faute de s'intéresser à l'énergie sous-jacente à l'apparition de ces phénomènes (socio-styles), il n'y verra qu'une réaction à la mondialisation. Claude Bébéar, plus rompu à la prospective, en tant qu'homme de pouvoir attentif aux agressions possibles qu'il convient de juguler ou d'intégrer habilement, a su y lire le risque d'émergence de baronnies avec lesquels il faudra composer. Et si Christophe Assens pressent que le clan opère en privant les autres d'informations, donc de ressources extérieures vitales pour l'entreprise, que n'en tire-t-il les conclusions en termes d'asphyxie comme instrument potentiel de chantage pour un partage éventuel des pouvoirs ? De même, Michel Wieviorka précisera en conclusion que si le fonctionnement normal n'explique pas ces trajectoires pour en conclure que d'autres logiques sont en œuvre, ne devrait-il pas plutôt s'interroger sur les logiques mêmes des outils d'observation qu'il utilise ?

Mais il ne s'agit pas de chercher derrière tout cela à guérir une société de bactéries en mutation, mais bien de considérer que ces bactéries sont utiles au fonctionnement, d'en comprendre les mécanismes et d'anticiper leurs mutations pour que le corps social et économique s'en fortifie.

Ces hiérarchies de l'ombre, que l'on qualifie de marginales, sont équivalentes aux déviants solitaires d'hier : elles ont seulement appris du collectivisme qu'elles représentaient un pouvoir qu'elles ont l'intention de partager avec leurs détenteurs initiaux.

Il est de toute première nécessité que les pouvoirs retrouvent le chemin de la souveraineté en cessant de se dissimuler derrière des stratégies de poudre aux yeux ou d'identification populiste. Pour qu'ils reprennent leur place, ils doivent être aidés par le retour à un consensus anthropologique capable de manifester à leur égard le respect dû à toute composante essentielle du développement, et non plus comme des denrées consommables au gré des humeurs du temps ou des modes pseudo-intellectuelles.

Organisation bureaucratique : (pôle Structure)

L'organisation bureaucratique est constituée par l'ensemble des éléments servant à construire et à maintenir des équilibres entre les parties d'un tout dont l'agencement vise à obtenir l'efficacité souhaitée. Elle concerne l'ensemble des modalités d'organisation, de production et de relation entre les domaines qui le constituent. Les modifications structurelles permettent l'adaptation de l'organisation pour contrôler et produire conformément aux attentes de l'environnement, aux cahiers des charges fixés par les instances de contrôle. On peut aussi qualifier l'organisation bureaucratique d'organisation palacienne (du mot *palais*) : les somptueux sièges sociaux en sont l'expression symbolique.

L'organisation bureaucratique sert au bon exercice des pouvoirs (économiques, sociaux, politiques), dont elle se distingue par son caractère normatif, qui permet les arbitrages et la régulation des interactions. Une structure organisationnelle est toujours la résultante des pressions dont la forme émerge à terme de la facilité.

L'organisation bureaucratique se veut neutre et la moins impliquée possible dans les relations qui existent entre le pouvoir et les interactions. Elle prend les formes qu'imposent les lois dont elle est garante du bon exercice.

Organisation autogestionnaire (pôle Interaction)

Les interactions sont les mécanismes des relations interpersonnelles entre les individus, par lesquels leurs comportements sont soumis à des influences réciproques : chaque individu ou chaque groupe modifiant son comportement ou ses pratiques en fonction des réactions de l'autre dans le cadre d'un mimétisme de référence. Les interactions comprennent aussi les relations intelligentes homme-machine dans des domaines récents comme l'informatique, la production assistées par ordinateur, etc.

Les interactions sont régies par les lois des relations interpersonnelles et de la dynamique des groupes restreints, dont l'efficacité dépendra d'une organisation adaptée aux objectifs de ces interactions. L'entreprise rassemblant des populations diverses en compétences, connaissances, savoir-faire, le cadre au sein duquel chacun fonctionne laisse plus ou moins de place aux initiatives personnelles. Un groupe détenant toujours potentiellement la meilleure solution à un problème nouveau, il est de l'intérêt de l'organisation (structure) et des pouvoirs de poser clairement les problèmes que les interactions sauront valablement traiter ainsi que de lui permettre de disposer du cadre adapté à son expression.

Organisation communautaire (pôles Pouvoir-Interaction)

Rassemblant les pôles *interaction* et *pouvoir*, ces organisations fonctionnent elles-mêmes, en sous-strate, selon le tri polarité suivante : citoyen, consommateur, producteur :
- *citoyen :* intérêt pour les lois, les règles garantes de l'équité, ce pôle est comparable à la catégorie bureaucratique. On retrouvera cette forme d'organisation dans le syndicalisme.
- *consommateur :* les interactions ont alors pour objet de profiter de la puissance collective. Le comité d'entreprise en est l'expression
- *producteur :* se caractérise par une volonté d'affirmer une supériorité, un caractère innovant, voire de se mettre au service de la collectivité pour faire masse. Trait caractéristique de la classe ouvrière, cette valeur est à raccrocher au sens de l'effort, au refus de la fatigue, à la puissance de la volonté. Les sociétés coopératives ouvrières de production en sont l'émanation.

Ces trois pôles conditionnent très fortement l'efficacité de l'entreprise (souvent industrielle), les motivations, les vocations professionnelles, l'esprit d'équipe que l'on trouvera notamment chez les mineurs. Lorsqu'une catégorie professionnelle rassemble ces trois pôles, il devient possible de considérer valablement qu'elle dispose d'une culture particulière. En dehors de cela, l'utilisation du mot *culture* devient un fourre-tout pseudo-sociologique synonyme d'habitus, de comportements mimétiques ou de pratiques particulières. Une des caractéristiques de la culture communautaire est de donner un sens à l'effort, parfois à la douleur en indiquant comment l'accepter, comment la maîtriser, la dépasser ou la transcender en procédant par mimétisme de héros fédérateurs. Faute de comprendre ces phénomènes, il est impossible de contextualiser les fonctionnements des relations interculturelles entre le pôle *pouvoir* et le pôle *interaction*. Cette caractéristique culturelle du monde *contractant* sera largement exploitée par les décideurs (marginaux de la souffrance) pour exercer leur autorité… cautionnée par instances religieuses interposées. On récupère la souffrance pour proposer le bonheur.

Les interactions sont donc à comprendre dans un univers mental de *contractants* (et non d'acteurs), dont la longue histoire est, à la base, conditionnée par des actes de soumission dans l'espoir de satisfaire à diverses formes de besoins de protection auprès de déviants (innovants) rassurants et parfois décevants. La relation à la souffrance est un trait culturel non négligeable, renforcé par des valeurs théologiques, qui fait accepter cet assujettissement et qui permet aux pouvoirs financiers de développer la productivité et les richesses tout en garantissant aux Églises la protection des pouvoirs politiques. Du VIIe siècle à la Renaissance, ces mécanismes d'interdépendance se structureront, notamment par les liens entre un Vatican géographiquement fragilisé et les pouvoirs politiques en mal de reconnaissance. Aujourd'hui, nous sommes arrivés à des rapports plus équilibrés, où l'interdépendance est reconnue dans ce système *constructal* qui doit nous rendre conscient qu'il nous faut maintenant faire appel à l'intelligence plus qu'aux rapports de force. Mais il y a encore du chemin à parcourir.

Organisation technocratique (pôles Pouvoir-Structure)

Peu dépendante des interactions relationnelles, cette catégorie institutionnelle vise essentiellement à effectuer, par l'organisation technique la mieux adaptée, la meilleure production possible au coût le plus faible, dans la perspective de profits élevés. Les décisions pyramidales sont prises sur ces bases et privilégient la rationalité à ses aspects sociaux. C'est le *one best way* taylorien, pour lequel l'organisation, afin d'atteindre ses objectifs, doit éliminer les incertitudes auxquelles elle est confrontée. Elle fait confiance à l'esprit scientifique et moins aux hommes qu'elle fait entrer dans le domaine des incertitudes avec lesquelles elle doit néanmoins composer. Nous n'irons pourtant pas jusqu'à déclarer, dans la lignée des extrapolations faites à partir des travaux de Taylor et Weber, que ces perspectives seraient atteintes d'autant mieux que l'organisation serait déshumanisée. Cette impression peut être ressentie dans l'organisation, mais l'objet de la production des organisations technocratiques, visant le plus grand nombre, doit prendre en considération la redistribution comme un retour sur investissement à moyenne échéance : l'effort pendant ce laps de temps qui existe entre la production et la redistribution étant le préalable de souffrance acceptable. Le succès de Ford reposa en partie sur l'acquisition de ses voitures par ses propres employés. Dans l'industrie automobile actuelle, ce processus constitue un marché parallèle autant utile aux employés qu'à l'entreprise. Ainsi, contrairement à Touraine, les choix technologiques ne sont pas essentiellement des choix sociaux, ce sont les conditions *sine qua non* d'une réponse adéquate au marché. Dans le cas contraire, l'organisation prend la forme d'une institution sociale, son marché devient alors interne.

Organisation démocratique (pôles Structure-Interaction)

L'organisation démocratique se constitue autour de la valorisation des apports des collaborateurs, des avis de ceux qui ont à exécuter des tâches en liaison avec une hiérarchie, en référence aux normes bureaucratiques, hors la présence de pouvoirs souverains. L'organisation démocratique est comparable à son acception politique, parce que les décisions ne sont pas imposées mais consenties dans un cadre réglementaire et social, dans la mesure où les réalités du marché sont moins présentes (service public), ou que l'organisation se trouve sur des marchés captifs garants de l'équilibre financier de l'institution. Les pouvoirs y sont fragiles lorsqu'ils ne sont pas issus de l'organisation même. En l'absence de pouvoirs souverains compétents, ces organisations finissent par s'organiser de façon concentrique, de plus en plus éloignée des réalités, et ceci dans une perspective d'autoprotection des acquis, des idéaux, notamment en rendant presque impossible les contacts entre le marché et les décideurs (lesquels sont d'ailleurs de façon cycliques changeants).

Organisation économocratique (pôles Pouvoir-Interaction-Structure)

Cette catégorie d'organisation est fortement émergente. Fédérant les trois pôles du *trikãla* (triangle) des organisations, elle se situe au barycentre et intègre en synergie *Pouvoir-Interaction-Structure*. Elle se situe au point de convergence constitué par la nouvelle donne économique dans un marché mondialisé et d'une Europe élargie, ainsi que par la prise de conscience de la nécessité d'un développement durable reposant sur la maîtrise des causes pour espérer les conséquences les moins nocives possibles .

Ces organisations *économocratiques* se constituent progressivement par des phénomènes de synthèse (ou plus exactement de synergie) dont l'impression d'apparente complexité de ses modèles organisationnels et communicationnels tient au fait qu'ils sont la conséquence des convergences imposées par les marchés selon les principes de *qualité-quantité-nouveauté* de près de 5 000 ans d'histoire cristallisés sur une période de moins de 200 ans (cf. typologie des marchés).

L'entrée dans un monde *économologique* a lieu selon le principe de l'efficacité pérenne. Comme le suggère Habermas, *la conjonction de valeurs sociales collectives par le seul fait que les contractants producteurs sont devenus des réacteurs consommateurs, conscients de leur implication dans le nécessaire équilibre auquel ils appartiennent et qui conditionne le développement durable dans une perspective plus universelle, impose l'obligation d'une symbolique* (sujet que nous avons développé dans le chapitre II intitulé « Valoriser l'exploit »).

Les pouvoirs retrouveront-ils leur fonction de vecteur de sens ?

Rosette Bonnet, dans son article intitulé « L'évolution des modèles organisationnels et communicationnels à l'épreuve de la complexité et de l'inter-culturalité », effectue la synthèse des modèles qui se sont succédés depuis plus d'un siècle. En passant en revue les théories fragmentaires de Fayol, Taylor, Wiener, Shannon, Galbraith, Jakobson, elle exprime en ces termes le sens que prend l'interdépendance entre les acteurs sociaux : « Le partage de la représentation d'une promesse, d'une plus-value liée aux activités envisagées ou menées, constitue[…] un point d'entrée important pour provoquer l'engagement, la motivation, la coopération et la contractualisation entre les acteurs individuels et les organisations au travail. ». Et de conclure, dans ce cadre économologique justement pressenti, « La construction du sens relève donc, selon cette conception, de la combinatoire propre à ces trois dimensions (lisibilité des signes, affichage des intentions… attachés à l'action ou au changement), combinatoire dont la nature et la densité produisent des effets variables et instables ». L'univers multimodal et multidimensionnel dont parle Zarifian (1996) doit être intégré dans une culture de nature beaucoup plus vaste et riche. En réalité, les organisations sont passées d'une organisation physiocratique de type communautaire à une organisation rationaliste de type technocratique, puis ont convergé vers une organisation de type démocratique. L'accroissement de l'intelligibilité des phénomènes (due à l'élévation du niveau de formation des citoyens par l'éducation et par les médias) est la conséquence de ce parcours induit par le mouvement de l'histoire et par la mise en dialogue des pôles *Pouvoir*, *Structure*, *Interaction* dans un mouvement *chrono-holistique constructal* (précédemment évoqué) au terme duquel cycle apparaît maintenant une culture de type *économologique*, conscients que nous sommes que la pérennité repose sur le brassage des cultures et des pratiques.

On a démontré que l'efficacité potentielle d'un groupe de travail se mesurait par le nombre d'idées émises qui, tamisées par la dynamique du groupe, conduit à faire émerger la meilleure solution possible face à un problème nouveau sur lequel il ne préexistait pas de solution connue. Cette efficacité est déterminée par la loi suivante : « La qualité d'une solution est obtenue par l'émission d'au moins une idée par chacun des membres du groupe vers chacun des autres membres de ce groupe (nombre d'idées multipliées par ce nombre d'idées moins une : nb x nb-1 = enrichissement). Ainsi un groupe de 10 personnes détient un potentiel 90 d'enrichissement vers la solution au problème posé, à condition que l'organisation et l'animation du groupe soient effectuées en respectant les principes d'expression ainsi que les méthodes de recherche. Dans l'hypothèse où, pour des raisons de productivité supplémentaire, il serait décidé de doubler l'effectif du groupe pour accroître l'efficacité, nous obtiendrions alors un enrichissement de : 20 x 19 = 380. En doublant le nombre de participants, on multiplie par 4 l'enrichissement, à un point tel qu'il devient ingérable.

C'est par le biais de la synergie des idées que nous pouvons trouver des réponses nouvelles à des marchés de plus en plus volatils. Cette synergie dépend fortement de la qualité des méthodes de management et de l'aptitude des managers à en maîtriser les outils.

Toutefois, il faut se garder de toute attitude angélique à cet égard car, s'il est vrai que l'implication des hommes dans le travail devient de plus en plus prégnante quant aux solutions inventées, le souci majeur n'est pas de socialiser l'entreprise mais de la rendre innovante. Les observateurs doivent aussi avoir conscience que ces pratiques de groupe (abusivement appelées démocratiques), dans un premier temps, placent les pouvoirs traditionnels en situation d'impuissance : une solution découverte en groupe confère à ce même groupe une part du pouvoir : elle le désacralise. Prises sous un autre angle, l'exagération orchestrée de ces pratiques fait qu'il peut s'agir aussi d'une formidable entreprise de camouflage d'une machine à broyer qui permet aux pouvoirs fragilisés d'obtenir une paix sociale relative. Cette supposée « libre expression » peut s'avérer être finalement, s'il y a échec, culpabilisatrice des contractants de ces groupes matriciels qui seront alors placés en situation de marginalisation : les pouvoirs fourbes savent user du caractère obsessionnel dans lequel ils plongent ceux auxquels ils donnent, par ce biais, l'illusion de leur conférer une part de leur autorité.

En conséquence, la valeur du sens donné au déploiement de structures matricielles dépend-elle plus concrètement de la nature des problèmes qui se posent que d'un principe érigé en dogme. À la différence des organisations *démocratiques*, les organisations *économocratiques* (écologie + économie) ajoutent au fonctionnement démocratique les notions de souveraineté en tant que support de gouvernance (sens du mot cybernétique en grec).

Il est donc de toute première importance que soit comprise l'orientation que peut prendre un marché afin de positionner au mieux une organisation dans son cadre environnemental, ce qui implique une cartographie des typologies des organisations, tout comme nous l'avons fait pour les typologies de marché. Il est de même tout aussi important de rappeler que l'organisation idéale est celle conçue en fonction de son marché. Il faut donc éviter aussi de magnifier l'organisation *économocratique* (écologie + économie), comme cela a pu être fait à certaines autres époques pour d'autres formes d'organisations. Toutefois, cette dernière doit être présente comme tendance, pour le moins en sous-dominante car elle permet de maintenir le cap sur les sens de la *nature des choses*.

Au terme de cette typologie des organisations, il devient alors possible d'y voir plus clair, notamment en croisant les types d'organisations et les types de marchés, afin de situer les caractéristiques d'une entreprise au sein d'une cartographie paramétrée. C'est en comprenant la position qu'occupe une organisation que nous pouvons effectuer les choix entre les fonctionnements possibles et estimer lucidement les marges sur lesquelles intervenir, sachant que le changement ne pourra s'opérer, s'il s'avère nécessaire, qu'en intervenant sur un seul pôle du *trikãla* organisationnel à la fois.

Ainsi peuvent être élaborées les politiques commerciales dans le cadre d'une connaissance raisonnable des enjeux et d'une programmation intelligente de l'action par l'intermédiaire des objectifs-leviers et de ce fer de lance qu'est la communication et son vecteur, les forces de vente.

Situer son entreprise au sein d'une famille socio-économique

Le test effectué au début de ce chapitre ayant permis à notre lecteur de situer son entreprise au sein d'une typologie organisationnelle, il lui est à présent possible de définir la famille de culture socio-économique au sein de laquelle il intervient grâce au tableau ci-après. Pour cela il suffit de croiser le type de marché, défini dans le chapitre IV et le type d'organisation concernée (définie par le test ci-avant). Le point de jonction insère l'entreprise dans le cadre d'une famille socio-économique.

Tableau des variétés organisationnelles et des cultures socio-économiques
(*Le Grimoire des rois*, Patrick Kalason, Ed. L'Harmattan)

	AUTO-CRA-TIQUE	BUREAU-CRA-TIQUE	AUTO GESTION-NAIRE	*CATEG-ORIE*
ELITISTE	Thésauriseur	Coulissier	Oppression	*Leader-ship*
PRINCEPS	Comptoir Condominium	Ombudsman	Immigration	*Transfor-mation*
	CLAN OLIGARCHIQUE PRIMAIRE			
ACCUMU-LATION	Trust	Contribution	Krak (Forteresse)	*Plébiscite*
CONTRIBUTION	Mécénat	Mutualisme	Election	*Compen-sation*
	CLAN ANDROLIGARCHIQUE PRIMAIRE			
MERCANTILE	Conquistador	Exploration	Implantation Localisation	*Exploration*
LIBERAL	Bourse	Banque	Low price Déflation	*Assouplis-sement*
ECONOMO-ETHIQUE	Confédération	Justice	Libération	*Conscience*
	TRIBUS CONSENSUELLES			
CATEGORIE	*Pionnier*	*Consensus*	*Combat*	

	COM-MUNAU-TAIRE	TECH-NOCRA-TIQUE	DEMO-CRA-TIQUE	ECO-ETHIQUE	CATEG-ORIE
ELITISTE	Mafia	Concession	Succur-saliste	**TRIBUS OFFENSIVES** Culture	*Leader-ship*
PRINCEPS	Formation Education	**CLAN OLIGARCHIQUE SECONDAIRE** Réglem-entaire	Recherche	Créativité	*Transfor-mation*
ACCUMU-LATION	Prosélyte	Industrie	Lobbying	Satiété ONG	*Plébiscite*
CONTRI-BUTION	Syndicat	Marketing	Conglo-mérat	Coopé-ration	*Compen-sation*
LIBERAL	Ligue	Haute technologie	Labora-toire	Trans-exploration	*Explorati on*
MERC-ANTILE	Consoli-dation	**CLAN ANDROLIGARCHIQUE SECONDAIRE** Inflation	Oligopole	Investis-sement	*Assouplis-sement*
ECO-HIQUE	Aide Sociale	Marché Commun	Service Public	Transfert	***Cons-cience***
CATEGORIE	*Conglo-méral*	*Vertical*	*Horizontal*	*œcu-ménique*	**CLAN SYNARCHIQUE**

100

Imaginons maintenant le cas d'une organisation située historiquement en zone *accumulation* (privilégiant la quantité) : par exemple l'électricité au sein d'un monopole national. Dans ce contexte, l'institution fonctionnera essentiellement selon des valeurs techniciennes fortement orchestrées par la rationalité et communiquera vers l'extérieur de façon bureaucratique. Elle sera forte de son monopole et le marché sera peu présent au sein de la « culture » de l'organisation qui aura en interne une tendance à développer des valeurs *communautaires* auto-protectionnistes imposant un management de type *démocratique*. Pour l'extérieur, elle apparaîtra donc au sein du clan *oligarchique primaire* dans la famille *contributive*, conforme à son monopole et à sa mission, souvent fixée par le pouvoir politique. Toutefois, si l'on met sa culture interne, *communautaire*, en relation avec son marché public *accumulatif*, elle entrera dans la famille *prosélyte* ou plus précisément *prosocialiste* pouvant aller jusqu'à représenter un contre-pouvoir. Rien de tout cela n'est le fruit du hasard. La logique est constructale.

Le tableau des variétés *organisationnelles et des cultures socio-économiques* est donc un support d'aide à l'analyse et à la décision sur les choix organisationnels, communicationnels et commerciaux à opérer. Il permet :

- d'accroître le champ de visibilité sur l'horizon à court et à moyen terme ;
- de définir les atouts et les faiblesses d'une organisation ou de sa culture socio-économique ;
- de définir les orientations managériales dans le cadre de la faisabilité hors utopie ;
- de définir le style de communication et de négociation à adopter sur le marché ;
- de définir les orientations et l'organisation de la force de vente ainsi que des politiques de formation au sein de la totalité de l'entreprise (en tant qu'accompagnement et aide au développement) ;
- de décliner les campagnes marketing.

Le tableau des variétés organisationnelles et des cultures socio-économiques est aussi un outil indispensable pour déterminer judicieusement les objectifs de négociation (qualitatifs et quantitatifs et de progrès). Il interviendra utilement pour apporter des réponses aux questions posées sur comment « penser l'action commerciale » ainsi que sur la définition de l'objectif (sélection de l'objectif-levier à partir des besoins à la jonction de ceux du marché et de ceux de l'entreprise) pour :

- l'analyse de la situation actuelle du marché ;
- l'analyse de la situation actuelle de l'entreprise ;

- la définition de la nature idéale (raisonnablement souhaitée) de l'organisation escomptée. But (long terme) ;
- la définition des besoins par estimation des écarts par rapport aux perspectives dans le cadre du marché (moyen terme) ;
- valoriser l'entreprise dans le cadre de sa communication.

Les chapitres suivants de cet ouvrage seront à comprendre dans ce contexte.

N.B. Le lecteur attentif aux détails du tableau des organisations socio-économiques et culturelles pourrait peut-être trouver équivoque que nous y fassions figurer des types d'organisations non conformes à la morale. L'objet de ces travaux n'ayant pas pour perspective de situer idéalement l'entreprise, mais de cartographier les différentes formes qu'elle peut prendre selon les pressions exercées par le marché dans cette logique constructale, les caractéristiques ne peuvent être imputables qu'à « la nature des choses et des êtres ».

Résumé

La communication commerciale, pour que son efficacité se situe dans une probabilité minimale supérieure aux 30 %, issus « des fruits du hasard qui fait bien les choses par complémentarités naturelles », doit se distinguer des approches intuitives par :

- une pensée qui s'opère dans un environnement changeant qui est non réitératif ;
- l'union du qualitatif et du quantitatif ;
- une valorisation de l'exploit au travers de symboles forts qui ne banalisent pas les performances humaines et techniques ;
- une valorisation de l'entreprise qui met en avant ses atouts, particularités et originalités en fonction des interlocuteurs ;
- une pensée qui procède non d'une succession d'idées où de lieux communs, mais d'une démarche rationnelle permettant d'isoler les points d'appui du levier de l'action ;
- la conscience des atouts et des faiblesses de l'organisation selon sa famille d'appartenance au sein d'une typologie, et cela uniquement en liaison avec ceux des atouts et des faiblesses de la typologie de son marché ou de celui à conquérir. En raisonnant concrètement, le pragmatisme évite les extravagances inutiles et situe le cadre de l'action en le circonscrivant clairement dans une cartographie. En pensant sur base 3, par *tripolarité* on est obligatoirement dans le mouvement intelligemment compris.

Tout simplement, en sachant qui je suis, où je suis, vers quoi je m'oriente en fonction de qui est l'autre et ce vers quoi il tend ou peut prétendre, il est possible lucidement de sélectionner les moyens, méthodes et techniques à adopter pour parvenir aux perspectives escomptées, notamment par une communication dans le cadre de la négociation durant laquelle on saura adopter les attitudes, comportements et styles de négociation appropriés.

OOO

CHAPITRE VI

LEVIERS ET ÉTAPES D'UNE NEGOCIATION

Avec ce chapitre, nous quittons les aspects stratégiques de la commercialisation pour entrer dans ceux qui concernent l'entretien de vente et de négociation en face-à-face, sans perdre de vue que c'est l'ensemble qui constitue un tout et rend l'action cohérente. L'harmonie entre la stratégie et les comportements est essentielle pour l'optimisation des résultats (taux de concrétisation des contacts/marge bénéficiaire sur chiffre d'affaires). Une erreur commune consiste à croire qu'il entre dans les fonctions d'un bon négociateur d'arriver, grâce à la qualité de son entretien, à gommer les faiblesses que peut présenter un produit par rapport à certains types de clientèles ou sa mauvaise adéquation par rapport à un créneau différent de celui pour lequel il a été initialement conçu. C'est rarement vrai et lorsque cela arrive, le discrédit risquera de produire des effets dévastateurs sur l'implication du vendeur au sein de son entreprise.

La mise en cohérence de l'axe stratégique et de l'axe comportemental permet de viser juste. Toutefois, pour atteindre l'objectif, le négociateur devra autant tenir compte des caractéristiques de son entreprise que des caractéristiques de celle son client direct. Tout comme le vendeur peut être tiraillé entre les demandes de son entreprise et celles de son client, l'acheteur est mû par la défense de son image au sein de son entreprise et ses motivations personnelles. L'art de la négociation consiste donc en une bonne adéquation entre le produit et son marché, et en la mise en perspective des motivations de l'acheteur, en tant que personne, avec les arguments avancés pour l'inciter à s'engager vers une décision favorable.

L'acheteur est le meilleur vendeur

Rappelons que nous achetons un produit non pas exclusivement pour ce qu'il est techniquement, mais surtout pour ce que le produit peut faire pour nous. Par exemple, lors d'un achat d'une prestation de déménagement, outre l'effort de manutention que s'épargne le client, celui-ci achète du temps épargné, une installation plus rapide qui lui permettra d'enclencher sa vie personnelle et sa vie professionnelle dans un climat de plus grande sérénité familiale. En approfondissant un peu, nous constaterions que cela est valable pour tout type de produit ou de service.

Savoir déterminer les motivations d'achat, et souvent les faire se révéler au prospect, peut en un instant transformer une intention en acte d'achat. Sans plus d'effort de persuasion, le vendeur est parfois surpris que son interlocuteur devienne subitement meilleur vendeur que lui… et qu'à certaines occasions il devienne le préconisateur aux alentours du produit ou du service acheté. C'est ainsi que se sont constituées des chaînes de commercialisation originales.

Avant d'entrer plus en détail du sujet concernant les motivations d'achat, nous proposons à notre lecteur d'effectuer le test ci-dessous.

Test d'auto-évaluation : « Quel acheteur suis-je ? »

Quelques consignes :

Pour chacune des 7 situations qui sont présentées, il vous est demandé d'attribuer de 0 à 5 points à chacune des 7 phrases (items) soumises à votre évaluation selon votre degré de sensibilité, et ce pour chacun des sujets proposés. Il n'y a pas de bonnes réponses et moins encore de mauvaises. Ne procédez pas par sélection mais de façon très linéaire en étant tout simplement spontané.

Vous attribuerez donc pour chacune des propositions dans chacun des thèmes proposés les points suivants :

Vraiment très sensible.. 5 points
Très sensible.. 4 points
Sensible.. 3 points
Assez peu sensible... 2 points
Assez indifférent.. 1 point
Insensible... 0 point

1. Natalité.

Quelles que soient nos orientations philosophiques ou religieuses, chaque être humain éprouve, plus ou moins, le besoin d'assurer sa succession.
Avoir un enfant, est-ce pour vous :

1 - la matérialisation de l'équilibre du couple ?
2 - rendre à la vie ce qu'elle vous a donné ?
3 - une succession assurée, c'est aussi une façon de préserver l'avenir ?
4 - une chance pour lui de réussir où d'autres ont échoué ?
5 - une façon de retrouver son enfance en permettant à l'enfant de devenir adulte ?
6 - toujours un événement, une renaissance ?
7 - un peu aussi... donner aux autres envie d'en avoir ?

2. Mariage.

Il y a des mariages de passion et d'autres de raison ; la raison peut devenir passion mais la passion doit, tôt ou tard, se raisonner. Choisir un compagnon, est-ce pour vous :

1- être aux côtés de celle ou de celui que l'on aime ?
2- partager les charges et les contraintes ?
3- un soutien solide et mutuel ?
4- avoir trouvé la perle rare ; il est parfois agréable d'être envié !
5- permettre à l'autre d'être plus lui-même ?
6- une nouvelle vie à la découverte de l'autre ?
7- pouvoir témoigner auprès des autres qu'il n'y a pas que des échecs ?

3. École.

La loi fait obligation aux parents d'apprendre à lire, à écrire et à compter à leurs enfants. Que ce soit en passant par un précepteur, par l'enseignement libre ou public, nous souhaitons tous pouvoir choisir les méthodes d'enseignement qui seront prodiguées. Si vous avez la possibilité de choisir un lieu de scolarité, vous orienteriez-vous plutôt vers :

1- une école proche de votre domicile parce qu'indépendamment de l'enseignement, les longs déplacements sont fatigants ?
2- une école où l'enfant ne perdra pas son temps ?
3- une école où les maîtres ne considèrent pas l'enfant comme un champ d'expérimentation ?
4- une école référencée dont tout le monde dit du bien et où la sélection est rigoureuse ?
5- une école qui donnera à l'enfant les possibilités de se distinguer et d'évoluer ?
6- une école qui saura se remettre en cause pour s'adapter à notre monde en évolution ?
7- une école qui développera ses facultés communicatives et son aisance dans la relation avec les autres ?

4. Valeur.

Loin de tout fanatisme dogmatique, chaque homme est plus ou moins enclin à des valeurs religieuses ou humanistes.
Croire en des valeurs supérieures, c'est pour vous :

1- vivre plus intensément l'instant présent ?

2- avoir le sentiment de servir à quelque chose ?
3- avoir le sentiment d'être protégé ?
4- avoir la chance de pouvoir vivre plus profondément et intensément que les autres ?
5- être plus convaincant car vous croyez à quelque chose ?
6- avoir un regard neuf chaque jour sur les êtres, les choses, les événements ?
7- le sentiment d'appartenir à une communauté qui dépasse les frontières ?

5. Sport.

Que l'on soit sportif de haut niveau ou simple amateur, la volonté de se dépasser est l'atout des gagnants. Pratiquer un sport permet :

1- d'avoir un esprit sain dans un corps sain ?
2- de préserver son capital santé ?
3- de mieux résister durablement aux agressions de l'âge ?
4- de rester jeune d'esprit et toujours dans le coup ?
5- de communiquer aux autres le bien-être que vous ressentez ?
6- de progresser sans cesse en relevant les défis ?
7- de pouvoir ensuite initier les débutants et donner envie aux autres de pratiquer votre sport préféré ?

6. Alimentation.

De la restauration rapide au plus chic des restaurants, nous avons le choix entre divers styles, d'ambiance et d'alimentation.
Pour vos repas, vos préférences vont-elles à :

1- un restaurant aux menus variés permettant une alimentation équilibrée ?
2- un restaurant de bonne réputation connu pour ses prix très abordables ?
3- un restaurant dans lequel vous êtes sûr de trouver le plat que vous aimez ?
4- un restaurant de renommée où il est de bon ton d'être vu ?
5- un lieu (table d'hôte) où l'on se fait des amis et qui permet d'échanger en toute simplicité ?
6- un restaurant qui court le risque d'étonner par sa recherche et son originalité ?
7- un lieu préservant l'intimité car, loin de la foule, il est plus facile de dialoguer ?

7. Moyen de transport.

Si les moyens de transport ont considérablement évolué depuis des siècles, il n'en demeure pas moins qu'ils sont représentatifs d'un certain mode de vie.

Lorsque vous devez voyager, qu'attendez-vous d'un moyen de transport :

1- Avant tout le confort et la rapidité, on dort mieux dans un train qu'en voiture ?
2– L'occasion d'user de vos talents de négociateur : choisir le moyen le moins onéreux ?
3- Être surtout sûr d'arriver à l'heure et en courant le moins de risques possible ?
4– L'occasion d'essayer la voiture de vos rêves ?
5- Prendre le train avec des collègues car c'est une occasion d'échanger des informations professionnelles sans pour autant se préoccuper de la conduite du véhicule ?
6- Tester ; lorsque l'occasion se présente, une nouvelle route, un nouvel avion, les derniers trains ?
7- Utiliser le moyen de transport plus aventureux, qui me permettra de m'étonner en étant au contact de personnes inconnues ?

Dépouillement et interprétation

1/ Reportez horizontalement les points affectés pour chaque item des sept situations proposées sur le premier tableau I qui suit.
2/ Cumulez les points attribués par colonne.
3/ Divisez le total de chaque colonne par 35 et multipliez par 10.
4/ Cumulez les totaux des colonnes 1,2.3. Diviser le résultat obtenu par 30 et multipliez-le par 10. La valeur obtenue est à reporter sur (A), axe rationalité. Idem pour 4,5.6, 7 (divisez le résultat par 40 et reporter sur (B), axe affectif).
5/ Par la jonction entre les perpendiculaires issues des valeurs affectées à (A) et (B), on obtient la tendance d'achat sur le tableau 1.
6/ Reportez les valeurs obtenues sur le tableau II. Connectez perpendiculairement en un point les résultats obtenus en abscisse et en ordonnée.
7/ Interprétez les résultats sur le tableau III.

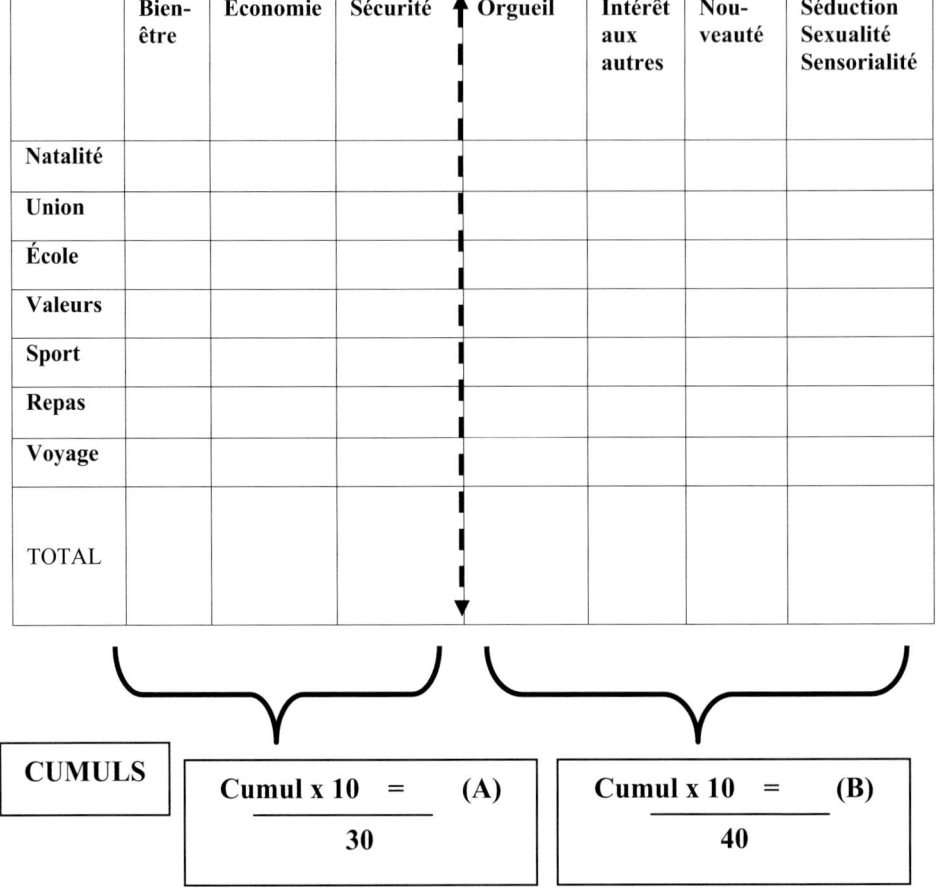

Les deux tableaux suivants permettent une interprétation de vos comportements d'achat.

Le tableau I (ci-dessus) permet d'identifier votre tendance dominante (indifférent, indécis, flambeur, pragmatique, investisseur) selon 2 axes : *affectif* et *rationnel*.

Cette dominante peut aussi faire apparaître une sous-dominante qu'il convient de ne pas négliger dans l'interprétation de vos comportements d'achat comme dans celui de vos clients ou interlocuteurs.

Pour cela, reportez vos résultats concernant vos motivations sur l'axe affectif puis sur l'axe rationnel, perpendiculairement à l'axe à partir des chiffres obtenus en (A) et (B). Le point de jonction ainsi obtenu vous indique non seulement la zone dans laquelle vous évoluez, mais aussi la famille de motivations qui anime vos comportements d'achat. Plus ce champ est important, plus votre sensibilité est mise en œuvre lors d'une négociation.

TYPOLOGIE DES MOTIVATIONS D'ACHAT

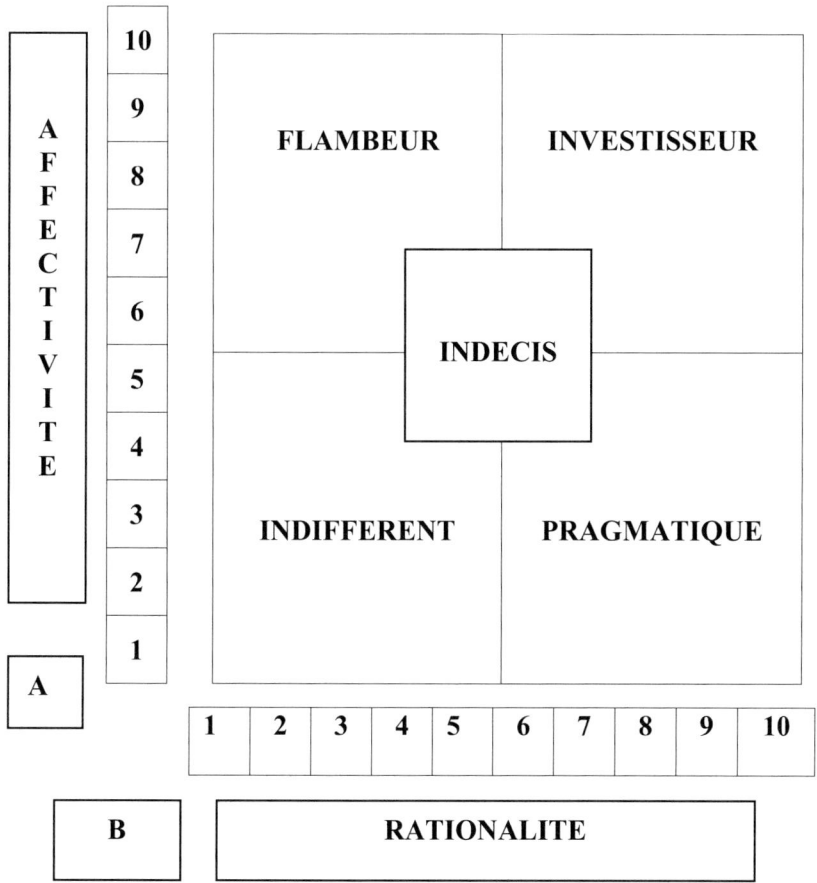

Le tableau II permet une lecture plus fine de vos motivations d'achat en repérant dans la zone rationnelle et la zone affective les besoins que vous privilégiez et qui peuvent s'avérer décisifs lors d'une négociation.

B = Bien-être, recherche du confort.
E = Économie, placement, rentabilité.
S = Sécurité, protection, assurance.
0 = Orgueil, valorisation, différenciation.
I = Intérêt pour les autres.
N = Nouveauté, changement, mode.
S = Sympathie, communication, échange, sensualité.

Reportez vos résultats sur chacun des axes et en reliant les points, vous obtiendrez un graphe de vos motivations d'achat et de la hiérarchie de vos priorités, tant affectives que rationnelles.

10							
9							
8							
7							
6							
5							
4							
3							
2							
1							

B	E	S	O	I	N	S

Indifférent. Assez peu sensible aux biens de ce monde, l'indifférent vit simplement en se satisfaisant de ce qu'il possède. Ses besoins se limitent à ce qui est vital.

Pragmatique. Tout achat doit être durable, fiable, robuste, aisé d'utilisation. Telles sont les qualités qu'il attend de ses acquisitions. Rigoureux, le pragmatique est sensible aux informations et aux arguments techniques.

Flambeur. Aimant le luxe, le flambeur cherche à briller par des achats valorisants. Le flambeur est soucieux de la qualité de vie, autant pour lui que pour les siens. Le superflu lui donne un sentiment de supériorité, une identité.

Investisseur. Prenant en compte de nombreux paramètres lors d'un achat, l'investisseur joint l'utile à l'agréable. L'investisseur peut donner l'impression d'une relative indécision, car il doit rationaliser ses impulsions pour avoir le sentiment d'avoir fait la meilleure acquisition possible en tenant compte de ses moyens.

Indécis. À la conjonction des 4 zones, l'indécis se caractérise par son habileté à différer ses choix : « Tout évolue, ce sera mieux demain, attendons ! ». Mais à trop vouloir ne pas être dupe, plus on est soupçonneux plus on sort du circuit.

Les motivations d'achat.

Lorsque nous nous interrogeons sur les raisons qui ont motivé tel ou tel achat dans notre vie quotidienne, nous répondons instinctivement : « Pour satisfaire à des BESOINS ». Maintenant, si nous cherchons à comprendre le processus qui conduit à la prise de conscience d'un besoin, nous constatons qu'il s'est opéré en nous des phénomènes parfois complexes qui résultent de l'analyse d'une situation existante de « mal-être » comparée à un « mieux-être » espéré. La différence entre ce que je suis et ce que je veux être, entre ce que j'ai et ce que je désire posséder, fait apparaître des manques. C'est le manque à combler qui déclenche un comportement d'achat.

« Le bonheur, c'est continuer à désirer ce qu'on possède », c'est-à-dire éprouver dans le temps le sentiment d'acquisitions pérennes et d'une permanence de plaisir à l'égard des biens acquis.

Nos manques sont de trois natures : Avoir, Être, Devenir.

. Devenir :
- Moraux.
- Éthiques.
- Philosophiques.
- Religieux.
- Etc.

Avoir :
- Physiologiques.
- Biologiques.
- Physiques.
- Etc.

Être :
- Psychologiques.
- Sociaux.
- Intellectuels
- Culturels.

L'une des caractéristiques de l'homme est d'être en état perpétuel d'insatisfaction.

Quand un manque est satisfait, un autre vient s'y substituer, à telle enseigne que notre société développée a réglé une grande partie de ses préoccupations matérielles et s'oriente vers une société de la communication afin de pouvoir opérer rapidement des choix, c'est-à-dire devenir de plus en plus décisionnaire, donc plus responsable. L'arrivée des ordinateurs portables qui se sont substitués aux machines à écrire, d'Internet qui a pris la place de notre bon vieux minitel, en sont des exemples frappants, sans parler du téléphone, qui devient multimédia.

Ceci implique que nous fassions la distinction entre les besoins vitaux et les besoins périphériques.

On entend par besoins vitaux ceux d'entre les besoins qui nous permettent de maintenir notre intégrité physique, psychologique et sociale dans le temps. Ils peuvent être résumés par le schéma suivant :

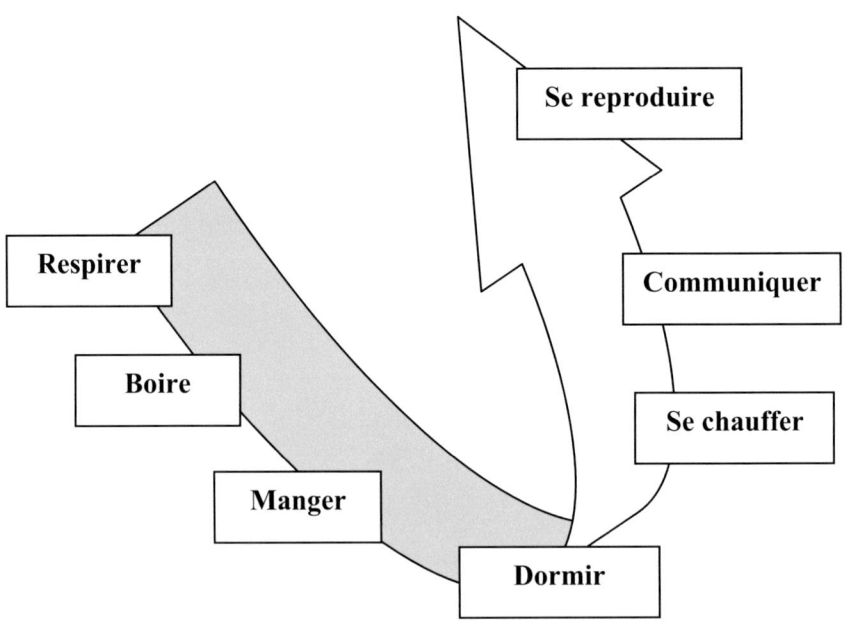

Il est d'ailleurs intéressant de noter que les sociétés ayant résolu ces préoccupations vitales se situent dans les zones géographiques des pays démocratiques, comme si avoir réglé les problèmes matériels permettait d'être plus respectueux envers la personne humaine. Par ailleurs, il est aussi intéressant de noter que c'est au sein de ces sociétés que le commerce est libre. Rappelons que nous sommes passés de 200 000 heures de travail dans une vie d'homme à la fin de 1870, à 60 000 heures un siècle plus tard, et ceci en accroissant considérablement notre productivité ainsi que la valeur technique des produits dont nous n'aurions, il y a 40 ans, jamais imaginé l'existence possible. Dès lors, nos motivations d'achat, ainsi que nos motivations professionnelles s'expriment au travers de besoins périphériques.

Nous sommes tellement habitués aux facilités matérielles modernes que nous avons peine à imaginer les conditions de vie de nos aïeux tant et si bien que nous les considérons, dans une forme d'endormissement, comme des acquis faisant oublier qu'il ne s'agit là que de conquêtes. Les besoins périphériques ont pris une telle place dans notre vie quotidienne que nous les considérons à tort comme vitaux, ce qui explique qu'en tant qu'acheteur notre égoïsme nous fasse scotomiser l'essentiel au profit de la futilité. Dans les dîners en ville, combien de fois avons-nous entendu critiquer (à faire se retourner dans leurs tombes Saint-Exupéry, Galilée et autres Denis Papin) une compagnie aérienne pour un mauvais café, une marque automobile pour un repose-gobelet absent, une compagnie ferroviaire pour le retard d'un train de grande ligne, conséquence d'un orage ravageur. Ces attitudes sont manifestes de l'oubli qu'à l'arrière-plan des savants, des ingénieurs, des techniciens ont contribué à cet essentiel, considéré comme secondaire par quelques refoulés en mal de reconnaissance. Ces éternels insatisfaits contribuent à un mal-vivre qui n'a que peu de raison d'être comparativement aux situations passées bien qu'ils agissent involontairement comme aiguillon du perfectionnement (tant qu'ils restent dans l'anecdotique).

Mais le ton est donné et l'essentiel du commerce des temps modernes s'élabore en réponse à ces besoins périphériques que nous pouvons résumer ainsi par leur contribution à améliorer :

- *Le bien-être :* art de vivre, confort, facilité, aisance, tranquillité, sérénité.
- *L'économie :* épargner, spéculer, profiter, capitaliser, investir, placer.
- *La sécurité :* se préserver contre d'éventuels risques : norme, assurance.
- *L'orgueil :* se distinguer, se valoriser, mettre en avant son identité.
- *L'intérêt pour les autres :* offrir, faire plaisir, remercier.
- *La nouveauté :* originalité, innovation, valeur technologique, étonnement.
- *La sympathie. :* faciliter la communication, les relations, le commerce. Mise en avant de la convivialité, la sensorialité, la sensualité, la sexualité.

En négociation, un soin particulier doit être apporté à la définition de ces besoins, notamment afin de cerner la politique commerciale, le plan marketing ainsi que les argumentaires déclinés directement ou médiatiquement par l'intermédiaire de la communication publicitaire. Présentés ci-dessus en termes simples, ils peuvent être aisément étendus aux besoins d'une clientèle complexe d'entreprise, bien qu'en apparence ils se situeraient plus dans le registre de la relation interpersonnelle en face-à-face (car les intérêts individuels convergent avec les intérêts collectifs).

Souvenons-nous que c'est à partir des besoins que peuvent être définis des objectifs commerciaux, tant qualitativement que quantitativement. Ils constituent le point d'appui d'un formidable bras de levier qui, parfois du jour au lendemain, met au-devant de la scène de petites entreprises qui font basculer en un temps record des pans entiers de l'économie vers de nouveaux développements.

Il ne suffit plus, au regard de la complexité des besoins, qu'un produit soit simplement bon pour qu'il soit vendu. La réclame c'est finie ! Il faut lui donner une identité, le personnaliser, le singulariser pour qu'il soit connu et reconnu (notoriété et image de marque).

Ce qui est vrai pour le publicitaire l'est aussi de son démultiplicateur, le commercial (nous assistons d'ailleurs de plus en plus à des actions de formation à la communication commerciale liées au lancement de campagnes publicitaires, et ceci afin d'harmoniser les attitudes du personnel avec l'image de marque). Pour ces raisons, les problèmes de communication commerciale, d'argumentaire, d'organisation de la force de vente et de ses structures ne peuvent trouver de solutions efficaces que si les choix sont opérés en référence au marché : l'arbitre c'est le client.

Le succès d'un produit, d'un service réside dans la capacité qu'il a de répondre au plus grand nombre de motivations possibles. Ainsi, par exemple, une société de transport peut-être choisie pour :
- sa capacité à s'adapter aux horaires d'enlèvement (bien-être),
- sa politique de prix (économie),
- sa régularité qui assure la livraison à un temps donné (sécurité),
- sa réputation, qui valorise par l'image de marque le produit transporté (orgueil),
- assurer un suivi en temps réel (intérêt pour les autres),
- s'appuyer sur des innovations technologiques (nouveauté),
- s'appuyer sur une symbolique (sensorialité).

C'est sur cette base que communiquera le commercial, dans le cadre de ce qu'est le concept d'*évocation* décliné ci-après par Jacques Esparcieux dans on ouvrage : *L'Action publicitaire* (Éditions Celse).

La notion d'évocation est due à Henri Joannis. Nous reprenons ci-dessous ses propres termes : « Le concept d'évocation est un concept qui stimule dans l'esprit du consommateur, de façon aussi concrète et efficace que possible, la possibilité d'une satisfaction retenue comme élément moteur » (ou axe). Ainsi, axe publicitaire et concept d'évocation doivent être deux notions bien distinctes dans l'esprit du responsable commercial.

Un exemple éclaircira notre propos :
Soit une entreprise de transport qui décide de lancer une action publicitaire avec comme objectif d'« améliorer notre image de marque d'entreprise par l'intermédiaire de la diminution de l'objection fréquemment émise par la clientèle : « les transporteurs ne tiennent pas leurs promesses quant aux délais ». L'axe retenu, en dernière analyse, est de mettre l'accent sur la régularité du service, ceci étant donc l'idée-force, l'élément moteur, le « thème » de la campagne et de la communication.

Le travail délicat du publicitaire va consister à évoquer cette idée-force. Or évoquer n'est pas écrire noir sur blanc, le mot : régularité. Évoquer, cela consistera en une démarche beaucoup plus subtile (et efficace) : faire naître dans l'esprit du client ou du prospect l'idée de régularité des services de l'entreprise et la « satisfaction » (ici la sécurité) qu'il en retirera. Et ce de façon crédible, car il faut que le message publicitaire soit accepté, « intégré » par le récepteur. La transmission de l'information est certes importante, mais l'élément capital c'est son assimilation, son degré d'acceptation par la « population cible ». Du côté de l'émetteur, le message est évident. Mais qu'en est-il du côté du récepteur ? Le message ne risque-t-il pas d'être déformé, mal interprété ou compris à l'envers ?

En définitive, le concept d'*évocation* retenu comme suffisamment pertinent est le suivant : un paysan aux champs dit : « Tiens, il est huit heures moins dix », en voyant passer le camion de l'entreprise. Le paysan qui symbolise le cycle de temps, des travaux réguliers et répétitifs apparaît comme un bon moyen d'induire l'élément moteur de la campagne. Ceci pourra aussi être décliné en communication en face-à-face, soit par l'intermédiaire de brochures de présentation de l'entreprise, soit au cours de la conversation en s'appuyant sur les centres d'intérêts de l'entreprise prospectée, voire de ceux des interlocuteurs directs. Cela implique que le commercial sache établir une relation personnalisée au-delà d'un certain formalisme, ce que nous aborderons dans le chapitre consacré au cheminement d'un entretien de vente.

Questionner pour déterminer les besoins

Les meilleurs arguments sont ceux exprimés par le client. Pour les connaître, ou les préciser, un moyen simple : poser des questions et écouter les réponses

sans interpréter hâtivement. Kipling disait : « Dans la vie j'ai cinq amis : le premier se nomme *qui*, le second *comment*, le troisième *où*, le quatrième *quand*, mais celui sur lequel je peux le plus compter se nomme "pourquoi". »
Le « pourquoi » est pour la petite Amandine, Clémentine, son jumeau Edward, leurs sœurs Clarisse et Marie ou pour le petit copain Charles Edouard, la clef de son éducation, de son apprentissage social et de leur devenir. Enfant ou adulte, manager, commerciaux, producteurs et décideurs, nous avons tous à apprendre et cela passe par des interrogations formulées auprès de ceux qui savent, qui attendent, qui demandent.

Pourquoi ouvre la porte à toute une foule de réponses par lesquelles vont s'exprimer les besoins. En communication, en pédagogie ou en négociation, si nous sommes sensibles à les percevoir, c'est un pouvoir extraordinaire que nous recevons des réponses de notre interlocuteur. Il conditionnera positivement la suite de la discussion. Le négociateur, muni de toutes ces informations, est alors en mesure de mettre en valeur son produit par rapport aux bénéfices que son interlocuteur peut en attendre. Le langage devient alors commun entre le vendeur et l'acheteur. Les images d'une satisfaction probable qui traversent l'esprit deviennent alors la bonne clef dans la bonne serrure. La projection et l'imagination feront leur œuvre. L'argumentation fait place à la suggestion par évocation.

Pour identifier les préoccupations de son interlocuteur, il faut être autant attentif à ce qui est dit qu'à la façon avec laquelle cela est dit, au rationnel autant qu'à l'affectif. Au moment décisif du choix, rien n'est à négliger.

Si les questions permettent de mettre au jour les préoccupations majeures, tant rationnelles qu'affectives, elles ne fonctionnent que si l'on est attentif aux points suivants :
- avoir préparé son entretien, être imprégné de son objectif (communiquer ne s'improvise pas) ;
- s'être présenté (on ne confie rien à un inconnu) ;
- être résolument positif (les larmes n'amènent que la compassion) ;
- poser des questions pertinentes (les questions ne sont pas indiscrètes, ce sont les réponses qui le sont) ;
- s'imposer le silence (le silence est d'or) ;
- être détendu (l'inquiétude est un virus qui se transmet) ;
- créer un climat de confiance (la confiance est la mère de la confidence) ;
- éviter les critiques (ne juge pas et tu ne seras pas jugé) ;
- consacrer le temps nécessaire (allez doucement, je suis pressé) ;
- s'abstenir des préjugés (mais méfiez-vous de vos premières impressions, ce sont les bonnes) ;
- vouloir comprendre (sans diagnostic pas de thérapeutique) ;

- regarder son interlocuteur (perdre la face c'est perdre le droit de regarder l'autre) ;
- faire préciser (c'est déjà faire s'engager) ;
- faire appel au bon sens (le bon sens paie toujours) ;
- être attentif au langage du corps (le corps a des raisons que la raison connaît bien) ;
- reformuler pour clarifier (un bon miroir ne saurait mentir).

Les besoins ainsi cernés, c'est un plein d'énergie pour la route de la négociation qui évite les incompréhensions, les propositions inappropriées, une argumentation bancale, de la fatigue et du temps perdu. En s'appuyant sur les phrases suivantes, extraites de l'ouvrage *Les mots qui font vendre plus*, de Dominique Gilbert, Christophe Compan (Editions Egico), les besoins exprimés amèneront à une conclusion satisfaisante :

Les phrases qui motivent

« C'est la raison pour laquelle ».
« Préférez-vous ? »
« Vous avez certainement ».
« Qu'attendez-vous de… ».
« Quelle est votre idée là-dessus ».
« Et alors… ».
« Si je comprends bien vous considérez que… ».
« C'est-à-dire ? ».
« D'après vous ? »
« Vous me dites que… »
« Logiquement vous… »
« Jusqu'ici nous sommes d'accord sur… ».
« C'est simple ».
« C'est pratique ».
« L'avantage pour vous… »
« Grâce à ce service vous… »
« C'est très simple, il vous suffit de… »
« Je vais vous expliquer ».
« Nous allons étudier cela ensemble ».
« C'est possible… ».
« Vous allez me dire que… ».
« C'est une judicieuse question ».
« Si je comprends bien ».
« Par rapport à quoi ? ».
« Sur quoi voulez-vous réfléchir ? ».
« Qu'entendez-vous par là ? ».
« Dans l'hypothèse où je vous réponds favorablement… »

« À part ce point, tout est-il bien clair ? »
« Si je vous réponds bien sur ce point, nous sommes d'accord sur l'ensemble ? »
« Donc…».

Les catégories de questions : définitions

Les questions sont des outils indispensables en communication et particulièrement lors d'une négociation. Elles permettent de définir les besoins, de les clarifier, d'impliquer l'interlocuteur. Mais utilisées maladroitement, elles se transforment vite en obstacles. Ainsi poser trop de questions peut donner l'impression désagréable d'une enquête policière, et si ces questions sont fermées, être ressenties comme inquisitoires. Le tableau ci-après permet de définir les types de questions, leurs avantages et leurs inconvénients.

Type de question	Définitions
Question fermée *Quelle heure est-il ?* *Préférez-vous* un *thé ou* un *café ?* *Fumez-vous ?*	Question précise entraînant des réponses limitées ou toutes faites, souvent par oui ou par non. La question alternative en est un exemple.
Question ouverte *Que pensez-vous des problèmes d'informations dans l'entreprise ?* *Quel est votre avis ? Comment ?*	Question exploratoire dont la réponse exprime un fait, une idée. Question large laissant aux individus le choix de leurs réponses, sur le fond comme dans la forme.
Question énumérative *Quelles sont vos marques préférées ?* *Quels sont... ?*	Question dont la réponse entraîne une succession d'informations, une description.
Question retour *Et vous, qu'en pensez-vous ?*	Question renvoyée immédiatement au questionneur (en y introduisant des compléments d'informations sous forme de questions).
Question relais *Il faudrait que* M. X *nous dise...*	Question renvoyée à une tierce personne.

Question ricochet *Et au sujet des nouveaux documents...* *- Oui, les nouveaux documents ?*	Retourner à l'interlocuteur le dernier mot de sa phrase.

Les catégories de questions : avantages et inconvénients

Type de question	Avantages	Inconvénients
Question fermée	Question filtre. Réponses faciles. Sécurise. Guide. Réponses obligatoires. Progression.	Réponses stéréotypées. Induction. Manque d'information. Aspect inquisitoire. Enferme.
Question ouverte	Question exploratoire. Réponse plus complète. Intérêt pour autrui. Participation. Ouverture.	Gêner l'interlocuteur. Crée de l'inquiétude. Caractère indiscret des questions. Risque de blocage.
Question énumérative	Recensement d'informations disponibles sur un sujet. Participation. Utilité pour conduite des réunions. Guide.	Reste à un niveau descriptif. N'atteint pas le pourquoi, ni le comment.
Question retour	Implication de l'autre. Gain de temps. Rester maître de la situation. Orientation de la question à venir.	Dérobade. À manier avec prudence. Risque d'insolence, d'agressivité.
Question relais	Participation d'une tierce personne. Animation de groupes.	Dérobade. Déstabilisation de l'interlocuteur.

Question ricochet	Intérêt pour autrui. Approfondissement d'une communication.	À manier avec prudence. Dérobade.

Les étapes d'une vente au sein de la négociation

Le vendeur ayant recueilli suffisamment d'informations sur le client et ses préoccupations peut alors entamer l'acte de vente.

Les étapes d'une vente sont les suivantes (moyen mnémotechnique E.S.S.O.R.) :

- *Éveiller l'attention*
- *Susciter l'intérêt*
- *Susciter le besoin*
- *Obtenir l'accord*
- *Rassurer le client sur le bien-fondé de son choix*

Ces étapes supposent un constant intérêt porté au client.

Éveiller l'attention :

À ce stade de l'entretien le client, peu enclin à un comportement positif, reste sur la défensive. Il est encore centré sur lui-même, sur ses préoccupations et sur les conséquences que peut avoir pour son entreprise, mais aussi pour lui personnellement, un accord éventuel. Avant toute chose, il est impératif que le vendeur invite son interlocuteur à l'écouter attentivement, car la difficulté ne réside pas dans le problème mais dans le choix entre les différentes solutions. En effet, ce n'est pas le problème qui est difficile, mais bien le choix entre les solutions, et choisir revient toujours à se priver d'autre chose, comme le dit le proverbe : « On ne peut avoir le beurre et l'argent du beurre. »

La phase de *contact* puis celle de la *reconnaissance* (mondanités) effectuées, c'est en partie après avoir situé l'objectif de l'entretien, et au travers de la phase d'informations, que le vendeur peut attirer l'attention par :
- des déclarations
- des démonstrations
- des nouvelles inédites
- des suggestions

Il prouve ainsi son intérêt réel pour le client en le considérant en tant que personne individuelle. Les phrases suivantes en sont une manifestation.

« *- Dans le cadre de vos attentes, nous avons créé, pour certains de nos clients*

dont vous faites partie, un produit spécialement adapté à vos préoccupations actuelles : les prix sont adaptés aux quantités qui nous sont confiées. »
« - L'importance des flux que vous générez me permet de vous annoncer des prix intéressants pour vous, sur les prochains enlèvements », « - La promotion dont vous avez bénéficié est reconduite pour le semestre à venir », etc.

Pour *éveiller l'attention* le vendeur doit :

- soigner sa présentation, mais sans excès de standing ;
- ne jamais débuter par des excuses ;
- donner au client la possibilité de répondre positivement et affirmativement aux questions posées ;
- conserver une distance raisonnable par rapport au client ;
- utiliser des phrases amicales, mais sans excès de familiarité ;

Et surtout :
- être original en évitant les lieux communs, les phrases banales : éveiller la curiosité en même temps que l'attention.

Susciter l'intérêt

Le prospect est devenu curieux. Il faut maintenant éveiller son intérêt par des propositions. Rappelons à ce propos qu'il est important de connaître techniquement au mieux son produit et de le convertir en avantages et bénéfices pour le client par rapport au marché et à la concurrence. On le vend pour ses qualités reconnues, mais surtout pour les avantages que le client pourra en tirer lors de son utilisation.

Pour susciter réellement et efficacement l'intérêt, un secret : se mettre à la place du client et chercher comment contribuer à son *essor*.

On ne négocie bien qu'en se décentrant de sa position de vendeur, dans une volonté de servir l'autre. Il est donc primordial de penser à son interlocuteur et non pas aux profits immédiats qu'une vente peut générer dans un portefeuille ou par rapport aux objectifs commerciaux à court terme. Des études ont fait apparaître qu'une des causes d'échecs dans des situations tendues est liée à une motivation trop grande. Être désintéressé ne signifie pas être démotivé, mais plutôt savoir sublimer sa motivation dans le sens du service d'autrui : là sont les profits durables.

Pour *susciter l'intérêt*, le négociateur doit guider l'acheteur potentiel dans sa réflexion et pour cela :

- poser des questions pertinentes ;
- écouter positivement les réponses ;
- faire valoir les avantages que l'on peut tirer du produit ;
- être sincère ;
- faire prendre conscience plutôt qu'argumenter ;
- savoir s'imposer quelques silences à des moments forts pour favoriser la réflexion ;
- faire apparaître le manque à gagner ;
- provoquer l'insatisfaction du manque à gagner dans la situation existante du client ;
- présenter des cas, des expériences, des faits, des études.

Susciter le désir

Le client est alors intéressé, il a abandonné ses préoccupations et commence à s'impliquer.
Pour le rendre encore plus concerné, le vendeur peut, dès lors, mettre en évidence les préoccupations émises par le prospect lui-même dans une phase antérieure et créer le désir pour compenser le manque.
Des questions complémentaires doivent permettre à l'interlocuteur de réfléchir plus à fond sur la pertinence de la proposition.

Pour *susciter le besoin*, le négociateur doit :
- faire le point en rappelant les avantages et les bénéfices possibles ;
- s'assurer d'être compris ;
- être précis et concret ;
- utiliser des arguments forts, dans un langage clair, et utiliser la puissance des « images » ;
- ne pas être anxieux ;
- regarder le prospect.

Obtenir l'accord

C'est le moment crucial. Beaucoup de négociateurs se demandent comment « enlever l'affaire ». Malheureusement, il n'existe aucune réponse unique et vraiment satisfaisante, seulement quelques signes qui peuvent signaler que le moment est propice :
- Vous percevez une étincelle dans le regard.
- Le client fait preuve d'une plus grande décontraction.
- Le client devient aimable.
- Le client pose des questions pour se rassurer.

À cet instant, seul le vendeur peut déceler ces manifestations subtiles. C'est à lui d'intervenir : il ne faut pas attendre car, quelques instants plus tard, l'opportunité sera passée. Le prospect ne dira jamais : « Alors, où dois-je signer ? » pour signaler au vendeur de sortir et remplir le bon de commande. Certains vendeurs chevronnés ont déjà commencé à le rédiger !

Rassurer le client

Quel que soit le niveau de professionnalisme du négociateur durant l'entretien, et quelle que soit l'importance du besoin de son interlocuteur, ce dernier peut se demander s'il a vraiment eu raison de faire cette acquisition ou de manifester son accord maintenant. Un doute peut subsister. Les rétractations ont souvent pour origine des préoccupations ou des objections mineures non traitées ou non résolues. Davantage qu'une obligation, conforter l'interlocuteur sur le bien-fondé de son acquisition, en relation avec ses besoins est un acte de politesse et de civilité.

Résumé

Lors de l'entretien de vente, pour s'orienter valablement vers le meilleur achat possible, le vendeur doit préalablement à toute proposition ou argumentation cerner ou aider son client à cerner au plus près ses motivations d'achat qui sont de l'ordre de la ou du :

- Bien-être.
- Economie
- Sécurité.
- Orgueil
- Intérêt pour les autres.
- Nouveauté.
- Sympathie.
-

Dans un équilibre qui sait prendre en compte l'affectif autant que le rationnel, les questions sont la clef de la compréhension de l'autre. Les questions, notamment ouvertes lorsqu'elles se situent après la création d'un climat de confiance instauré dès le début de l'entretien par la qualité de la présentation, porteront leurs fruits et les réponses ainsi obtenues permettront l'enclenchement des étapes d'une vente, successivement en :

- éveillant l'attention ;
- suscitant l'intérêt ;
- suscitant le désir ;
- obtenant l'accord (dans les ventes simples, c'est l'achat ; dans une négociation, vente plus complexe, ce sont les perspectives à atteindre).

ooo

CHAPITRE VII

ACCOMMODER LES STYLES

Le génome de la négociation

Le génome désigne l'ensemble de l'information héréditaire d'un organisme. Cette information est présente en totalité dans chacune des cellules de l'organisme.

Il existe une analogie étrange entre la négociation, la musique, la génétique et l'univers.

Dans la Grèce antique, le mot *mousiké* signifiait l'ensemble des arts auxquels présidaient les Muses, c'est-à-dire tout ce qui était harmonieux, assemblage en accord à une fin, ce que nous appelons un style. Cette définition s'applique très exactement au cadre dans lequel s'exerce l'art de la négociation. En musique, l'apparition de la gamme pythagoricienne permet d'identifier les notes, de l'écrire et de la transmettre. Son langage est universel. Toute la complexité d'une partition ne repose que sur 7 notes seulement, qui permettent une infinité de compositions. Il en est de même de la *mousiké* biologique, cosmique et communicationnelle : la complexité de l'univers s'est constituée et se développe à partir de 3 éléments simples, de même que la chaîne ADN repose sur 4 formes de nucléotides et que nos relations humaines sont de nature tripolaire.

Nous sommes passés de l'alchimie à la chimie en quittant la description explicative des phénomènes complexes pour nous concentrer sur ses constituants indispensables : les causes élémentaires, en l'absence desquelles le phénomène attendu ne peut s'opérer. Cependant, un passage analogue est rendu difficile dans les sciences humaines car le blocage, plus intellectuel que pratique, tient à l'absence de distanciation entre le sujet observé et celui qui l'observe. Il y a homonymie entre l'observateur, l'observé et l'objet de l'observation : je veux voir celui que j'observe en fonction de l'idée que je me fais de moi-même, de mes conceptions, de mes valeurs et de mes pratiques.

Lors de mes nombreux séminaires, systématiquement se trouve posée la question du « naturel » dans la communication. Cette question sous-entend qu'une approche scientifique lui serait intrinsèquement antinomique et, qui plus est, pourrait lui être nuisible. Cette interrogation suggère plus fondamentalement encore qu'elle serait une atteinte aux libertés. Toutefois, cette inquiétude cesse d'occuper les esprits dès l'instant où, par analogie, l'on fait valoir qu'un médicament a pour objet de rétablir un équilibre naturel de bonne santé et que les résultats de bien-être obtenus suffisent à justifier ces recours à la science. Dans ce sens, l'objet des sciences humaines bien comprises ne consiste pas à créer des artifices mais au contraire à mieux intégrer, par la compréhension, la nature des choses. Ainsi la liberté peut mieux s'exprimer lorsqu'elle est moins entravée par des dysfonctionnements évitables. Il est vrai que dans les nuances, ce qui est valable pour une personne ou une entreprise n'est pas obligatoirement valable pour une autre, d'autant que les normes architecturales ne sont pas identiques à la montagne et dans la plaine, dans les zones arides ou fertiles. Pourtant, les lois physiques restent constantes quel que soit l'endroit de la construction. Le problème n'est donc pas de réitérer ce que l'on a fait dans la plaine à la montagne, mais de comprendre pour construire autrement et durablement au sein de chaque situation en respectant les lois fondamentales, phénoménologiques. L'apport de la science est alors indéniable, les lois générales ne pouvant être remises en cause par le simple fait des particularités. Une simple affaire de rhétorique.

Une simple affaire de rhétorique

En négociation, le problème n'est pas de dire ce qu'il faut faire en référence à ce que l'on a fait hier, mais bien celui de s'appuyer sur des lois pour en déduire ce qu'il faut faire en fonction de ce qui se présente. La littérature sur la négociation abonde de principes tous aussi valables les uns que les autres car dans des eaux poissonneuses, on prend toujours quelque chose, ce qui ne justifie pas pour autant que la simplicité des savoir-faire présentés puisse s'appliquer lorsque le poisson devient moins abondant ou lorsque l'on veut pêcher de façon plus sélective. C'est à ce niveau que réside l'efficacité commerciale et son management. S'intéresser à la négociation en termes professionnels (et/ou scientifiques) implique l'expertise, et pour cela que soit prêté un réel intérêt aux constituants élémentaires sur lesquels, et autour desquels, la complexité de la communication prend forme. C'est toute la différence qui existe entre l'empirisme et l'ingénierie, entre le bricoleur et l'architecte.

Lorsque l'on accorde une attention soutenue aux comportements dans la communication, quelle qu'en soit la nature, on s'aperçoit vite que l'ensemble est conditionné par trois comportements primaires : *agression*, *inhibition*, *fuite* (cf. Henri Laborit, *Les Bases biologiques des comportements sociaux*. Éditions Fides) qui prendront la forme sociale de *totem* et *tabou* (Sigmund Freud) auxquelles il faut ajouter celle de l'extasiant (Patrick Kalason : *Théorie constructale du lien cultuel*, L'Harmattan) qui, sous des aspects divers, permet l'évasion de la réalité pour la magnifier (poésie, religion, philosophie, littérature, mythologie, ainsi que diverses formes d'euphorisants. En ce sens,

Marx avait raison de considérer que la religion est l'opium du peuple tout comme l'ont été les modalités politiques d'application de ses conceptions...).

Ces trois notions élémentaires étant congruentes et conformes aux trois grands comportements primaires auxquels chacun est individuellement associable (« agression », « inhibition » et « fuite »), nous pouvons alors opérer les liens entre les pôles et définir ainsi des tendances culturelles et comportementales. Nous obtenons le schéma transactionnel suivant :

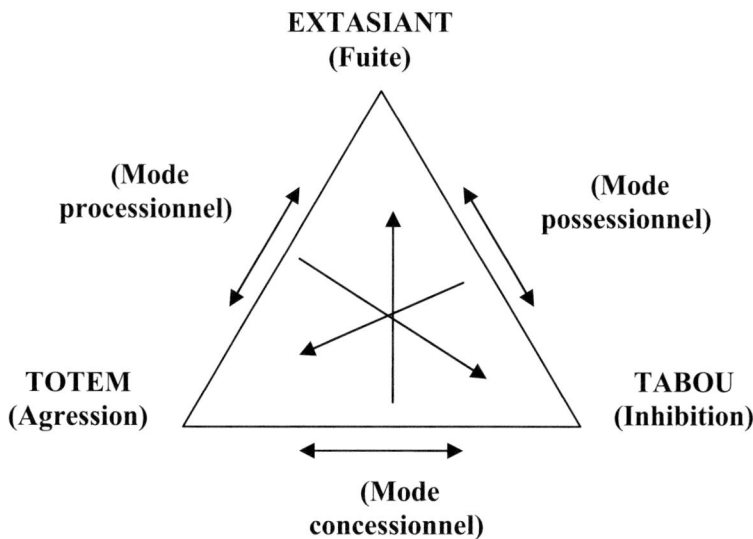

En mettant en contact « totem » et « tabou », nous obtenons « la concession », plus communément appelée « coutume », nous procéderons de même entre « extasiant » et « tabou » (le mode chamanique de la « possession » à prendre sous l'angle psychologique) et pour finir entre « totem » et « extasiant », nous obtenons celui de mode « processionnel ». La convergence de ces trois pôles donne naissance à la « culture », à la pensée qui donne cohérence aux idées. Lorsqu'il y a une convergence équilibrée entre les trois pôles, il se crée une cohésion sociale solide marquée par des étapes symboliques de fortes intensités qui donnent naissance au pouvoir, lequel est la représentation tangible d'une culture : façon d'honorer. Le « pouvoir » est donc l'expression d'un processus complexe : il en est l'élément observable, tangible.

La négociation est donc à prendre comme une relation entre deux pouvoirs, deux pensées, qui construisent ensemble. Dire que le client est roi ne signifie pas pour autant que le vendeur soit son vassal. La situation de départ est identique, dans la mesure où chacun dispose de ce que l'autre n'a pas. La reconnaissance de cette réalité est appelée consensus, qui contrairement à ce que l'on dit, n'est pas la suite de la négociation mais son préalable (étymologiquement : manifester un accord pour aller dans le même sens).

Ces notions posées, il est maintenant possible de se pencher sur les constituants comportementaux de la négociation.

Tout comme sont codées les instructions, ou gènes, contenues dans le génome, la chaîne de la négociation se construira autour de ces trois grands comportements primaires : *agression*, *inhibition* et *fuite* qui s'exprimeront au travers des attitudes verbales par un contenu rationnel (souvent expression dissimulée de la pudeur), ce que l'on appelle le message.

Dans la communication les attitudes verbales (comparables aux nucléoles dans la chaîne ADN) existent sous 7 formes différentes que nous définirons et détaillerons ultérieurement.

De la même façon, les styles de vente se définissent par le plus ou moins grand intérêt tangiblement exprimé par le vendeur durant son entretien à un, deux ou trois des éléments simples sur lesquels repose tout acte de négociation : moi, l'autre, l'objet. Cela se traduit par des attitudes verbales, ou tendances communicationnelles. Si vous preniez le temps de lister tout ce qui intervient dans le cadre formel d'une négociation (donc indépendamment du contenu des discours), l'ensemble des points retenus sera rassemblé sous trois rubriques et seulement trois : le vendeur (le moi), le produit (le ça), le client (l'autre), respectivement au point de départ d'une négociation : agression, *oser*, fuite, *la proposition est de qualité*, inhibition, *en voudra-t-il ?*

Lorsque le vendeur s'impose, il est en attitude d'*agression*, lorsqu'il fait s'exprimer son client, il est en attitude d'*inhibition* et lorsqu'il parle technique ou produit, il est en position de *fuite*, ou de refuge (la fameuse tour d'ivoire du scientifique).

L'erreur de nombreuses approches commerciales antécédentes a consisté à ne porter d'intérêt dans l'analyse de la négociation que sur deux points : le vendeur et le client, plaçant de fait la relation commerciale au centre d'une dualité conflictuelle et dans un rapport de domination-soumission, d'agression-inhibition, voire de bienséance manipulatoire. Cette erreur relative a pour conséquence de priver l'observateur de près de 60 % d'informations utiles à son analyse. Que cet observateur soit le vendeur lui-même ou son coach, les conclusions extraites sur ces bases dualistes ne peuvent légitimement reposer que sur une crédibilité voisine de 30 % (15 % apportés par chaque pôle) si l'on considère épistémologiquement que l'intégralité du potentiel d'observation repose sur un tiers attribué à chacun des 3 pôles constitutifs de cette triangulation relationnelle que nous avons baptisée du nom de trikãla afin de la distinguer du triangle, figure en géométrie plane, figée et non révélatrice du mouvement que ce concept théorique sous-tend. En outre, le fait de quitter l'approche cartésienne, dont les limites sont connues depuis le XVIIe siècle, pour entrer dans celle du mouvement par tripolarité, correspond très étroitement au fondement de notre système de pensée que Georges Dumézil a mis au jour tout au long d'une carrière de recherche au terme de laquelle la communauté scientifique en a reconnu la validité. Penser sur base « deux », c'est penser sur des dysfonctionnements (ou pire, les créer), penser sur base « trois », c'est être dans la nature de notre programme de communication, donc être capable de trouver des solutions certaines.

Que notre lecteur ne s'y trompe pas : il ne s'agit pas ici d'apporter une touche originale aux approches antécédentes, mais bien de faire entrer la négociation et la communication dans un domaine authentiquement scientifique, tout comme a pu s'opérer le passage de l'alchimie à la chimie.

Ainsi l'utilisateur de cette approche factuelle devient-il en mesure, non de disserter de façon littéraire et intuitive sur ce qu'il observe, mais de prouver ce qu'il avance métrologiquement (avec mesure à l'appui), ce qui signifie très simplement qu'il peut dès lors s'appuyer sur des comptages, des séquences et analyser objectivement les interactions qu'il cherche à comprendre pour ultérieurement envisager, en intervenant sur les paramètres, les effets escomptés. C'est en cela que repose l'obligation de résultat qu'impose toute science et à laquelle les sciences humaines ne peuvent se soustraire, sauf à accepter de s'appeler littérature. La littérature a pour objet d'interroger et de séduire, et l'objet de la science celui de respecter, de préserver, d'optimiser dans la sérénité. Ainsi, bénéficiant de ces outils, le coach, de maître devient professeur, et l'art empirique se transforme en professionnalisme transmissible.

L'analyse du mouvement et de la complexité impose l'utilisation d'instruments adaptés conformes à notre programme social de communication, ce que ne permet pas l'approche cartésienne qui analyse des états, c'est-à-dire des épisodes, en quelque sorte les images fixes qui composent le film, sans en connaître l'ordre. S'il existe une complémentarité, un photographe n'est toutefois pas un cinéaste.

Kãla, mot sanskrit, désigne le temps, la destinée, le déplacement, le mouvement. La négociation n'est pas un état, mais une succession de situations distinctes, qui enclenchent des émotions de natures différentes : nous sommes alors en présence d'un mouvement et c'est ce mouvement même qu'il faut comprendre pour espérer le domestiquer. L'état final est donc la résultante d'un mouvement qui ne peut être compris que par le parcours opéré préalablement et sur le cours duquel il est possible d'intervenir.

C'est en hommage à Georges Dumézil que nous avons choisi de définir l'approche triangulée du mouvement sous le nom de *trikãla*. En effet, nos relations humaines ne fonctionnement pas selon un système duel, fractal (par dualité), mais selon un système *constructal* qui construit sa forme par complémentarité à partir d'éléments simples. Si tel n'était pas le cas, le chaos serait une constante de notre fonctionnement social. Cette notion tripolaire est la pierre d'angle, la clef de voûte qui donne consistance à l'ensemble de nos édifications sociales et relationnelles.

Il est en effet important d'intégrer les données suivantes :

- Toutes nos relations humaines fonctionnent sur des bases tripolaires.
- Tant qu'un système relationnel n'a pas fait converger ses trois pôles, il fonctionne dans une dualité conflictuelle, dans la dépendance qui crée obligatoirement des tensions et ne permet pas de décisions durables.
- L'équilibre de la tripolarité peut être obtenu par complémentarités naturelles entre l'émetteur et le récepteur (personnalités complémentaires), mais reste fragile car soumis aux variations extérieures.
- Lorsque l'émetteur et le récepteur occupent des positions similaires, il y a soit conflit soit refus de désaccord (inhibition réciproque), ce qui dans les deux cas conduit à l'absence de décisions constructives.
- Le contact entre deux pôles donne naissance à une situation plus solide qui, pour évoluer vers la pérennité, devra en intégrer le troisième pôle.
- Pour qu'un pôle entre en contact avec un autre, il faut qu'il soit identifié. Cela ne relève pas du non-dit ou du prérequis, mais du formulé pour être acquis.
- Bien qu'il existe un mouvement naturel logique qui passe par un préalable consensuel pour favoriser l'expression de son interlocuteur avant toute proposition conduisant à une décision concertée en référence aux besoins préalablement définis, ce mouvement peut-être inversé, modifié par stratégie ou perturbation dues à l'un des deux interlocuteurs. Dans ce cas, le retour aux phases abandonnées est une obligation pour une décision fiable et durable.
- Le passage d'une phase à une autre s'opère naturellement, il est dit chaotique lorsque les comportements adoptés sont en déphasage par rapport aux comportements devant naturellement être adoptés durant cette phase.

En conclusion, une négociation constituera son contenu (le contrat) par interaction entre les pôles vendeur-acheteur-produit (moi, l'autre, l'objet : agression, inhibition, fuite), et ce tant pour le vendeur que pour l'acheteur, représentant chacun à la fois des intérêts collectifs et individuels. Par analogie, nous sommes ainsi proches des principes de l'électromagnétique ou de la thermodynamique qui modifient les éléments initiaux au terme de leur fonctionnement. En conséquence, toute approche de la communication dont la perspective serait de faire entrer l'autre dans une position conforme à une normalité stable (souvent celle du décideur) est par essence vouée à l'échec ou livrée au « hasard qui fait bien les choses ». En effet, en procédant à une analyse fine sur la clientèle, on s'apercevrait alors que cette dernière apporte les compléments aux points de fragilité des vendeurs : après tout, il existe heureusement des acheteurs ayant l'intention d'acheter…

Les schémas suivants permettent de visualiser cette approche de la négociation commerciale par *trikãla*, donc de disposer d'une approche mesurable pour comprendre ce qui se passe, analyser ce qui s'est passé mais plus encore anticiper stratégiquement le devenir d'une négociation. Deux exemples de négociation, à la fin de l'ouvrage, analysés par *trikãlas* permettront au lecteur de se familiariser avec son exploitation.

Les trikãlas de la négociation

Le trikãla-mère des styles de négociation se subdivise en styles de vente et styles d'achat. Les deux reposent sur les bases des mêmes fondements comportementaux que le trikãla-mère (cf. schémas à la page suivante).

TRIKALA-MERE DE LA NEGOCIATION

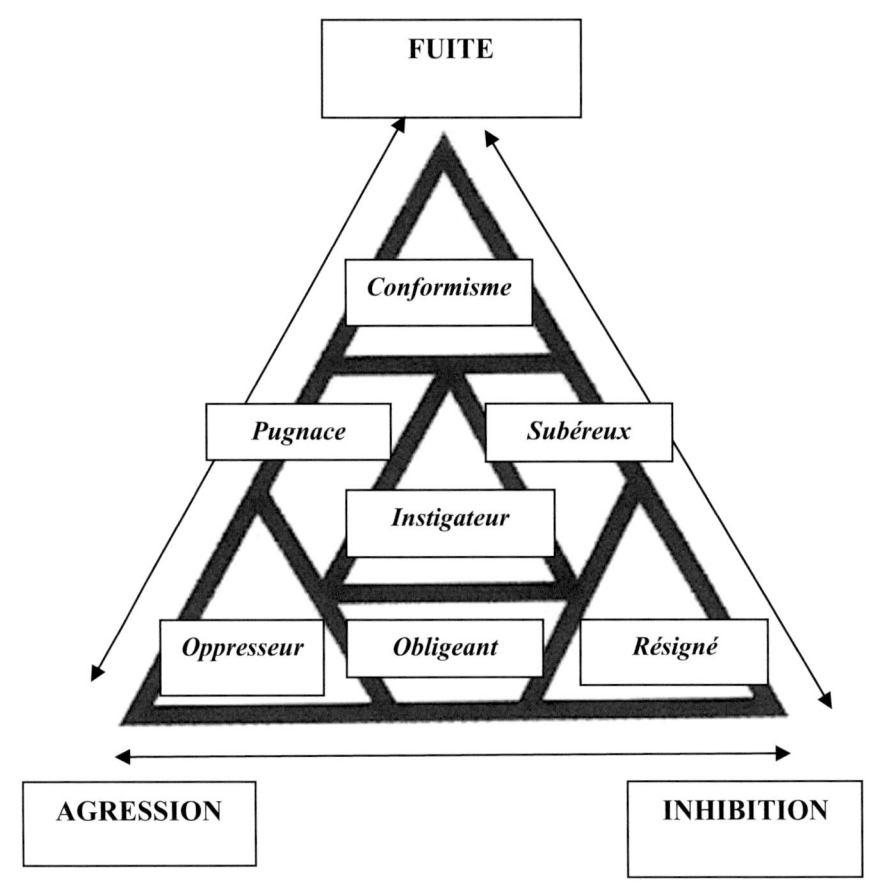

TRIKALA DES STYLES DE VENTE

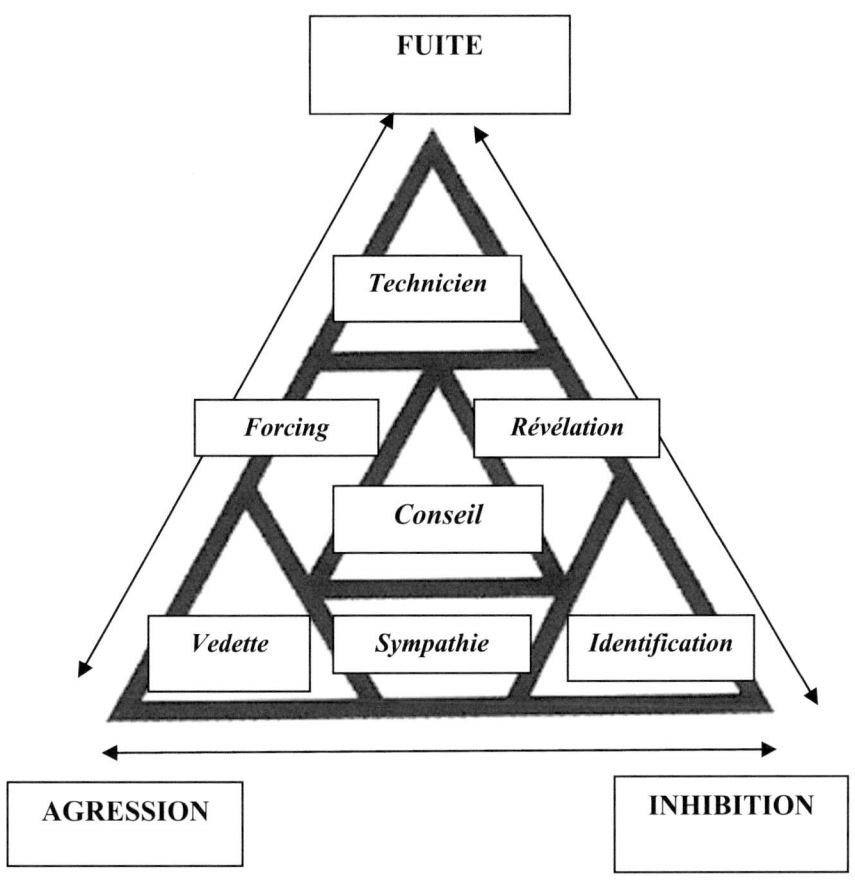

TRIKALA DES STYLES D'ACHAT

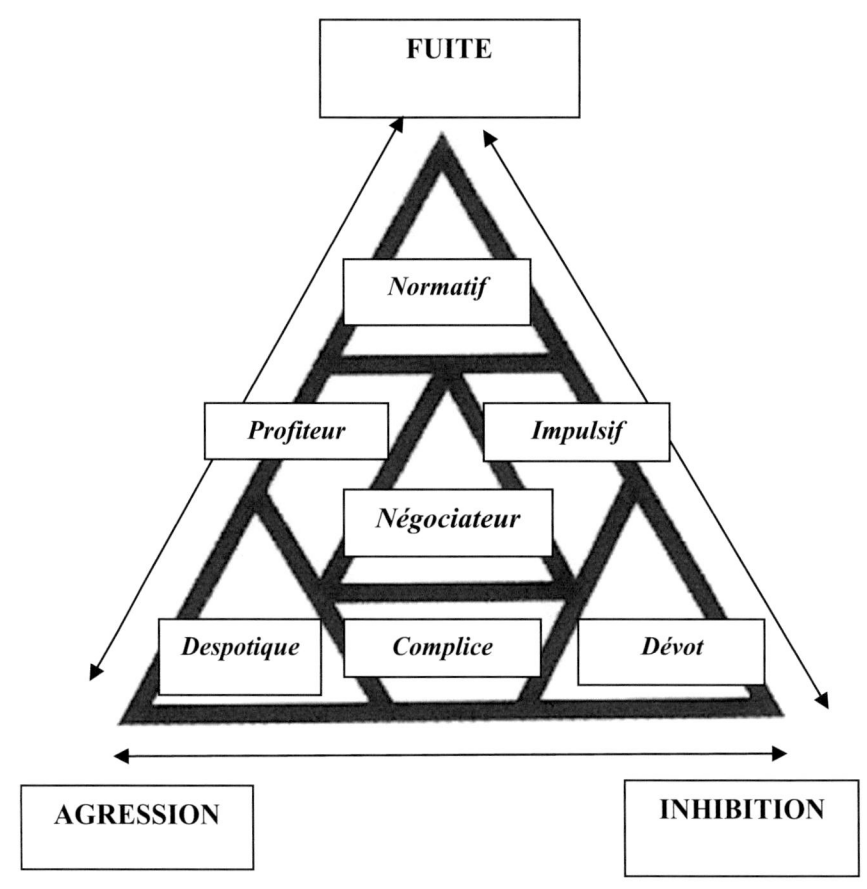

Ainsi prendront corps :

- À partir du style mère **conformiste**, le style *normatif* pour l'acheteur et le style *technicien* pour le vendeur. Il s'agit ici d'un comportement refuge par fuite de la relation interpersonnelle dans la rationalité technique : on entre dans les détails, on les explique, on les développe.
- À partir du style mère **oppresseur**, le style *despotique* (ou brio) pour l'acheteur et le style *vedette* pour le vendeur. Tous deux mettent en avant leur forte personnalité et des comportements de nature agressive au sens volontariste du terme. Ils veulent s'imposer à partir de leurs points de vue.

Les systèmes de rémunération uniquement conçus autour d'un intéressement sur les ventes et excluant tous revenus fixes, généralement pratiqués dans certains secteurs de la gestion de patrimoine, parfois de l'assurance et plus anciennement de l'immobilier, conduisent obligatoirement aux abus qui font la une de la presse. Ces positionnements d'autorité, nécessaires en phase de conclusion, n'ont de chance d'aboutir positivement que si l'autre apporte naturellement ou adopte stratégiquement le style complémentaire (*impulsion* pour l'acheteur, *révélation* pour le vendeur). Dans ce contexte, une négociation s'achèvera sur des complémentarités naturelles de domination/soumission, à condition que le produit dispose initialement d'une forte réputation et d'une qualité irréprochable, ou bien que le producteur veille personnellement au caractère honnête de la transaction. L'acheteur est alors placé en situation d'*impulsion* d'achat (parfois pour être débarrassé de l'importun). Il ne s'agit plus alors d'une vente mais d'un abus de faiblesse (situation de l'acheteur *dévot*) et non d'une négociation en ce sens que les conditions de la tripolarité ne sont pas réunies. Alors la conclusion n'entre pas dans le cadre de la négociation, mais dans celui d'une déviance manipulatoire. Cas extrême s'il en est et qui relève alors d'autres instances que de celle de la simple formation. Toutefois, ce style utilisé à bon escient donne de la consistance à la négociation.

- À partir du style mère **résigné (déférant)**, nous obtenons le style *dévot* pour l'acheteur et le style *identification* pour le vendeur. Nous voilà face à des personnalités très dépendantes de la décision de l'autre, que l'on pourrait au minimum qualifier de polies et dans un cas extrême d'inhibées. Lorsque ces deux personnalités sont réunies, aucune décision n'est prise et les rendez-vous succèdent aux rendez-vous, chacun attendant de l'autre qu'il fasse le premier pas et décide pour les deux. Le complémentaire naturel du vendeur *identification* sera l'acheteur *profiteur*, capable d'imposer ses conditions, tandis que pour l'acheteur *dévot* ce sera le vendeur *forcing*, capable d'imposer la décision. En règle générale, la marge générée par ce type de vente ou d'achat est en faveur du dominant… jusqu'au jour où il y sera mis fin, sans mise en demeure.

Ce sont là des styles extrêmes que nous ne rencontrons qu'assez rarement chez les professionnels dans le contexte commercial actuel, bien qu'ils existent et que certains secteurs aient pour obligation de fonctionner ainsi, du moins en apparence. Ce peut être par exemple le cas des conseillers médicaux, qui ont pour obligation de ne situer leur communication que sur l'aspect purement technique des préconisations. Mais comme nous l'avons démontré, l'attraction des autres pôles intervient pour pondérer cette façade… et les réglementations pour pondérer les excès de compensations…

En règle générale, la fonction commerciale s'exerce pour le moins entre l'attraction de deux pôles.

Et :

- À partir du style mère **obligeant** (interaction moi-autre), il y a pondération autant de l'*agression* que de l'*inhibition*. Ce lien tisse ce que nous nommons la *politesse* ou encore la « coutume », le savoir-vivre, les civilités. On obtient ainsi le style *complice* pour l'acheteur et le style *sympathie* pour le vendeur (qui peut résulter comme ci-dessus de complémentaires naturels). On constate dans ces deux styles l'absence de manifestation d'intérêt pour le produit. Lorsqu'un accord s'opère sur ces bases, il y a « entente », donc absence de négociation et contrefaçon des règles commerciales vers la constitution d'une forme d'association, parfois d'intérêts parallèles.
- Pour qu'une vente franche soit réalisée, il faut qu'au moins l'un des deux protagonistes pondère l'enthousiasme de la relation par la validation du produit. La triangulation sera donc opérée soit par un style d'achat *normatif* lorsque le vendeur opère uniquement dans le style *sympathie* ou lorsque l'acheteur achète sur le mode *complice* par une dominante *technique* du vendeur afin de valider le choix et rendre pérennes les accords.

- À partir du style mère **subéreux** (caractéristique du liège dont le coefficient de flottabilité le rend insubmersible), le style *identification* pour le vendeur et *impulsion* pour l'acheteur se caractérisent par des comportements visant à prendre conscience ou bien à faire prendre conscience à l'autre de l'intérêt que peut revêtir le produit ou le service. On interroge quand on vend autant que l'on cherche à se rassurer lorsque l'on achète, on interroge l'autre pour le faire s'exprimer dans l'espoir que, conscient de son intérêt, l'acheteur décidera d'acheter. On est ici dans un style (s'il s'agit d'une constante comportementale) qui manifeste de l'indécision, dans la mesure où l'acheteur attend du vendeur qu'il décide pour lui, et lorsqu'il s'agit du vendeur que le client décide de lui-même. En somme, pour caricaturer, une sorte de psychodrame… Cela peut durer si vendeur et acheteur appartiennent au même style mère. C'est *L'Huître et les plaideurs*, à l'occasion un autre qui rafle la mise.

Le style *révélation* est une tendance forte et dominante des vendeurs de la deuxième génération qui suit celle des VRP multicartes. Moins extravertis que leurs aînés et « formés aux relations humaines » par une multitude de stages dont l'objectif est de développer des techniques de communication dites responsabilisantes sur fond de non-directivité. Ils pratiquent l'art subtil de la maïeutique, tout en oubliant dans la pratique que pour obtenir un *effet miroir* il ne faut pas se placer à côté du client mais derrière le miroir qui fait face à son interlocuteur !…. En réalité mal à l'aise dans la relation interpersonnelle, ils placent leurs interlocuteurs en position proactive (dominante). Les vendeurs de style *révélation* maîtrisent bien les techniques d'*enquête* et perçoivent généralement bien les centres d'intérêts de leurs clients mais se réfugient dans la transparence pour fuir, autant que faire se peut, le moment où il faudra parler du prix, prendre et traiter les objections qui inévitablement apparaîtront. Les acheteurs *profiteurs* (qui excellent en période de récession) ont pour complémentaire de vente le style *identification*, ce qui explique en partie la diminution des marges bénéficiaires de bon nombre d'entreprises qui ne disposent pas dans leurs forces de vente d'authentiques négociateurs suffisamment expérimentés (conséquence d'un turnover endémique).

- À partir du style mère **pugnace** (interaction moi-produit), on obtient pour le client le style *profiteur* et pour le vendeur le style *forcing*. Nous trouvons ici une attitude proactive. On met en avant son avis, ses idées, sa conception des choses, parfois avec obstination et surtout sans prendre en compte l'avis de l'autre. En quelque sorte, on cherche à imposer son point de vue. Position toujours plus aisée quand on est en position dominante mais qui fait très vite comprendre à l'autre que pour arriver au juste milieu, il faut gonfler la proposition. C'est le marchandage, à l'extrême le maquignonnage, en position dominante, qu'il s'agisse du vendeur ou de l'acheteur. Ce style de vente ou d'achat fait s'exprimer des personnalités expérimentées ou ayant une bonne connaissance de leurs préoccupations pour l'acheteur, et du produit pour le vendeur en liaison aux besoins présumés du client. Ce sont des décideurs qui malheureusement, par stratégie ou par dépit, précipitent les événements et par absence d'écoute des compétences, leurs interlocuteurs versent dans l'obsolescence par manque d'actualisation de leurs connaissances sur les produits pour l'acheteur, autant que sur marché lorsqu'il s'agit du vendeur.

- À partir du style mère **instigateur,** barycentre, c'est-à-dire à la conjonction centrale des trois pôles du trikāla de la négociation, donc ayant oscillé entre l'agression, l'inhibition et la fuite, se situe, pour l'acheteur le style *négociateur* et pour le vendeur le style *conseil*. Qu'il s'agisse de l'un ou de l'autre, tous deux prennent en compte l'autre, le produit avec ses caractéristiques techniques et ce qu'ils en attendent. Ils s'impliquent chacun dans la conclusion. On met en relation les compétences du vendeur avec les besoins du client, dans un climat de respect mutuel des personnes et des intérêts que chacun représente. Le cheminement de la négociation fera passer le vendeur et l'acheteur par les 6 styles de vente et/ou d'achat. Au terme de l'entretien, ayant choisi la meilleure évolution possible, afin de compenser au mieux les écarts qui existent légitimement dans une recherche de partenariat, ou pour le moins de fidélisation lorsqu'il s'agit d'une vente ponctuelle, la qualité de la décision sera proche du firmament. L'absence de comportements extrêmes, loin de nuire à l'implication de chacun, favorise les échanges et le jeu naturel d'une saine négociation. Dans un climat de sérénité qui n'exclut pas la virilité nécessaire à la défense de positions importantes, on peut légitimement estimer que la valeur des décisions prises dans ce contexte est supérieure à 30 % de ce qu'elle serait pour les styles bipolarisés et 60 % supérieure aux résultats obtenus pour les styles monopolarisés. Toutefois, en jouant sur les complémentaires naturelles, notamment en organisant la force de vente par catégories ou typologie de clientèle, on pourra optimiser les effets « du naturel qui fait bien les choses », par exemple en confiant les clients indécis (dévots) à des vendeurs forcing. Bien évidemment, dans ce cas, cette forme d'organisation commerciale ne peut se comprendre que dans l'hypothèse d'un produit à forte crédibilité technique lorsque les nécessités l'imposent. En effet, la quantité concrétisée sera supérieure à celle issue d'une organisation purement géographique au sein de laquelle on laisse au hasard des interactions relationnelles et au nombre de visites le soin de faire le chiffre d'affaires.

L'*approche trikãlienne* des styles de vente conjointement aux styles d'achat permet donc à la fois de mieux gérer le bon déroulement de la négociation, dans une stratégie consciente mais aussi, au terme de celle-ci, de l'évaluer honnêtement (métrologiquement), et autant du côté du vendeur que de l'acheteur, donc de faire objectivement la part des choses : du succès ou de l'échec. Cette approche offre aussi l'avantage de permettre un « coaching » à partir d'un référentiel commun fiable tangible et exempt de tout a priori, et ceci à chacune des étapes de la négociation. Une telle approche tripolaire est aussi, et en conséquence, un instrument d'organisation de la force de vente, de développement personnel et d'organisation du plan de carrière des membres de l'équipe commerciale en gérant dans le temps l'évolution du professionnalisme de chacun, sa clientèle, l'investissement commercial ainsi que la profitabilité du retour sur investissement, qui n'est ainsi plus abandonné au seul hasard. En procédant de même pour la clientèle, on dispose alors d'un support stratégique d'importance qui, en s'appuyant sur les qualités des interlocuteurs, prévoit les compensations à apporter de façon prévisible à certains stades de la négociation. Cette cartographie permet au commercial d'anticiper les écueils prévisibles et de naviguer avec une conscience en éveil.

Définir la position occupée durant l'entretien, ou bien au terme de celui-ci, ne présente aucune difficulté majeure. Pour cela, il suffit de définir par simple comptage si le message (l'ensemble d'un groupe de phrases) implique le produit, le vendeur ou le client (et que ces groupes de phrases, chacun entrant dans un des 7 styles de vente, soient en phase avec les phases et étapes de la négociation).

Prenons quelques exemples de ces phrases dans le cadre d'un entretien de vente dans le secteur du transport en les faisant varier autour d'une même problématique :

- « Les enlèvements sont opérés à heures fixes et la livraison est assurée le lendemain avant 17 heures » illustre un style de vente *technique* : on se situe strictement au niveau de l'information neutre, sans implication du vendeur ni référence au client.
- « Je donnerai les consignes pour que les enlèvements soient assurés à heures fixes et contrôlerai personnellement l'échéancier de livraison pour que toutes soient assurées avant 17 heures » illustre un style de vente *forcing* : on met en valeur la faisabilité du produit autant que l'implication personnelle du vendeur qui agit en décisionnaire.
- « Vous semblez être particulièrement vigilant sur la régularité. » Style *identification*. On situe la relation uniquement sur le client, son avis, ses sentiments. On cherche à l'identifier, c'est-à-dire à le singulariser.
- « Nous avons clairement fait le tour de vos attentes, c'est pourquoi je peux vous assurer de la faisabilité de vos enlèvements à heure fixe ainsi que des livraisons avant 17 heures. Vous pouvez compter sur moi pour y veiller et m'en entretenir avec vous lors de notre prochain rendez-vous ». Style *conseil*. On conforte la qualité du produit en référence aux besoins du client que l'on valorise, tout comme on le fait de sa position professionnelle.
-« Nous nous connaissons maintenant suffisamment pour que vous puissiez compter sur moi pour cela. » Phrase de style *sympathie* qui renforce les liens personnels, indépendamment du produit ou du service rendu, qui n'apparaît qu'en filigrane.
- « Pouvez-vous préciser les raisons qui imposent des enlèvements à heures fixes et des livraisons avant 17 heures ? » Style *révélation*. La jonction est opérée uniquement entre le client et le produit.
- « Être à l'heure, c'est la politesse des rois et je suis très à cheval sur ces questions. La régularité c'est l'image de marque de mon entreprise. » Ici le vendeur se place en situation d'autorité. Le style adopté est le style *vedette*.

En lisant ces phrases, vous avez certainement réagi en une fraction de seconde et émis intérieurement des avis sur ce que vous pensez de telles déclarations, ce que vous auriez fait à la place du client. Peut-être avez-vous rejeté certaines phrases en pensant « Jamais je ne dirai cela » ou encore « Il y va fort » ou encore « C'est trop mou » ou « C'est bien ». Mais dans tous les cas, il est fort vraisemblable que vos réactions ont varié, allant du désintérêt au plus ou moins de satisfecit. Les réactions que vous avez éprouvées dépendent du style d'acheteur que vous êtes et de la phase de la vente où intérieurement vous situez chacune des phrases. Ainsi, une phrase perçue pour bonne dans une phase de négociation sera perçue comme mauvaise dans une autre. Si nous prenons comme préalable que chacune de ces phrases se situe dans une phase donnée, nous conviendrons aisément que toutes pourraient être appropriées. Ainsi découvre-t-on qu'il n'y a pas de style idéal qui puisse être constant durant toute la négociation, mais que les styles doivent varier et s'adapter aux étapes et à l'interlocuteur, de façon à ce que toutes les étapes soient franchies, quand bien même certaines ne respecteraient pas, par obligation, les règles académiques de la chronologie « idéale ».

Par ce biais d'observation, par simple mesure de la fréquence d'adoption des styles de vente à chacune des étapes, il est aisé de conclure avec une certaine objectivité s'il y a ou non adéquation entre les styles utilisés et les phases. Ceci est bien évidemment totalement indépendant de la valeur du contenu du message exprimé (du discours) : ce n'est pas le fond mais la forme qui est prise en compte puisque nous considérons a priori le produit ou le service comme étant nécessairement de bonne qualité. Par exemple, une répétition de phrases de type *forcing* sans qu'elles aient été précédées d'une définition des besoins par des phrases en style *révélation* (comprenant, le style *technicien* qui consiste à prédéfinir le produit et à faire réagir le client pour cerner ses attentes par le style *révélation*) conduira quasi systématiquement à ce qu'un client (non *dévot* ou encore *déférant*) réagisse en manifestant des objections. De la même manière un positionnement trop rapide du vendeur en style *révélation*, c'est-à-dire interrogeant trop rapidement le client sur ses attentes, sans que cela ait été précédé de la création d'un climat de *confiance* dans la phase préalable de *contact* en adoptant le style *sympathie* (mise en valeur de soi et de son client, recherche de points communs, etc.), rendra le client réticent à se confier : les réponses seront vagues et inexploitables. Ceci aura pour effet que l'acheteur inversera le sens de la négociation en interrogeant à son tour le vendeur. L'hésitation entraînera un blocage, à l'exception des acheteurs *despotiques* qui couperont court à l'entretien ou pour les *profiteurs* qui sentant la fragilité du vendeur et mettront à profit cette faiblesse pour imposer leurs propres modalités.

Faute de valablement cerner les styles dans le cadre d'une relation cause-effet, on n'aboutirait qu'à rechercher le responsable ou le coupable. Ainsi conclura-t-on fréquemment que la responsabilité d'un « blocage » incomberait au client, sans s'interroger sur le fait que vraisemblablement le vendeur ne se soit initialement positionné en tant que professionnel, maîtrisant le domaine qu'il traite. De la même façon pourrait-on déduire de l'hésitation d'un prospect après plusieurs visites qu'il est de nature indécise sans s'être interrogé sur la capacité de concrétisation du vendeur (absence de maîtrise du style *forcing*).

Les combinaisons étant nombreuses entre les styles de vente et les styles d'achat, lorsque l'on intègre les phases d'une négociation et la nature des entreprises en contact, font qu'il est matériellement impossible dans cet ouvrage de toutes les analyser.

En conclusion, les paramètres simples que nous avons abordés permettent un diagnostic fiable autant qu'objectif sur la complexité d'une négociation. L'approche de l'apparente complexité d'une négociation restait jusqu'alors une tâche impossible par les approches précédentes, plus littéraires et passionnelles car établies sur la base de rapports de forces ou moraux, qui au bout du compte, non seulement ne résolvaient rien, mais étaient de surcroît coûteux en temps, en énergie, voire en cohésion d'équipe.

Résumé

Le rapport entre acheteur et vendeur se comprend dans le cadre de ces comportements premiers que sont l'*agression*, l'*inhibition*, la *fuite*. Les 7 styles de vente et 7 styles d'achat sont issus de ces comportements premiers et permettent une analyse simple, fine et fiable des attitudes et comportements adoptés par les deux parties à condition de les insérer dans le cadre de la chronologie naturelle d'un entretien de négociation.

Le tableau suivant montre la cohérence des éléments fondamentaux à partir desquels se conjuguent les faisabilités, les complémentaires, les antagonistes ou l'infaisabilité de la négociation. Il sont déterminants bien au-delà de la justesse du discours.

OOO

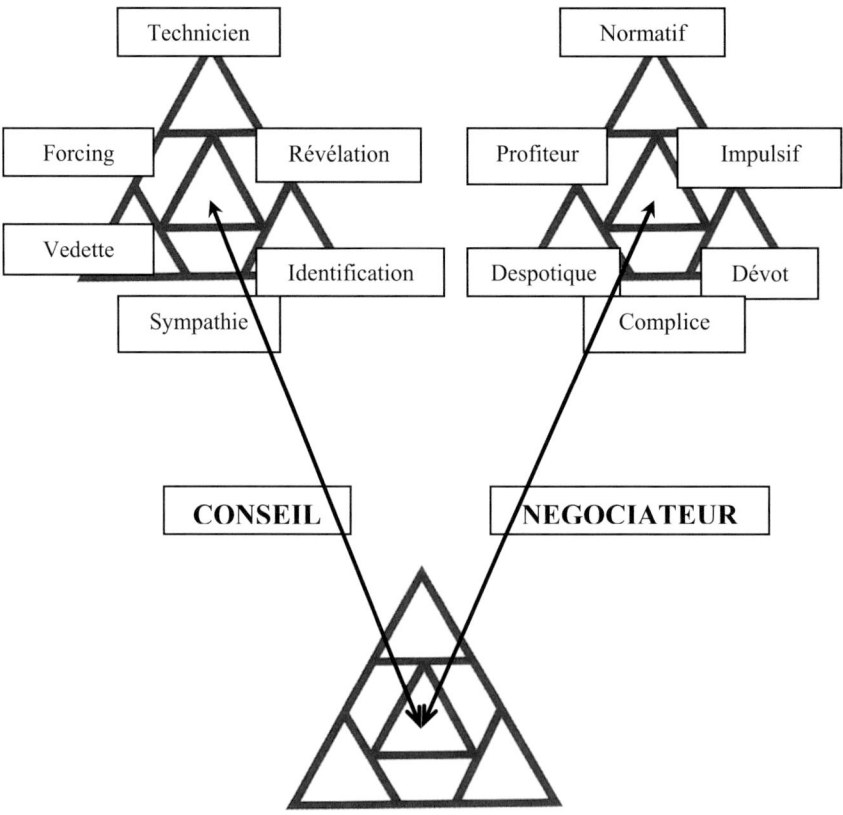

CHAPITRE VIII :
UNE AFFAIRE D'ATTITUDE

La vente est une affaire de style, donc d'attitude. Nos attitudes s'expriment au travers de nos gestes mais passent de façon immédiatement compréhensible pour notre interlocuteur par la parole.

Nous nous proposons de passer en revue le fonctionnent de ces interactions au travers des attitudes verbales et des suites qu'elles peuvent avoir sur les décisions de nos interlocuteurs. L'exercice suivant servira à développer plus concrètement ce sujet.

Test d'auto-évaluation : « une affaire d'attitude »

Vous avez ci-après 10 situations d'entretien. Il vous est demandé pour chaque situation de choisir une phrase parmi les 7 qui vous sont proposées. Pour cela, vous devrez considérer que votre interlocuteur est une personne connue de vous. Il n'y a ni bonne ni mauvaise réponse. Choisissez donc simplement celle qui vous correspond en fonction de ce que vous diriez dans ces circonstances.

CAS N° 1

Vous venez de terminer un devis de déménagement industriel pour une entreprise. N'ayant jusqu'alors émis aucune objection le directeur général dit : « Votre société me semble parfaitement répondre à notre cahier des charges, toutefois vous êtes 25 % plus cher que vos confrères. À ce prix-là, je ne puis défendre ce projet auprès du directoire… ».

1- « Si notre entreprise vous convient, nous pouvons envisager des modalités de règlement adaptées. »
2- « Si, comme vous le dites, nous sommes en phase avec vos impératifs, c'est que nous serons plus efficaces que les autres pour vous apporter les garanties sur lesquelles vous comptez. »
3- « Je comprends votre difficulté mais nous savons pouvoir compter sur votre talent pour convaincre vos associés du bien-fondé de nos prix, même si l'on craint souvent le refus avant. »
4- « Pouvez-vous me dire s'il y a d'autres paramètres que prendrait en compte votre directoire en plus du prix ? »
5- « Vous avez peut-être déjà connu des échecs dans des situations similaires, mais est-ce une raison pour ne pas tenter de défendre notre dossier qui est important pour vous ? »

6- « Si je comprends bien, vous me dites que notre proposition est bonne malgré son prix qui pourrait entraîner des réticences auprès de votre directoire. »
7- « C'est une réaction fréquente chez nos clients lorsque le moment du choix intervient : choisir, c'est toujours se priver d'autre chose. »

CAS N° 2

- « Après vos explications, je ne sais vraiment pas laquelle choisir. Soit ce modèle de voiture plus rapide, qui correspond à mon besoin professionnel mais moins commode pour des déplacements en famille, soit cet autre, plus familial, mais moins adapté à mes activités... »

1- « Vous hésitez entre un choix familial et professionnel, dans un cas c'est la vitesse qui prime et dans l'autre la commodité pour votre famille. »
2- « Il faut savoir que le nombre de kilomètres parcourus professionnellement est beaucoup plus important que ceux que vous parcourrez avec votre famille dans la voiture. »
3- « Voulez-vous dire que votre famille vous tiendrait rigueur si vous vous orientiez vers un choix plutôt professionnel ? »
4- « Avez-vous réagi de même lors de l'acquisition du véhicule précédent ? »
5- « Cette question s'est aussi posée à moi et je comprends combien il est difficile de choisir dans un cas comme celui-là. Choisir, c'est toujours se priver d'autre chose. »
6- « Il est louable de prendre en compte le confort de sa famille sans pour autant minimiser vos propres intérêts. »
7- « Dans votre situation, deux hommes sur trois hésitent entre ces deux véhicules mais 80 % d'entre eux choisissent le modèle le plus rapide. »

CAS N° 3

Un client agressif, mécontent des services d'une société de transport :
- « Nous étions convenus que les meubles seraient livrés dans un délai inférieur à trois jours et je viens de recevoir des appels de mes clients m'informant qu'ils ne sont pas parvenus à bon port. Ce n'est vraiment pas sérieux de la part de votre société… »

1- « Je comprends votre désappointement mais c'est la première fois et vous savez pouvoir compter sur nous pour exercer la vigilance nécessaire, comme par le passé. »
2- « Toute organisation a ses failles et l'erreur est humaine : notre chauffeur n'a pas trouvé certains de vos clients qui ferment plus tôt qu'en région parisienne, Si vous nous aviez prévenus, cela ne se serait pas produit. »

3- « La prochaine fois, nous prendrons vos colis avant, ce qui nous donnera le temps de faire les livraisons en prévoyant les aléas. »
4- « Quelles ont été les conséquences pour vous de ces retards. C'est très important pour moi de le savoir afin de transmettre l'information. »
5- « Vous craignez sans doute de perdre des clients, ce qui explique votre indignation malgré la qualité régulière de notre service jusqu'à maintenant. »
6- « Vous estimez que le sérieux de notre société de services repose sur la ponctualité et le respect des accords passés. »
7- « L'objectif de notre société est le retard zéro et nous sommes en train de mettre en place un système informatique qui nous rendra prochainement plus efficaces. »

CAS N° 4

Dans une agence de voyages :
- « Nous constatons une banalisation des services proposés par les agences, y compris la vôtre. Les lieux d'excursions sont toujours les mêmes et les brochures ne font aucunement apparaître votre valeur ajoutée, c'est pourquoi je crois que je vais bientôt directement traiter avec les agences locales... »

1- « Sur certaines destinations, vous avez raison, cela apparaît et s'explique par la présence des services de tourisme d'État qui imposent leurs circuits aux agences. Nous n'y pouvons malheureusement pas grand-chose. »
2- « Les gens qui voyagent beaucoup éprouvent ce sentiment. »
3- « Le conformisme des présentations vous agace et vous souhaiteriez plus d'originalité dans les présentations de nos brochures pour nous différencier et vous éviter des démarches auprès des représentants locaux. »
4- « Vous avez certainement des idées sur ce sujet ; que nous conseilleriez-vous de faire pour rendre plus attractifs nos voyages ? »
5- « Une brochure reste malheureusement toujours trop évasive et loin de la réalité. »
6- « Beaucoup de soin est pourtant apporté à leur réalisation, votre sévérité à notre égard se comprendrait si tout le monde pensait comme vous. »
7- « Je vous comprends et je suis à votre disposition pour compléter votre besoin d'informations. Je suis là pour cela. »

CAS N° 5

Dans un magasin avec le gérant :
- « Mon chiffre d'affaires est en constante augmentation depuis 3 ans. Il faudrait maintenant que j'agrandisse ma surface de vente mais, chaque fois que j'y réfléchis, je crains de ne pas être à la hauteur. Jusqu'à maintenant j'étais seul avec ma femme pour tenir le magasin. Tout se passe au mieux mais je ne sais pas si ce sera aussi bien avec des employés... »

1- « Ah, vous savez, voilà une question que tout commerçant est appelé à se poser un jour ou l'autre ! »
2- « Vous craignez d'être débordé par vos employés. »
3- « Quel est votre taux de croissance ces trois dernières années ? »
4- « Écoutez, je connais un spécialiste de ces problèmes. Il a d'excellentes connaissances en marketing. En outre, il connaît sur le bout des doigts la législation sociale. Contactez-le de ma part, c'est un ami. »
5- « Il ne faut pas vous poser ces problèmes en de tels termes. Pour réussir, il faut un peu d'inspiration et beaucoup de transpiration. »
6- « Vous estimez que dans l'éventualité d'un agrandissement de votre surface de vente, les choses seraient différentes avec des employés de ce qu'elles étaient auparavant avec votre épouse. »
7- « Il est souvent plus facile de soulever une charge que de la maintenir en l'air. Progresser est la clef du succès, c'est une loi physique. »

CAS N° 6

Un fils à son père lors de la sortie de l'école :
- « Dis papa, à l'école tous les enfants ont un skate-board ! »

1- « Pourquoi n'oses-tu pas me le demander directement ? »
2- « Un skate-board, cette planche à roulettes sur laquelle on voit tant de jeunes s'amuser ? »
3- « Il y en a qui ont de la chance, ne t'impatiente pas, à chacun son tour… »
4- « Que veux-tu dire par "tous les enfants ont un skate-board" ? »
5- « Si tu travailles bien à l'école tu en auras un ! »
6- « Je suis convaincu que tous n'ont pas un skate-board. »
7- « Qu'est-ce qui t'intéresse dans le skate-board ? »

CAS N° 7

Lors d'une réunion, un vendeur à son chef de vente :
- « Monsieur, je voudrais que vous compreniez qu'à trop réfléchir, on n'aboutira à aucune solution. Il faudrait une fois pour toutes que les responsables prennent les décisions qui s'imposent et cessent de nous poser des questions dont ils connaissent les réponses... »

1- « Soyez convaincu que je comprends votre impatience. »
2- « Croyez-vous réellement qu'ils connaissent toutes les réponses et pensez-vous que nos suggestions ne peuvent leur être d'une certaine utilité ? »
3- « Ce n'est pas la peine de vous emporter ainsi, cher monsieur, la passion n'est pas mère de la raison ! »

4- « Vous voulez dire que les responsables nous laissent nous débrouiller seuls et montrer ainsi qu'ils sont les seuls à détenir les solutions ! »
5- « Même si vous avez raison, il nous resterait à démontrer notre efficacité dès maintenant... »
6- « Pour vous, les réponses aux questions que nous vous posons sont difficiles à trouver et vous pensez qu'elles semblent être connues des responsables… »
7- « De nombreuses réunions ont été tenues jusqu'à présent et les rapports ont été lus par les directions. »

CAS N° 8

Un client fidèle :
- « Votre système de remise n'est pas équitable. Il y a deux poids et deux mesures. Vos nouveaux clients ont tous les avantages. Ils bénéficient de remises égales aux nôtres et profitent de ce fait des achats que nous avons effectués auprès de vous depuis de nombreuses années. Que fait donc votre direction pour nous fidéliser ? »

1- « Que voulez-vous dire par : "Que fait notre direction ?" »
2- « Vous considérez que notre entreprise manifeste plus d'intérêt à ses nouveaux clients qu'aux anciens. »
3- « Vous supportez difficilement de voir vos nouveaux confrères bénéficier de remises équivalentes et cela vous semble injuste que l'entreprise l'accepte. »
4- « Vous avez une amertume compréhensible mais cela risque involontairement de nuire à vos rapports avec vos confrères si nous ne maintenons pas nos positions. »
5- « Je comprends votre mécontentement qui doit être certainement partagé, mais je pense que cette situation n'est pas délibérée. C'est plutôt la résultante de la loi de l'offre et de la demande qu'un homme d'entreprise tel que vous n'ignore pas. »
6- « Je ne suis pas en mesure de prendre une décision. Il faut que vous rencontriez notre direction pour lui en parler. »
7- « La base de la remise est calculée en tenant compte de la rotation des stocks sur le bimestre alors que celle-ci fonctionnait auparavant sur le trimestre. »

CAS N°9

Chef de vente auprès du directeur général :
- « Langlois est un excellent négociateur mais sans aucun esprit d'entreprise. Il n'est jamais à l'heure et ne veut pas en convenir, son caractère est souvent agressif et il se débrouille toujours pour faire faire les tâches qui le rebutent

par les autres. C'est du reste ce tempérament qui le fait réussir auprès de ses clients.... »

1- « Étant donné les résultats de ses collègues, il est normal qu'il éprouve un sentiment de supériorité. »
2- « Ses résultats montrent qu'il est apte à prendre un poste à plus larges responsabilités, et très rapidement. »
3- « Quelles sont, à votre avis, les raisons qui motivent son attitude vis-à-vis de ses collègues et ses retards ? »
4- « Vos compétences de chef des ventes parviendront certainement à le remettre sur la ligne qu'il doit respecter. Ce n'est pas une tâche facile mais je suis convaincu que vous y arriverez. »
5- « Conscient de ses qualités de négociateur, il est probable qu'il agisse ainsi pour se valoriser à nos yeux afin d'obtenir du galon. »
6- « Si je comprends bien, il s'agit pour vous d'une situation difficile à gérer vis-à-vis de ses collègues et par rapport aux exigences et impératifs de notre profession. »
7- « Le règlement intérieur définit les règles à suivre dans notre activité et chacun en a pris connaissance. »

CAS N° 10

Au service après-vente, un client excédé :
- « Le système électronique de cet appareil est irréprochable mais les parties mécaniques laissent largement à désirer, comme si vous cherchiez à gagner sur le manque de qualité et de résistance de ces pièces. Ce n'est vraiment pas sérieux de fonctionner ainsi… Je le ferai savoir autour de moi. »

1- « Nous allons faire immédiatement le nécessaire pour éviter de nouveaux problèmes. »
2- « Cet appareil n'est pas conçu pour un usage aussi important, des appareils plus performants existent dans notre gamme pour répondre à des utilisations plus régulières. »
3- « Vous n'avez vraiment pas de chance, il faut malheureusement que cela tombe sur vous..: »
4- « Pouvez-vous me dire dans quelles circonstances exactes se produisent les pannes ? »
5- « Votre agacement s'explique par les conséquences de l'amélioration de l'informatique par rapport à la technique et croyez bien que nous allons remédier à ces pannes. »
6- « Nos produits subissent 20 points de contrôle avant d'être commercialisés afin d'éliminer 99 % de risques de pannes. »

7- « Tout en reconnaissant l'efficacité de nos systèmes électroniques, vous regrettez que le rapport ne soit pas le même sur le plan technique et vous expliquez cela par une volonté délibérée de notre part ? »

Dépouillement et interprétation

Reportez les choix sur le tableau ci-dessous en entourant le numéro de la réponse choisie pour chaque situation.
Faites ensuite les totaux par ligne puis vérifiez que le cumul de l'ensemble des choix donne bien 10.

SITUATIONS	1	2	3	4	5	6	7	8	9	10	TOTAL
Information	7	7	7	1	7	2	7	7	7	6	
Décision	1	2	3	7	4	5	5	6	2	1	
Jugement	2	6	2	6	5	6	3	4	1	2	
Soutien	3	5	1	5	1	3	1	5	4	3	
Enquête	4	4	4	4	3	7	2	1	3	4	
Interprétation	5	3	5	2	2	1	4	2	5	5	
Reformulation	6	1	6	3	6	4	6	3	6	7	

Puis reportez le total obtenu par ligne sur le tableau suivant :

A	B	C	D	E	F	G
9	9	9	9	9	9	9
8	8	8	8	8	8	8
7	7	7	7	7	7	7
6	6	6	6	6	6	6
5	5	5	5	5	5	5
4	4	4	4	4	4	4
3	3	3	3	3	3	3
2	2	2	2	2	2	2
1	1	1	1	1	1	1
Décision	Jugement	Informa-tion	Soutien	Enquête	Interpré-tation	Reform-ulation

Cumuler A+B=   Si entre 3 et 4 : équilibre.   Si supérieur : risque de trop imposer.

Cumuler C+D=   Si entre 1 et 3 : équilibre.   Si supérieur : tendance au repli.

Cumuler E+F+G=   Si entre 3 et 6 : équilibre.   Si supérieur : risque de dépendance.

Pour jouer de la musique, il faut avoir à sa disposition les 7 notes de la gamme. Se priver de certaines d'entre elles rendra l'art difficile pour ne pas dire impossible. Il en est de même pour les attitudes verbales : l'ensemble de la palette est utile. Dans cet exercice, il est donc important que vous ayez au moins choisi une fois chaque attitude, et aussi d'éviter des choix supérieurs à 4 qui pourraient, pour les colonnes A et B, manifester une tendance à se substituer à l'autre pour imposer votre point de vue ; pour les colonnes C et D présenter une forme de repli vers la rationalité ou une tendance à trop chercher la sympathie de l'autre ; enfin, pour les colonnes E, F, G, trop chercher à comprendre l'autre au point de s'effacer soi-même. *Attention :* l'absence d'attitude d'*enquête* risque de poser des difficultés en phase de définition des B.E.S.O.I.N.S, l'absence d'attitude de *décision* entraînera des risques de conclusions différées, et une absence totale de *reformulation* (trivialement comparable à la pédale d'embrayage sur un véhicule) risquerait de vous poser des problèmes dans l'enchaînement des phases successives de la négociation. L'attitude de *reformulation* permet en effet la synthèse des points d'accord tout en montrant qu'ils ont été pris tangiblement en considération.

Les attitudes verbales dans le dialogue en négociation

De l'évolution dynamique des phases d'une négociation et des étapes d'une vente ressort la nécessité d'être vigilant sur la forme prise par la communication commerciale. C'est au vendeur d'en maîtriser le cheminement. La communication aller-retour nécessite des qualités. Il ne suffit pas d'avoir en présence : un émetteur (le vendeur), un récepteur (le client), un message (le produit), un langage (l'expression) pour que la communication ait des chances de satisfaire le client.

Pour espérer quelques résultats, il faut que :

- le récepteur (le client) soit en situation de *B.E.S.O.I.N.S.* Nous savons que sans motivation, il n'y a pas adoption de comportements d'achat donc de volonté de changement ;
- le message (sur le produit) soit original, c'est-à-dire qu'il apporte quelque chose de plus, une valeur ajoutée ;
- le langage, c'est-à-dire l'ensemble des moyens de communication utilisés (expression, description, explication, supports visuels, schémas, etc.), favorise une compréhension aisée des informations ;
- l'émetteur (le vendeur) ait du talent.

Cette dernière notion, le talent, est suffisamment complexe pour que nous éprouvions quelques difficultés à la cerner en quelques lignes, toutefois nous pouvons admettre, globalement, que le talent en négociation résulte :
- d'une volonté de comprendre les attentes dans les termes posés par le client ;
- d'un savoir-faire dans la manière d'enquêter pour éclairer le problème, et par là même montrer au client qu'on s'intéresse positivement à lui ;
- d'une aptitude à accueillir les suggestions ;
- d'être convaincu qu'à deux on est plus efficace que seul ;
- de s'assurer au fur et à mesure de l'entretien qu'on reste sur la même longueur d'onde par des synthèses partielles qui « verrouillent » des accords ;
- d'écouter son interlocuteur, c'est-à-dire d'être en mesure d'exprimer ce qui est important pour lui ;
- de parler le même langage ;
- d'apparaître en personne compétente apte à mettre en relation son expérience, ses connaissances avec les préoccupations du client.

Mais ces principes ne sont que des vœux pieux s'ils ne s'expriment pas d'une façon concrète pour le prospect durant la conversation. C'est à ce niveau qu'interviennent les attitudes verbales dans la communication. Nous pouvons en retenir 7 : *information, décision, jugement, soutien, enquête, interprétation, reformulation*.

Chacune de ces 7 attitudes induira certains types de réactions chez le client et trouve son application directe et privilégiée lors de chacune des phases de la négociation. Il y a donc cohérence entre les styles de vente et les attitudes verbales.

Attitude d'information

Se caractérise par les phrases suivantes du vendeur : « La tendance du marché est de... Nos prix sont les suivants... Notre matériel est équipé de... ».

Se définit par :
Une présentation d'informations, de règles, de lois, de techniques, de méthodes. L'attitude d'information se veut objective, « les faits, rien que les faits ».
Entraîne chez le client :
L'acquisition de connaissances utiles qui lui permettent de mesurer l'intérêt du produit proposé dans le cadre du marché et de la concurrence.
Application à la vente :
- Pour présenter un produit.
- Pour faire-part des possibilités d'utilisation, d'extension, d'innovation.
- Pour former l'acheteur.
- Pour répondre aux questions techniques.
Dans les styles de vente :
L'aspect très rationnel et objectif de l'attitude d'information en fait l'instrument privilégié des vendeurs centrés sur le produit, c'est-à-dire vente information.

Se situe :

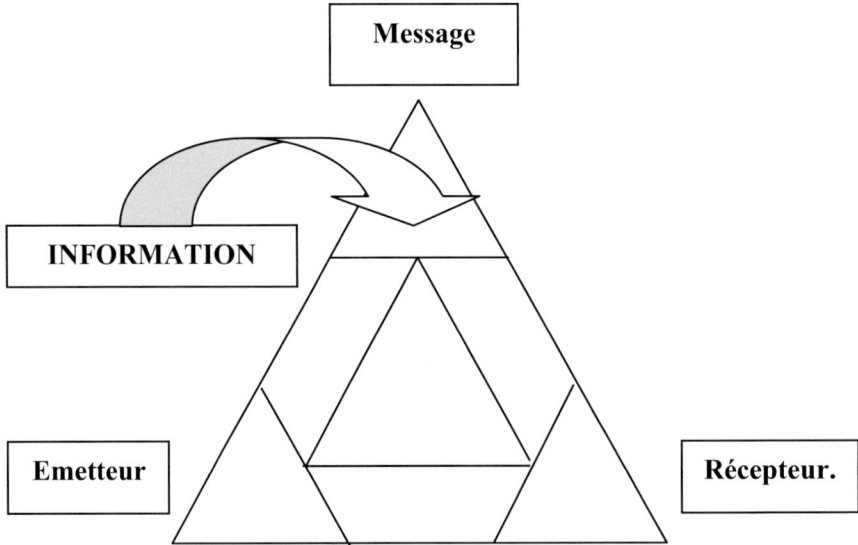

Attitude de décision

Se caractérise par les phrases suivantes du vendeur :
« Il faut que... Vous devriez... Je vous conseille... Nous devons envisager », etc. « Vous pouvez... », « Pensez à... ».

Se définit par :
Une volonté d'indiquer à l'autre ce que l'on ferait à sa place, de le conseiller. On recommande ; on décide l'action à entreprendre. On joue sur la compétence ou sur l'expérience que l'on possède dans le but d'aboutir à ce que l'interlocuteur fasse le choix. À l'extrême, le vendeur cherche à imposer son produit en usant de tous les stratagèmes possibles. Pour le moins, on le conseille.

Entraîne chez le client :
La création d'un climat de sécurité pour les indécis. C'est aussi un sentiment de dépendance qui peut rendre résigné, passif. C'est un soulagement de n'avoir pas à décider soi-même. C'est le vendeur qui décide, « après tout, il connaît son travail ». Face à des acheteurs compétents, cette attitude, si elle se révèle trop fréquente, risque d'être perçue comme une intrusion due à la pression trop forte du vendeur.

Application à la vente :
L'attitude de décision sert dans la transmission des idées, et trouve son efficacité au terme de la négociation, pour « enlever l'affaire ». Elle est aussi utilisable pour avancer des suggestions qui feront l'objet d'une discussion.

Dans les styles de vente :
L'attitude de décision est celle qui est fréquemment utilisée par le vendeur *forcing* qui a tendance à se substituer au client pour faire valoir son point de vue.

Se situe :

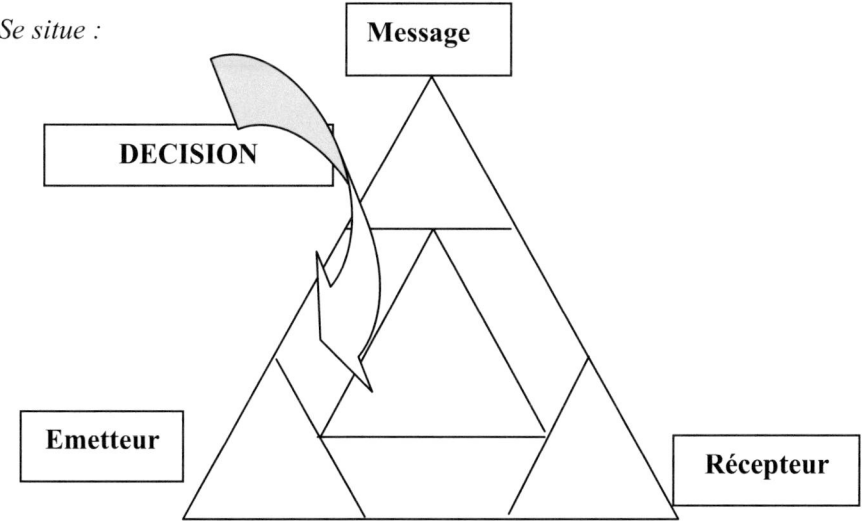

Attitude de jugement

Se caractérise par les phrases suivantes du vendeur :
« Vous avez raison de penser... Vous avez tort... Nos prix sont compétitifs... Le produit est d'une robustesse à toute épreuve. »

Se définit par :
L'évaluation (en rapport à un modèle moral) ou une mesure (selon des normes communes et logiques) par rapport à l'idée que l'on se fait de la situation, du client, du marché, de la rentabilité du produit.

Entraîne chez le client :
Si le jugement est favorable, il y a orientation du dialogue dans ce sens. Si par contre le jugement est négatif, cela entraîne des risques de blocage de l'interlocuteur qui se sent mis en situation d'infériorité et peut chercher à se défendre en agressant à son tour.

Application à la vente :
L'attitude de jugement s'exprime dans l'analyse des résultats, l'estimation des valeurs et procède de règles communément admises, qu'elles soient morales ou issues de normes. Elle permet de faire part de son appréciation avant une éventuelle décision. On cherche à peser le pour et le contre.

Dans les styles de vente :
« On juge toujours par rapport à soi-même », dit le proverbe. Les attitudes de jugement ou d'évaluation font partie du registre des vendeurs *vedettes* qui cherchent de cette façon à se mettre en valeur. Ils émettent de fréquents avis, des opinions par rapport à la perception qu'ils se font de ce qui est bien ou mauvais pour le client.

Se situe :

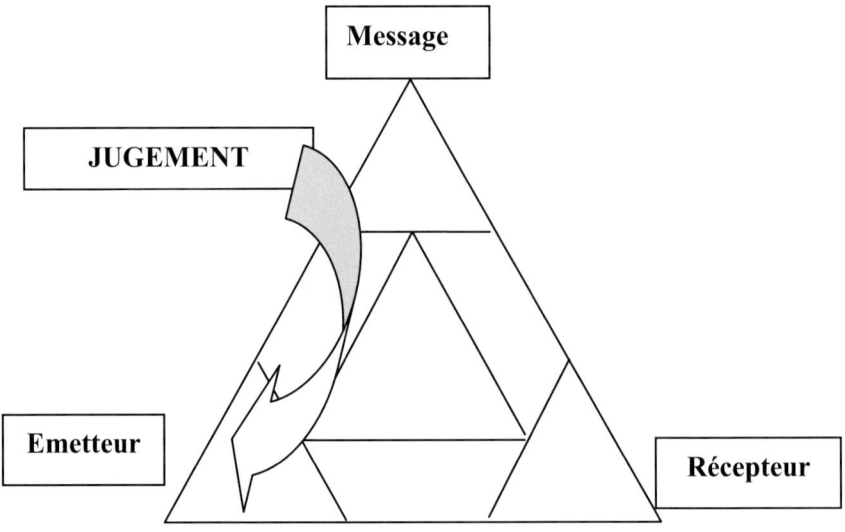

Attitude de soutien

Se caractérise par les phrases suivantes du vendeur : « Rassurez-vous, ça ne va pas durer... Ce n'est pas grave pour quelqu'un comme vous... Avec vos compétences, vous arriverez aisément à vaincre ces difficultés passagères... La conjoncture sera vraisemblablement favorable dans peu de temps. »

Se définit par :
Une tendance à rassurer, à minimiser l'importance de la situation. On masque. On minimise les risques financiers, les conséquences, les difficultés du choix dans le but de rassurer, de mettre à l'aise, de détendre, d'éviter que l'autre ne s'inquiète.

Entraîne chez le client :
Si le soutien est reçu d'une façon négative, l'interlocuteur se sent en position d'infériorité et risque d'avoir une réaction de rejet. En cas de réception favorable de cette attitude, l'interlocuteur, momentanément réconforté, risque de ressentir davantage le poids des difficultés par la suite. Son problème n'est pas réglé.

Application à la vente :
L'attitude de soutien est utilisable exceptionnellement, dans le cas de conjoncture défavorable, pour stimuler le décisionnaire ou bien pour éluder les difficultés passagères. Elle ne doit pas se prolonger, surtout en début d'entretien. Elle est à préconiser face à des clients indécis, inquiets sur des sujets annexes ou des préoccupations mineures.

Dans les styles de vente :
L'attitude de soutien manifeste chez le vendeur à la fois un intérêt porté à l'autre, mais aussi une difficulté à affronter des situations difficiles. C'est l'attitude refuge des vendeurs *sympathie* qui se veulent rassurants pour éviter les attaques de clients à forte personnalité.

Se situe :

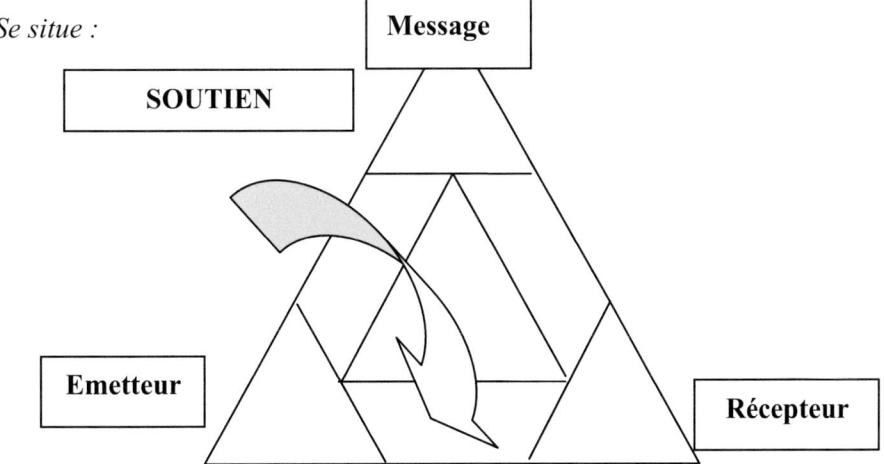

Attitude d'enquête

Se caractérise par les phrases suivantes du vendeur :
« D'après vous ? C'est-à-dire... C'est bien ça... Quelque chose vous préoccupe ? Quelle est votre idée ? De quel budget disposez-vous ? Qu'attendez-vous d'un tel produit ? Pourquoi ? »

Se définit par :
Une tendance à rechercher des informations pour éclairer plus particulièrement un point de la conversation. On pose des questions, on interroge, on incite à parler pour bien connaître les besoins. Le vendeur pose des questions, invite le client à s'exprimer avec le plus de précisions possible.

Entraîne chez le client :
L'apport d'informations, des précisions qui font part des préoccupations, des attentes. Les questions ouvertes favorisent ce genre de réaction. Mais attention : trop d'enquêtes peut engendrer des réactions de gêne, de refus, voire d'hostilité si l'attitude d'enquête est perçue comme de l'indiscrétion, parfois de l'inquisition.

Application à la vente :
L'enquête prend toute son efficacité en phase d'information, préalable fondamental à toute proposition ultérieure dans le déroulement d'une négociation. L'attitude d'enquête permet :
- de clarifier les situations ;
- de réunir des informations ;
- de définir les besoins avec précision.

Dans les styles de vente :
L'attitude d'enquête engendre un climat favorable à l'expression de l'autre, permet aux besoins de s'exprimer. Poser des questions, c'est s'intéresser positivement à l'autre. Nous nous trouvons ici dans un type de communication où excellent les vendeurs *identification*.

Se situe :

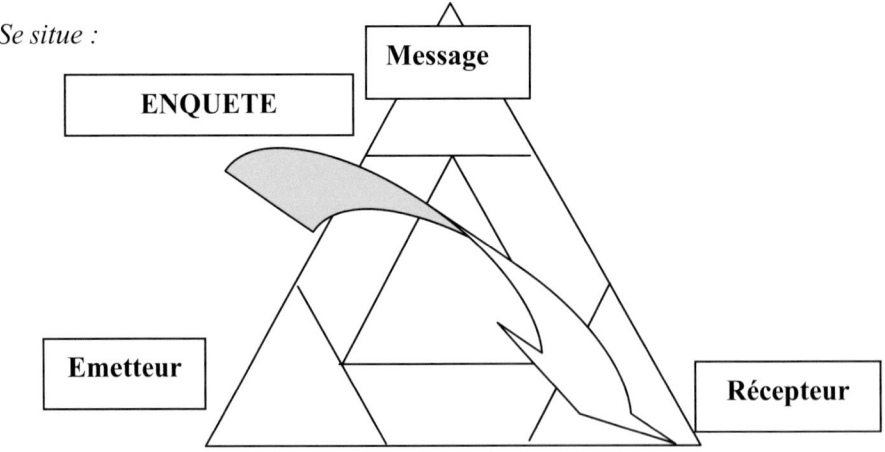

Attitude d'interprétation

Se caractérise par les phrases suivantes du vendeur :
« Vous dites cela parce que... Vos expériences antécédentes sont sans doute à l'origine de votre indécision... Vous laissez entendre que... ».

Se définit par :
Le vendeur cherche à exprimer au client le sens de ses pensées, de ses actes, l'origine de ses préoccupations. Il tente d'en expliquer les causes.

Entraîne chez le client :
En cas d'accord sur l'interprétation, la perspicacité du vendeur est reconnue et le valorise aux yeux du client qui a le sentiment d'être compris. Ceci rassure, clarifie, facilite la communication. En cas d'erreur d'interprétation, cela peut décevoir le client, créer un sentiment de malaise et d'inquiétude. Dans ces deux cas, la discussion se trouvera orientée.

Application à la vente :
Phase nécessaire dans tout diagnostic de situation, elle complète l'attitude d'enquête qu'elle suit généralement.

Dans les styles de vente :
Interpréter, c'est comprendre l'autre à partir de soi, de son propre vécu, de ses expériences, de ses connaissances souvent en référence à des cas similaires. L'attitude d'interprétation correspond au style de vente *révélation*.

Se situe :

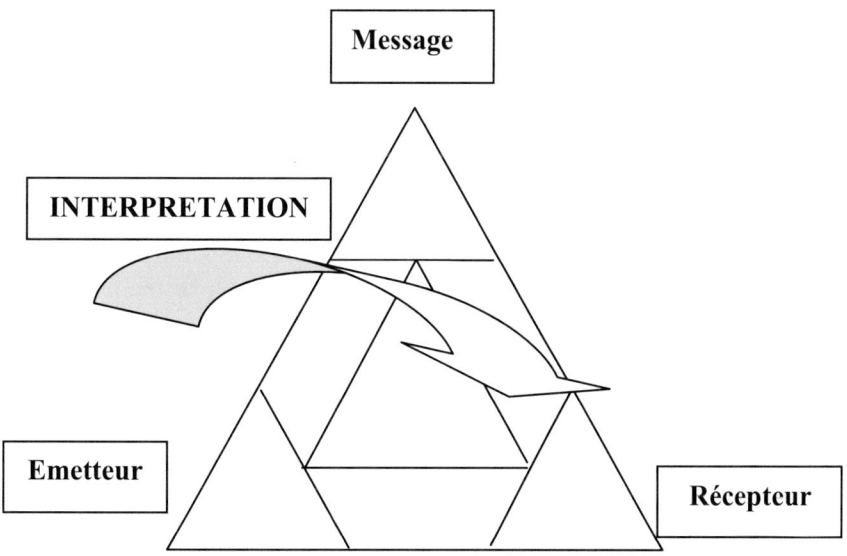

Attitude de reformulation

Se caractérise par les phrases suivantes du vendeur :
« Si j'ai bien compris, vous me dites que... (suivi de tout ou partie des informations recueillies). »

Se définit par :
Le vendeur cherche par cette attitude à renvoyer ce qui a été dit par le client, pour attester concrètement de sa capacité de compréhension, voire d'empathie.
L'attitude de reformulation consiste à exprimer, parfois synthétiquement, ce qu'autrui vient de dire en respectant sa façon de sentir, mais sans s'impliquer directement et personnellement dans le problème.
Cela suppose une bonne écoute, c'est l'effet miroir ; on renvoie à l'interlocuteur sa propre pensée pour le conduire à y voir plus clair, à prendre conscience.
Attention : comprendre signifie « prendre avec » et n'est pas synonyme d'admettre.

Entraîne chez le client :
Plus de sérénité. Le vendeur agissant de façon désintéressée, le client éprouve un sentiment de confiance à son égard en rendant favorable la poursuite du dialogue. Cette attitude laisse à l'interlocuteur un maximum de liberté d'expression, donc tend à le responsabiliser. L'attitude de reformulation crée un climat paisible et serein. La communication se déroule d'adulte à adulte.

Application à la vente :
L'attitude de compréhension est utilisable :
- pour ouvrir le dialogue ;
- pour élucider les situations complexes ;
- pour faire des synthèses lors de l'entretien ;
- pour adopter des comportements positifs face aux objections ;
- pour réfléchir plus en profondeur.

Dans les styles de vente :
Reformuler permet de montrer à son interlocuteur que l'on prend en compte ses préoccupations. Au fur et à mesure du déroulement de l'entretien, et des reformulations successives qui verrouillent les temps forts de la discussion, le vendeur chemine avec le client vers la meilleure décision possible. La reformulation est l'attitude verbale du vendeur-*conseil*.

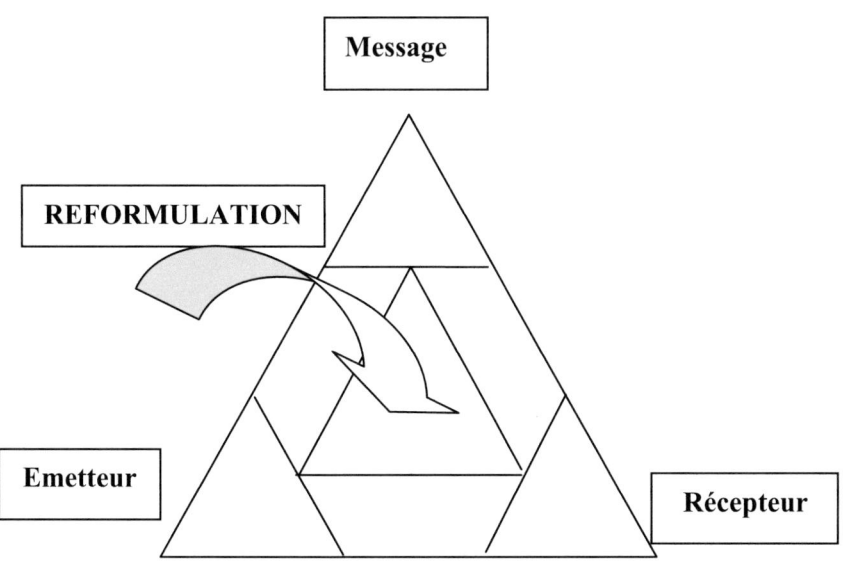

Parmi ces attitudes, la plus efficace à court terme est la décision, mais c'est aussi la plus risquée puisqu'elle soulève des désapprobations, des conflits. L'une des fonctions de l'acheteur, ne l'oublions pas, est de douter, de remettre en cause le produit. À l'inverse, la plus propice aux échanges fructueux est la reformulation (l'écoute active), mais elle ne permet pas de faire des propositions : c'est pourtant ce qu'attend l'acheteur. Alors, direz-vous, quelle est l'attitude la meilleure en vente ?

Répondre à cette demande cruciale formulée par de nombreux commerciaux reviendrait à préconiser à un peintre la couleur idéale, au chanteur la meilleure tonalité, au médecin la panacée. Tout comme il n'existe pas de bonne ni de mauvaise note de musique, il n'y a pas de bonne ni de mauvaise attitude verbale : chacune est juste si elle contribue à l'harmonie, ou fausse si elle est en déphasage. À chacun de composer sa vente en les utilisant à bon escient, en tenant compte de son interlocuteur et ceci au fur et à mesure des étapes de la vente, sans omettre les constantes que nous avons abordées, celles qui régissent le naturel et que nous nous proposons maintenant de développer.

« Nous cherchons la pierre philosophale mais nous ne pouvons rien en faire sans sa formule. Mais lorsqu'on dispose de la formule, peu importe la pierre ! »

La négociation est l'un des arts de la communication, et de belles ventes sont admirables par l'harmonie créée à partir d'éléments divergents voire opposés. C'est donc au travers d'une judicieuse utilisation des couleurs, des notes, des thérapeutiques que se réalise une harmonie qui donne satisfaction à chacun.
De même, une utilisation anarchique de divers moyens, si performants soient-

ils pour compenser les défaillances, n'aboutira pas à cet équilibre dynamique. Les supports de vente ne sont que des aides, pas la solution à une mauvaise communication. Dans de nombreux cas ce sont des refuges. Si vous découpiez en morceaux une bande magnétique sur laquelle vous avez enregistré une belle symphonie et que vous la reconstituez au hasard, votre probabilité d'obtenir quelque chose d'harmonieux relève de l'infaisabilité, mais cela ne signifie pas pour autant que l'auditeur n'appréciera pas votre création : vous pourriez même être considéré comme un génie. Dans le cadre de la négociation, ce type de procédé n'est pas la suite d'une vente mais d'un achat. L'acheteur procède alors par impulsion, accordant d'emblée un crédit à la « vedette » qu'il a en face de lui. On est alors proche d'une démarche fanatique que l'on rencontre chez les passionnés, les inconditionnels d'un artiste.

Ainsi, les 7 attitudes verbales dans le dialogue, comme nous l'avons vu précédemment, ont chacune leurs avantages, leurs limites et leurs cas d'utilisation. C'est donc l'adéquation entre le moyen et la situation appliquée dans le cours de la négociation qui fait la performance. Le propre de la communication commerciale efficace est d'aboutir à ce que clients et vendeurs concluent sur les meilleurs choix possibles, dans un respect mutuel favorisant l'expression de chacun.

En intégrant les deux paramètres de *liberté d'expression* et de *respect de l'intégrité*, nous obtenons le diagramme du tableau n° 1 suivant, dans lequel nous pouvons positionner les attitudes verbales dans la communication et en mesurer à la fois l'intérêt et les limites.

Ce premier tableau laissera au lecteur le soin d'y apporter les nuances qu'autoriserait un schéma de plus grande surface si l'on voulait par exemple y indiquer la variété des types de questions. Si nous intégrons à ce diagramme les phases d'une négociation commerciale, nous visualisons alors comment s'opère la répartition chronologique des attitudes (tableau n° 2 suivant), et cela au fur et à mesure du déroulement de l'entretien, lesquelles attitudes verbales sont convergentes des styles de vente (tableau n° 3 suivant) et d'achat (tableau n° 4 suivant).

Le code et la clef sont là ! Une affaire de *constructalité* (tableau n° 5).

Tableau d'estimation des niveaux de stress induits par les attitudes verbales (Tableau 1)

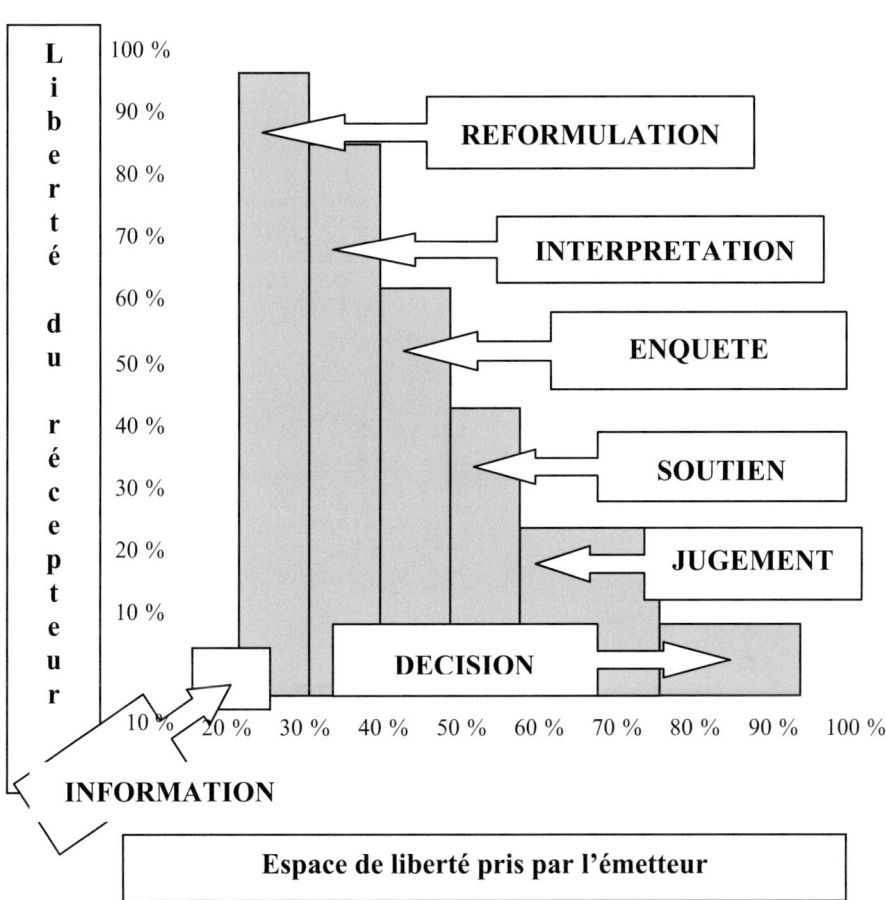

Tableau chronologique type des attitudes verbales durant la négociation (Tableau 2)

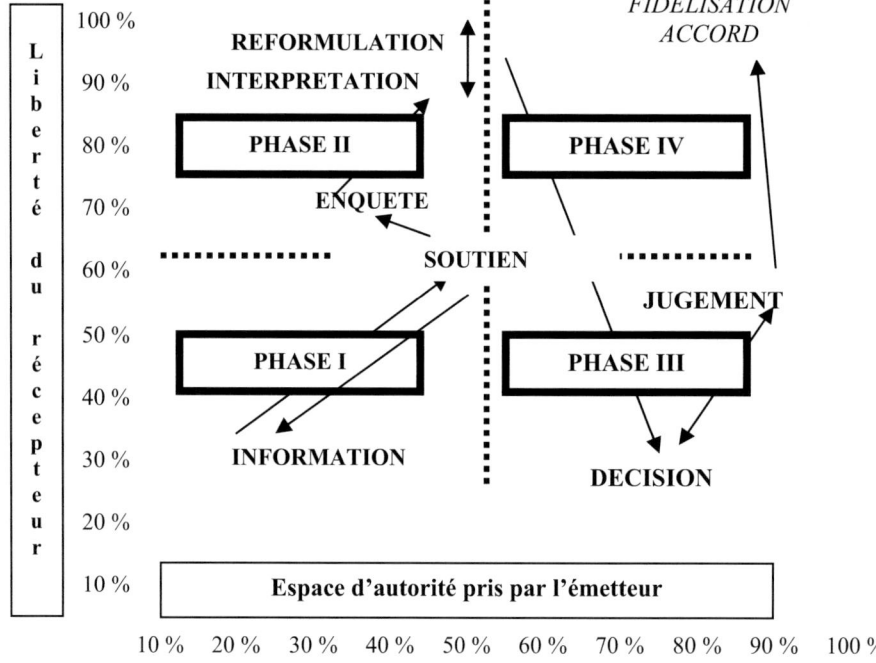

Tableau chronologique type des styles de vente durant la négociation (Tableau 3)

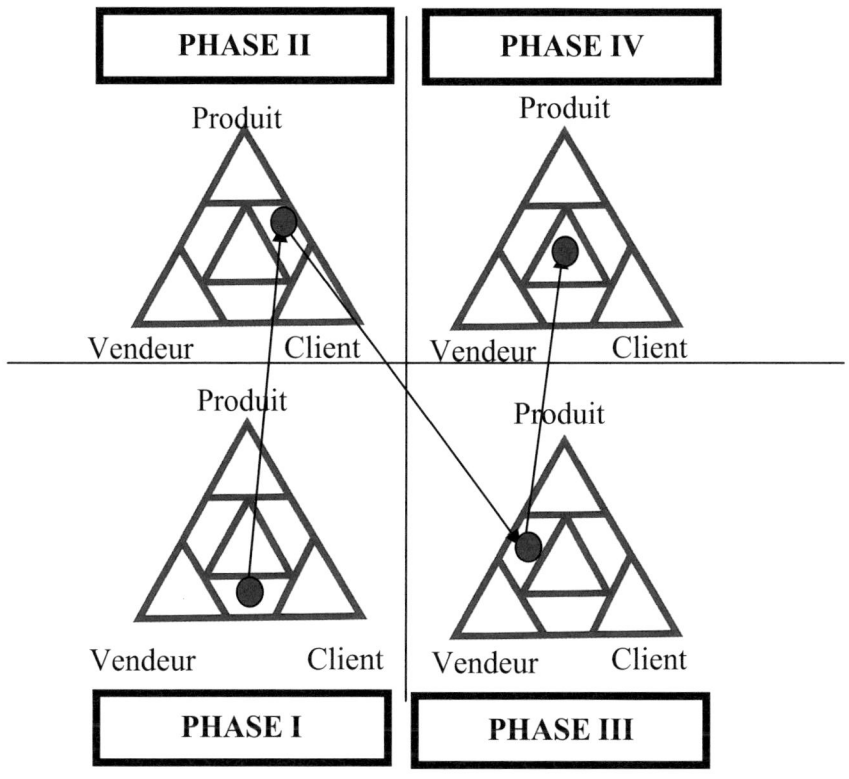

L'évolution des styles de vente durant la négociation

Tableau chronologique type des styles d'achat durant la négociation (Tableau 4)

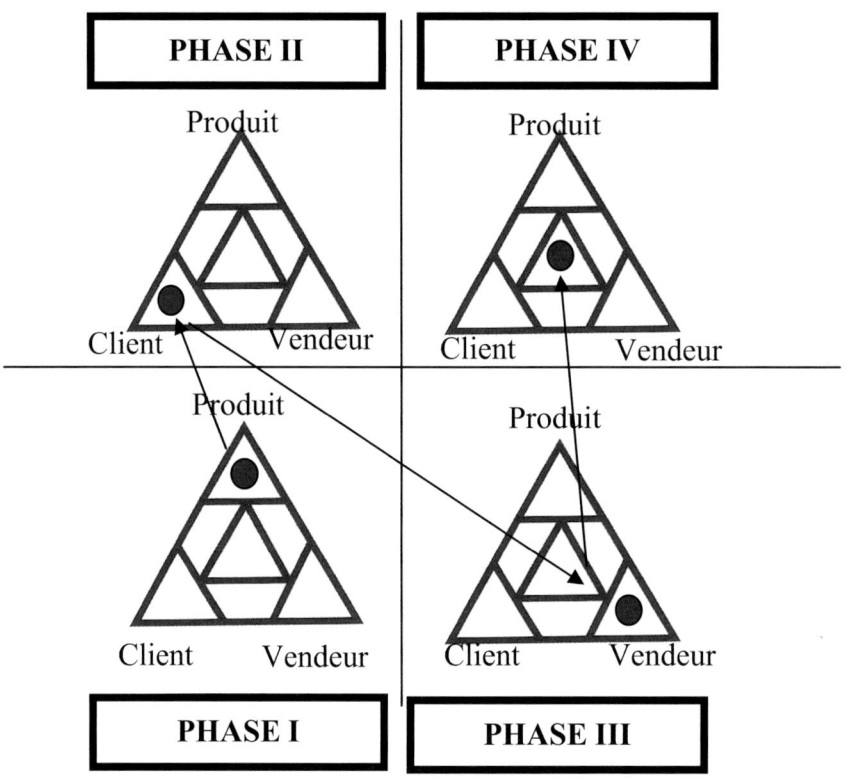

L'évolution des styles d'achat durant la négociation

Tableau des cohérences entre les attitudes verbales et les styles de vente durant la négociation (Tableau 5)

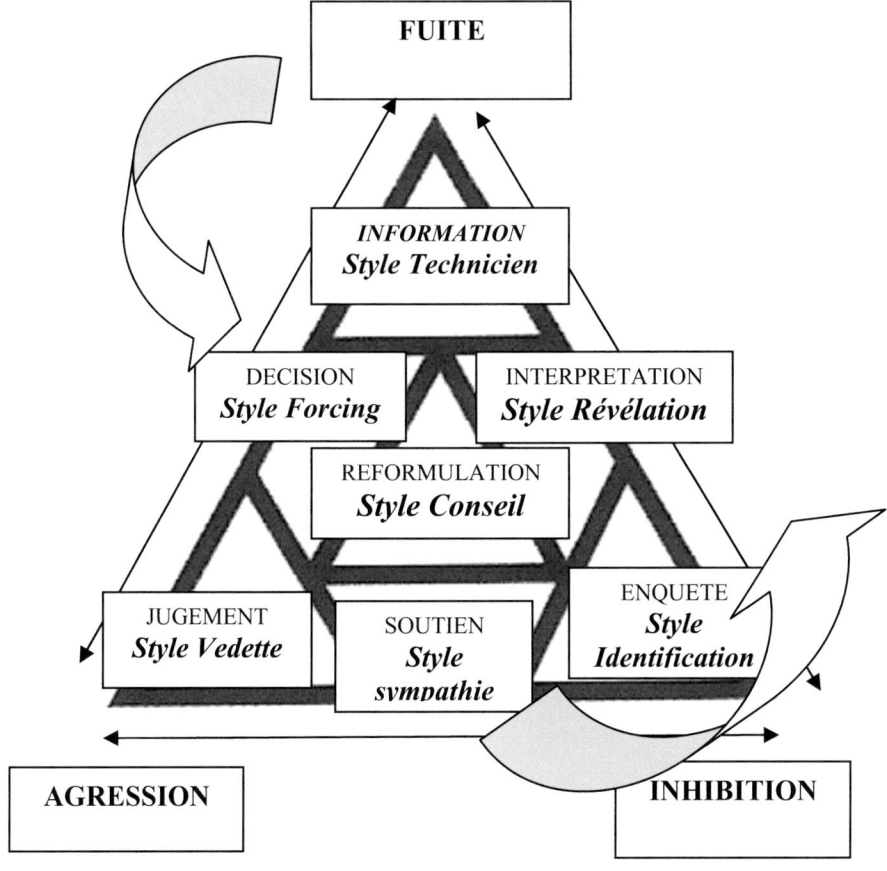

Les flèches du schéma ci-dessus indiquent le sens (idéal) de circulation des styles de vente (congruents des attitudes verbales). Dans une première phase, la vente est à dominante *sympathie* (visant à l'établissement d'un consensus de confiance), ouvrant sur une dominante *révélation* dont l'objet est de cerner les attentes, préoccupations et besoins, pour enchaîner sur le style *forcing*. Le style forcing ne consiste pas à imposer sa solution mais en la volonté d'aboutir à la meilleure conclusion possible. Le sens est ici inverse de celui des aiguilles d'une montre et opère de façon centrifuge (souvent en franchissant chaque phase par l'intermédiaire de *reformulations*) pour se barycentrer (centre du trikãla) sur un accord, le meilleur et le plus durable possible. On notera que les styles *sympathie*, *révélation*, *forcing* sont la résultante des connexions effectuées par le passage par les deux sommets du triangle qui les concerne. Le tableau précédent a pour complémentaire réactif le tableau suivant, qui concerne le processus d'achat.

TRIKALA DE LA NÉGOCIATION
SELON LES STYLES D'ACHAT

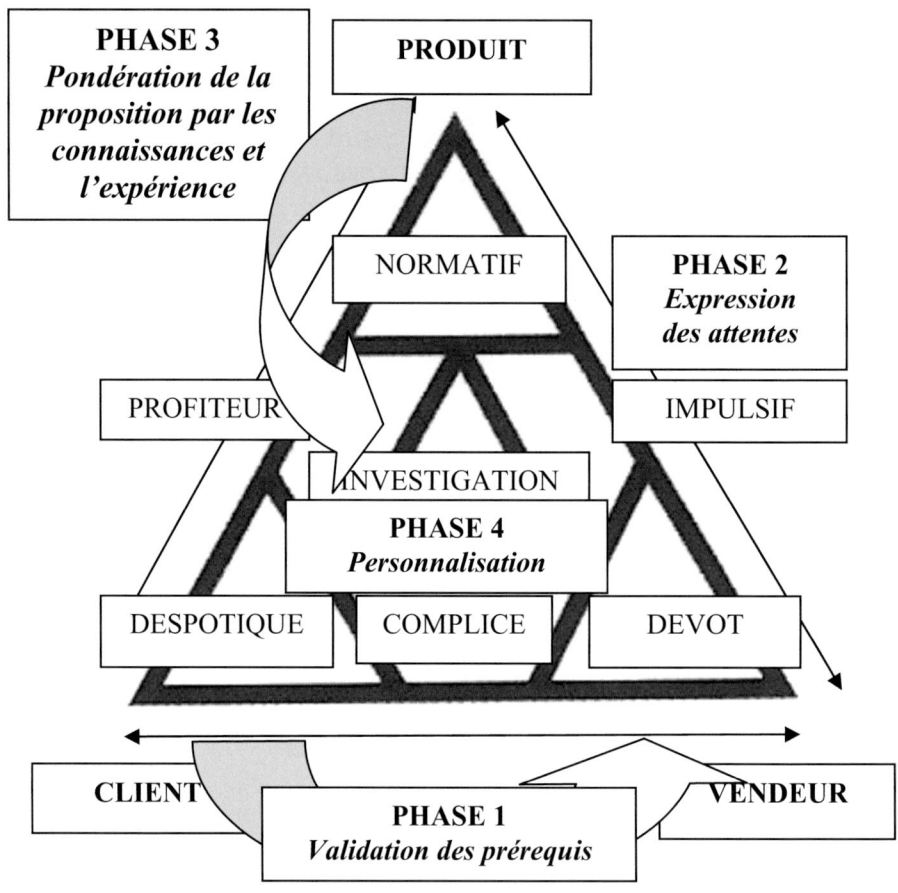

Le code caché est de nature constructale

Nous venons de le voir : notre programme de communication et de négociation repose bien sur des éléments tangiblement observables, exploitables concrètement, et ce dans le cadre d'une congruence entre diverses sources d'analyse et au moins deux supports permettant une évaluation mesurable des phénomènes observés : les styles de vente et les attitudes verbales. La convergence est gage de fiabilité scientifique. La communication est donc de nature constructale et non duelle et fractale. Dans ce cadre, les déterminismes correspondent en réalité à un fil conducteur, ou plus exactement constructeur, une sorte de règle du jeu dont il convient de connaître les tenants et les aboutissants pour s'y exprimer avec efficacité, initiative, intelligence mais aussi sérénité.

Qu'il s'agisse de la chaleur, de l'eau, de l'électricité et de n'importe quel flux qui s'écoule dans un circuit, les systèmes sont obligatoirement soumis à des résistances, des frottements des diffusions qui détournent l'énergie vers des issues, des lieux, où elle jaillira. Ce qui s'applique à la physique des circuits concerne aussi directement la communication à l'intérieur de laquelle s'insère la négociation.

Les thermodynamiciens ont depuis longtemps érigé un principe de cette inévitable dégradation d'énergie, avec cette notion aussi très connue en sciences humaines, le principe d'entropie. Tout le jeu de la négociation consiste à ce que l'énergie s'échappe dans un sens favorable à un travail en commun (le mot travail pouvant être aussi pris dans son sens physique : aptitude d'une énergie à déplacer une charge), à partir de quoi une nouvelle forme se constituera selon les mêmes figures simples originelles. Ainsi le style de vente Conseil, en tant que résultant de 6 autres styles, eux-mêmes générés par les 3 comportements premiers, sera-t-il en mesure de cerner ces points de fragilité avec le potentiel optimum alors que les autres limiteront de 30 à 60 % leur champ d'intervention.

Ce qui s'applique à la physique des circuits concerne aussi directement la communication à l'intérieur de laquelle s'insère la négociation.

Aucun ingénieur n'ignore qu'il est impossible de baisser la température de façon parfaitement homogène. De la même façon le vendeur ne peut gérer complètement l'intégralité d'une négociation. Certaines méthodes le laisseraient croire, mais cela est faux dans la réalité car la répartition parfaite des flux n'existe pas en communication tout comme en thermodynamique. Il faudrait pour cela disposer de réseaux à très haute conductivité qui aspirent la chaleur (ou l'information) vers un point où elle peut être exploitée, et cela nécessite une domination totale du système qui, sur le plan humain, impliquerait des organisations contraignantes réprouvées par le droit et la morale, par ailleurs hautement improbables sauf aux périodes les plus troubles de l'Histoire… avant explosion.

Tout système humain est donc naturellement imparfait et doit, pour pouvoir se perfectionner, emprunter d'autres formes à partir des mêmes bases. C'est donc dans les imperfections que réside la solution de la négociation qui est recherche d'une forme nouvelle.

Plutôt que de se concentrer sur d'hypothétiques compensations dans l'espoir de rendre homogène les systèmes (recherche de stabilité qui ne fait que renforcer les inévitables fragilités en d'autres points moins prévisibles), il est préférable de concentrer les efforts vers le barycentre (centre du triangle) de cette tripolarité que les systèmes binaires (bipolaires) ne sauraient percevoir. Cette cohérence est étonnante et le merveilleux réside dans l'extraordinaire gamme des possibles qui s'offre à nous au sein de laquelle notre liberté peut s'exprimer durablement, ce qui permet l'adaptation au changement.

Selon ces mêmes principes, le négociateur doit considérer que la simple acceptation par son prospect d'un entretien détient en potentialité un point de fragilité dans le système dont est garant l'acheteur. La problématique n'est donc plus de prouver *a priori* et *ex cathedra* que tel produit ou service constitue la solution idéale, mais de découvrir et parfois faire découvrir à l'interlocuteur où se trouve le point de fragilité de son système. C'est à ce point de fragilité que se situera la solution prenant la forme d'un produit ou d'un service adapté nécessitant son acquisition. On constate alors que la relation de vente n'est pas un rapport de force mais un rapport de forme. Quelle forme veut prendre mon client et en quoi mon produit ou mon service apporte-t-il la solution ? Dans certains cas, cette solution jaillit du désaccord que l'on saura faire évoluer vers la synergie. Cette notion sera définie avec précision dans le chapitre traitant des objections et des formes d'évolutions des désaccords.

Présomptueux ou visionnaires, d'innombrables savants ont cherché à décrypter le secret des formes de la nature. Diversité et harmonie donnent envie de déchirer le rideau des apparences pour y trouver la loi qui formule la forme. Des divines proportions magnifiées par Euclide à l'observation du Parthénon de l'Acropole d'Athènes, reprises par Léonard de Vinci qui y a vu une des clefs des proportions du corps humain, jusqu'à l'architecture française de Le Corbusier, tous se sont posé la question de savoir s'il s'agit d'un principe abstrait et idéal posé a priori, ou bien d'une réalité. Aristote conseillait de privilégier l'œil avant le cerveau et les Grecs anciens ont pressenti que le milieu naturel détermine les formes. Charles Darwin le démontrera avec son fameux *Traité sur l'origine des espèces* et formulera en 1859 sa théorie sur l'évolution naturelle, qui fait du hasard et de la sélection la clef des formes. Remplaçant le hasard par des contraintes issues de l'action des forces physiques, le naturaliste écossais D'Arcy Wenthworth Thompson publiera en 1917 *Forme et Croissance*.

Nous avons vu qu'en communication ce génome est constitué par 7 attitudes verbales, dont 6 ont été mises au jour (décision, jugement, soutien, enquête, interprétation, reformulation) par Porter, auxquelles nous avons ajouté le chaînon manquant : l'attitude d'information. Ce sont les notes élémentaires à partir desquelles se structure l'intégralité de notre communication et les styles de communication. Autant dire que les passer sous silence, ne pas s'y intéresser reviendrait à entretenir un occultisme coupable. Là se trouve le code secret, enfoui quelque part dans nos pratiques instinctives : il est constitutif de l'harmonie issue de notre programme de pensée tripolaire dont découlent les styles de communication, lesquels sont véhiculés par les attitudes verbales dans la logique naturelle du déroulement de l'action que nous avons qualifiée de *constructale*.

Cette théorie constructale s'inscrit dans une longue quête initiée par Sadi Carnot et brillamment poursuivie de nos jours par le professeur Adrian Bejan, de l'université de Duke (États-Unis), qui fonde les principes morphologiques sur les bases de la thermodynamique, considérant que la perfection ne s'atteint qu'en s'appuyant sur les imperfections, non en les jugulant, mais en les optimisant.

Certaines équations sont pourtant connues depuis 200 ans et formulées dans la problématique suivante édictée par Joseph Fourrier : « Étant donné ces objets et ces contraintes, comment élaborer la forme qui distribue au mieux les résistances dans le temps, l'espace, les échelles et la structure de façon à ce que le rendement ou la puissance fournie soient optimaux ? », sachant que chercher une seule et unique solution à ce problème conduit à une impasse.

Pour y arriver, il faut éluder la complexité, donc s'inspirer de la méthode *constructale* qui simplifie le problème en recherchant d'abord la forme optimale dans le plus petit volume élémentaire disponible, puis de les assembler jusqu'à l'émergence d'une forme globale en remontant une à une toutes les échelles de grandeur. De la même façon, les difficultés inhérentes à la complexité des relations humaines peuvent être contournées, comme cela se pratique avec succès dans les sciences dites dures, c'est-à-dire en adoptant une problématique simplifiée que nous pouvons formuler ainsi :

- une connaissance raisonnable suffit à une pensée prospective ;
- les paramètres déterminants qui agissent sur le changement se conjuguent grâce à des structures simples qui construisent constructalement des structures

complexes de plus en plus capables de s'adapter naturellement au changement tout en rendant l'environnement plus conciliant ;
- ces structures peuvent communiquer par complémentarité pour unifier leurs forces et leur sens dans le bon sens des pressions exercées.

C'est donc dans ce cadre qu'il est possible de comprendre les phénomènes informationnels et communicationnels sur lesquels fonctionnent les organisations, et non seulement elles mais aussi la négociation qui est à la base de leur édification, avec tout ce qui en dépend et s'en décline.

Cette tripolarité constructale, nous l'avons nommée *trikãla* (de tri : *trois*, et Kâla, mot sanskrit désignant le *temps*, les moments, les laps, la destinée) en hommage et référence aux travaux fondamentaux de Georges Dumézil, qui a validé l'hypothèse de la trifonctionnalité (trifunctionalia ou triades fonctionnelles) en tant que structure anthropologique de la pensée.

Résumé

L'approche discursive ou littéraire concernant la communication dans la négociation démontre à chaque fois ses limites lorsqu'elle se trouve confrontée à la réalité. Les points de vue s'opposent et n'aboutissent qu'à des vérités fragmentaires, souvent a posteriori, sur les phénomènes qui se sont produits.

Cela s'explique par le fait que nous nous obligeons à réfléchir en deçà du programme de pensée qui est propre à la nature humaine, laquelle fonctionne sur une base tripolaire, et ceci en raison de trois comportements premiers que sont l'agression, l'inhibition, la fuite. Tous trois entrent en jeu dans chacune des communications que nous établissons avec un degré et une intensité variables selon les situations et les circonstances. La connexion entre ces trois pôles donne naissance à la *pensée* qui pondère en son centre les réactions instinctives : c'est à ce niveau que les choix s'opèrent judicieusement ou non.

Ces trois comportements premiers, en les connectant, donnent naissance en négociation à une typologie de 7 styles de vente et d'achat qui fonctionneront en complémentarité dans le cadre d'un cheminement naturel : contact, reconnaissance, consensus, définition des besoins, apport d'information nouvelles, proposition, contre-proposition, conclusion, que nous avons ramené à 4 phases. A chacun de ces temps correspond un style de vente approprié qui implique non seulement des comportements mais des attitudes verbales conformes à chacune des phases. Les schémas suivants des convergences permettent d'établir ces rapports.

OOO

Synthèse des concordances entre les attitudes verbales et les styles de négociation

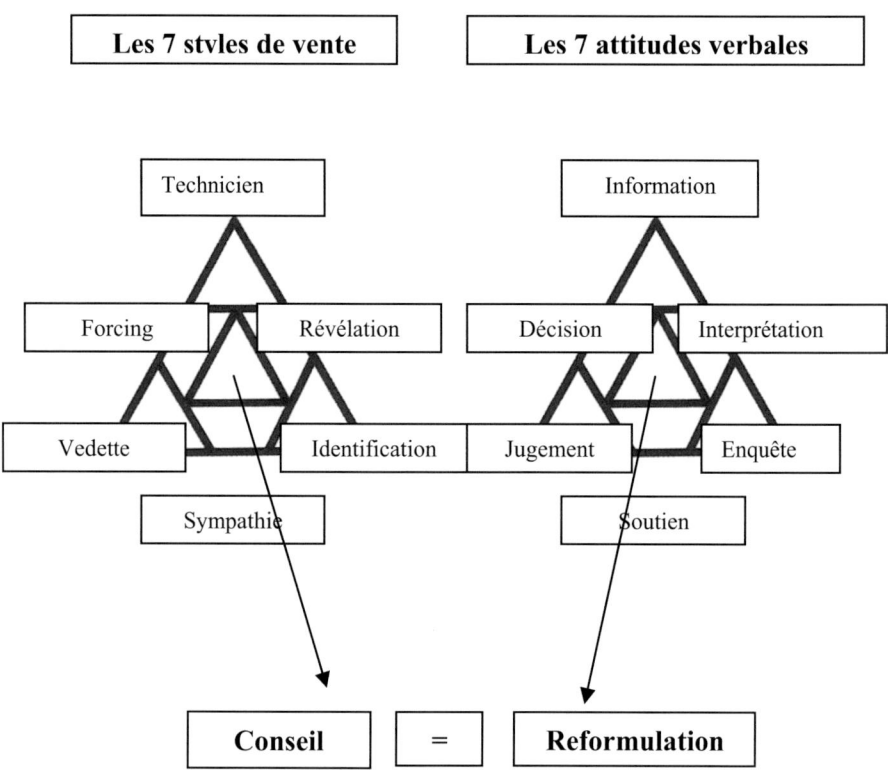

CHAPITRE IX
LES DÉSACCORDS ET LEURS ISSUES

L'objection pourrait être vue comme étant un terme inventé par les commerciaux. L'objection est en réalité la manifestation par le client d'attentes insuffisamment cernées. Une objection est un besoin manifesté négativement.

Cet aphorisme situe le problème auquel tout négociateur se trouve confronté et qui est en réalité l'essence même de son travail. Dans de nombreux cas, les vendeurs ignorent être à l'origine des objections qu'ils reçoivent. Celles-ci sont souvent dues à la lassitude créée chez le client lorsqu'il est inondé d'arguments. Le client procède ainsi pour mettre un terme courtois à l'entretien, soit qu'il ait noté une contradiction dans la logique du discours, soit, dans le plus heureux des cas, alors que le produit ou le service revêt un intérêt d'achat, pour être rassuré honnêtement sur un point resté obscur.

Le propre de l'intelligence, c'est d'être capable d'anticiper afin de mieux résoudre les problèmes susceptibles de se poser dans l'espoir de rendre possible la réalisation de ses rêves. L'apparition de la pensée passe par le langage et le langage est communication. Tout l'art de la négociation consiste à mettre deux imaginaires en phase pour aller dans le même sens, c'est-à-dire dans le sens de l'intérêt commun. 70 000 ans avant notre ère émerge une pensée conceptuelle : les premières formes géométriques apparaissent (une succession linéaire des losanges égaux reliés par une droite centrale et deux parallèles aux sommets des triangles qui les forment). 35 000 ans, l'homo sapiens sapiens, capable d'anticipation et d'une pensée symbolique, mettra fin à la période néandertalienne, plus pratique et réactive. Puis le langage, de conceptuel, deviendra symbolique, capable de faire appel à l'imaginaire et d'exprimer ses désirs qui donneront naissance aux arts premiers et aux échanges géographiques par le commerce. Dès lors, résoudre un désaccord n'aura plus pour seul objet la défense d'un territoire mais celui de faire converger des intérêts au premier abord divergents. Le refus ou la peur systématique du désaccord sont caractéristiques d'une attitude visant au maintien d'une stabilité passée. Cette attitude défensive dans un environnement commercial est incompatible avec l'évolution. C'est toute la problématique que nous avons posée entre une pensée analytique et une pensée cybernétique, entre un modèle fermé et un modèle ouvert, en somme la différence entre les Néandertaliens et l'homme moderne.

Faire évoluer les désaccords

Dans une négociation en face-à-face tout comme en réunion, et cela est aussi valable en famille, chacun expose ses idées. Le problème des idées, c'est qu'elles ne deviendront une pensée qu'après s'être confrontées à celles des autres pour faire émerger une vérité momentanée. Cette vérité fera son œuvre quelque temps, jusqu'à ce que d'autres idées viennent perturber la pensée initiale pour lui donner une envergure nouvelle. L'opposition, le désaccord sont autant de points de passage obligatoires pour que toute construction humaine puisse exister.

Un accord trop spontanément acquis sur un projet sensible est souvent la conséquence de sujets tabous que l'on ne veut pas aborder, ou de totems faussement rassembleurs. Dans les deux cas il y a trafic d'influences. Le désaccord n'est pas un conflit qui aboutirait nécessairement à la rupture, c'est une situation saine qui peut évoluer de différentes manières en prenant différentes formes.

Dans une situation de vente, deux points de vue acceptent, dans un consensus, de s'entrecroiser dans la perspective d'un enrichissement mutuel. Ce que nous appelons le marché est la suite souvent heureuse de ces désaccords consentis dans une volonté de progrès. La négociation commerciale s'intègre donc au sein d'un processus global de désaccords dont le mode agressif n'intervient que pour défendre un territoire lorsque celui-ci vient à être exposé à des risques supérieurs aux bénéfices escomptés.

Konrad Lorenz, lauréat du prix Nobel de physiologie et médecine en 1973, par ses travaux sur l'agression, a considérablement fait avancer la compréhension de ce phénomène qui apparaît dès l'instant où un territoire vient à être transgressé et où pour survivre, il importe de se défendre. Mais il faut à l'homme beaucoup plus qu'un territoire matériel. Nous vivons au sein d'un réseau familial, amical, professionnel, social, éthique, culturel, religieux. Le matériel et l'immatériel s'enchevêtrent en mêlant le rationnel, le conceptuel et le symbolique. L'ensemble ainsi tissé constitue notre domaine. Porter atteinte à l'un quelconque de ces domaines revient à porter atteinte à l'intégrité de l'autre. Ces domaines trouvent leurs manifestations dans la façon de vivre, la perception de l'avenir, la culture, la position sociale, le pouvoir. Pour qui sait les voir, ce sont ici où là ces menus objets ou ces petits bibelots nonchalamment posés dans nos bureaux ou nos salons.

On prête souvent peu d'intérêt dans le monde professionnel à ces facteurs territoriaux et, ce qui est plus grave, dans la négociation : les présentations entre les personnes sont bâclées pour aller, croit-on, à l'essentiel. On laisse pourtant cet essentiel de côté : cette confiance que l'on instaure ou non dès le début, préalable à la crédibilité. Ils sont, plus qu'on ne le croirait, déterminants, notamment dans la première phase de la négociation qui comprend : prise de *contact, reconnaissance, consensus*. Par négligence ou par pudeur, ces instants se résument le plus fréquemment à l'échange de cartes de visite alors qu'un soin particulier devrait être porté à ces séquences qui vont au-delà des simples civilités. N'oublions pas de « montrer patte blanche », nous dit un conte pour enfants, si l'on veut entrer dans la bergerie. Le crédit confiance s'acquiert consensuellement durant cette phase. On entre dans le domaine de l'autre, et plus les domaines peuvent a priori converger, meilleur sera le crédit entre négociateurs et plus vite la glace sera brisée. Cela s'obtient par un soin particulier porté à sa présentation personnelle, au regard... surtout au regard. Et si l'on sait percevoir des points communs, des références communes, les atouts sont en main : « Qui se ressemble s'assemble ». Le territoire de l'autre est jalonné de signes qui font sens à sa vie, qu'ils soient professionnels ou personnels. Les environnements ne sont jamais neutres. Ces objets sont en réalité posés là comme de discrets appels à l'indiscrétion...

Une bonne prise de contact atténue d'emblée les tensions psychologiques, et grâce à la découverte de points communs, elle évitera les divergences établies sur des a priori. Tout cela favorise une entrée en matière plus sereine, dans le respect réciproque de chacun. Prendre quelques minutes pour satisfaire à ces mondanités, c'est s'en épargner de nombreuses par la suite.

Le respect de l'intégrité de l'autre, de son domaine, comme du sien est une donnée fondamentale dans la gestion des désaccords : il a pour corollaire la volonté de rapprochement.

Selon la plus ou moins grande importance que l'on manifestera à ces deux paramètres essentiels, respect de l'intégrité et volonté de rapprochement, seront déterminées les évolutions possibles vers un accord que nous définirons au terme de l'exercice d'auto-évaluation que nous vous proposons ci-après.

Test d'auto-évaluation : « Pas d'accord ! Eh bien négociez ! »

Vous devez choisir 1 ou 2 propositions par situation, en fonction de ce que vous feriez vous-même dans chacun des cas.

SITUATION A
En tant que responsable d'une société de déménagement de taille moyenne, vous êtes autant soucieux de votre image de marque que de votre responsabilité. Vous savez aussi que les résultats ne peuvent être obtenus qu'avec des équipes de déménagement compétentes et fidèles. Pour cela, vous avez toujours insisté auprès de vos commerciaux pour qu'ils présentent des devis calculés sur la base du nombre de journées/hommes nécessaires à une

prestation de qualité. Un jeune commercial est dans l'entreprise depuis peu de temps. Des équipes se sont déjà plaintes d'une sous-estimation de l'importance du travail. Lors d'une discussion, ce commercial vous objecte que la référence utilisée par les concurrents est le cubage transporté et d'en déduire que pour « passer » au niveau des clients, il est obligé d'agir de même.
Comment réagissez-vous ?

1- Vous demandez que tous ses devis vous soient transmis avant d'être envoyés aux clients.
2- Vous convenez que dans le contexte économique actuel, il est difficile de procéder autrement.
3 Vous demandez à ce qu'il soit mis un terme à son contrat de travail.
4- Vous considérez que ce point de vue peut s'appliquer en période de faible activité.
5- Vous décidez de le muter au planning, où un poste est disponible.
6- Vous décidez de faire une étude comparative pour voir quelle est l'approche stratégiquement et financièrement la meilleure.
7- Vous décidez de ne rien entreprendre maintenant pour qu'il n'y ait pas de conflit. Ce n'est pas le moment...
8- Vous convenez avec lui qu'il serait judicieux de faire un stage pratique au sein d'une équipe de déménagement.
9- Vous lui proposez d'accompagner un commercial plus ancien durant une semaine.
10- Vous lui suggérez d'aller travailler chez les concurrents car pour vous, seuls les confrères existent.

SITUATION B
Vous avez décroché un client important (un déménagement de siège social d'une entreprise d'envergure nationale) parce que vous avez pu promettre une intervention dans des délais plus courts que votre concurrent direct. Malheureusement, le responsable du planning, avec l'accord du patron, a enregistré après le vôtre un déménagement urgent pour un gros client fidèle à la même période. Les équipes sont déjà saturées... Votre client risque d'être différé, vous l'apprenez. Qu'avez-vous envie de faire ?

1- Vous décidez que vous ne prospecterez plus que des clients « standards », pour lesquels ce risque n'existe pas.
2- Vous allez voir le directeur pour obtenir gain de cause.
3- Une fois de plus, vous songez, face au désordre, à donner votre démission.
4- Vous décidez cette fois-ci de partir en vacances en posant vos derniers jours de congés.
5- Vous considérez que pour donner satisfaction, il faut travailler de nuit et ainsi réaliser les deux déménagements à la même période.
6- Vous ne faites rien... En deux mois il peut se passer tellement de choses !

7- Vous prenez en charge les deux clients et examinez les échéanciers et cahiers des charges pour parvenir à déménager les deux dans des conditions acceptables.
8- Découragé, vous faites ce que votre patron vous ordonne.
9- Vous en profitez pour faire supporter la responsabilité de ce problème au responsable du planning, qui « ferait mieux de s'occuper de son travail » ainsi que de respecter les procédures... une nouvelle fois...
10- Vous décidez de faire appel à des intérimaires.

SITUATION C
Il arrive dans la vie en entreprise que l'on reçoive un ordre formel avec lequel on n'est pas d'accord. Dans cette situation, comment réagissez-vous ?

1- Partez-vous en décidant de ne pas tenir compte de l'ordre, vous disant que le patron n'y connaît rien et que ça n'a aucune importance ?
2- Essayez-vous de tenir compte des deux propositions en les essayant alternativement pour savoir quelle est la meilleure ?
3- Avez-vous envie de donner votre démission, partez-vous en claquant la porte ?
4- Dites-vous oui pour avoir la paix, quitte à n'en faire qu'à votre tête ? \Vous avez très souvent raison...
5- Proposez-vous une solution moyenne rapidement qui permette de réaliser le minimum ?
6- Demandez-vous un délai de réflexion, car vous vous reverrez le lendemain ?
7- Êtes-vous prêt à passer du temps pour rapprocher les deux points de vue, ainsi qu'à en discuter avec d'autres ?
8- Transigez-vous par une reculade sur un accord à propos d'un autre sujet précédemment abordé ?
9- Malgré tout, tentez-vous de connaître l'origine de cet ordre pour le comprendre et le cas échéant suggérer la recherche d'une solution ?
10- Acceptez-vous puisqu'il est le patron ? Après tout il est là pour ça...

SITUATION D
Vous avez décidé d'aller avec votre compagnon au théâtre mais... chacun de vous souhaite voir une pièce différente. Quelle attitude adopterez-vous de préférence ?

1- Vous laissez-vous guider dans votre choix ?
2- Connaissant bien les critiques, imposez-vous votre idée ?
3- Discutez-vous sans fin au risque de ne pas sortir du tout ?
4- Choisissez-vous d'aller en fin de compte au théâtre le plus proche ?
5- Décidez-vous alors alternativement d'aller voir ce qui plaît à l'un et ce qui plaît à l'autre ?
6- Considérez-vous ces discussions comme fatigantes et vous mettez-vous

d'accord pour n'y aller que le lendemain ?
7- Décidez-vous d'inviter des amis qui ont vu les deux pièces afin de connaître leur préférence et vous en inspirer pour choisir ?
8- Considérez-vous que, finalement, ce ne sont pas les qualités comparées respectives des deux pièces qui sont importantes mais ce que vous en attendez l'un et l'autre à un moment donné. Choisissez-vous ensemble en fonction de cela ?
9- Vous arrive-t-il alors d'aller au cinéma pour ne mécontenter personne ?
10- Partez-vous chacun de votre côté voir la pièce que vous voulez ?

SITUATION E
Dans l'éducation des jeunes, les parents sont conduits à avoir des désaccords avec eux. En vous plaçant dans cette situation parentale, quelle est votre attitude dans ce genre de situation ?

1- Jouer de votre poids et de votre autorité pour que votre position soit acceptée.
2- Laisser faire les jeunes pour qu'ils acquièrent de l'expérience. On sera toujours là s'ils en éprouvent le besoin.
3- Essayer de percevoir les désirs des jeunes pour qu'ils se construisent des solutions nouvelles qui tiennent compte de votre expérience et de l'évolution sociale.
4- Chercher des solutions tempérées que l'on accompagne pour limiter « la casse ».
5- Évacuer le désaccord en proposant une distraction qui permette d'oublier le problème (sortie au cinéma, vacances, cadeaux).
6- Accepter le point de vue du jeune mais en obtenant qu'il expérimente aussi ce qu'on lui recommande.
7- S'accorder sur le maximum de choses bonnes dans les deux points de vue.
8- Les livrer à eux-mêmes car chacun doit se construire son avenir... Tant pis si la vie est cruelle !
9- Montrer que son point de vue choque au point de rester très, très distant... voire, stratégiquement de rompre les ponts.
10- Les inciter à ne pas aller trop vite, à prendre le temps de réfléchir.

SITUATION F
Vous êtes à plus de 100 kilomètres de votre bureau. En consultant votre téléphone portable vers 12 heures, un message vous signale que vous devez remplacer votre patron à un rendez-vous important qu'il avait omis de déplacer avant son départ en vacances. Par l'intermédiaire de son secrétariat, il vous fixe ce rendez-vous dans un restaurant vers 12 h 30. Cela risque de perturber considérablement votre planning... Votre secrétaire décide *d'appeler* ce client et vous rappelle en vous disant que si le rendez-vous n'est pas aujourd'hui, c'est à regret qu'il accepterait de vous rencontrer le lendemain car

cela perturbera son emploi du temps ; sinon ce sera remis à beaucoup plus tard. Que faites-vous ?

1- Vous demandez à votre secrétaire d'appeler votre patron pour qu'il prenne contact immédiatement avec son client.
2- Vous acceptez de différer à plus tard.
3- Vous vous excusez auprès du client du retard que vous aurez, qui ne vous incombe pas, et vous arrivez à toute allure.
4- Vous faites envoyer un message par fax disant que le message vient de vous parvenir et que l'on reprendra contact.
5- Vous faites se déplacer à votre place votre secrétaire qui a une bonne connaissance de vos dossiers et de ceux de votre patron. (en sus de son professionnalisme elle est charmante).
6- Vous demandez à votre secrétaire de le faire patienter et vous la rappelez dans un quart d'heure, le temps de vous organiser.
7- Vous tentez de le voir le jour même pour une brève rencontre dans un bar afin de fixer un autre rendez-vous avec l'intention de déjeuner avec lui plus tranquillement.
8- Vous demandez à la secrétaire qu'un message (fax) soit transmis au nom de votre patron pour vous excuser du retard indépendant de votre volonté. Le repas sera à la charge de votre société et vous aurez au préalable demandé au restaurant d'offrir l'apéritif et de faire passer la commande.
9- Vous proposez, pour vous excuser, de l'inviter à un spectacle de renom.
10- Après tout, ce n'est pas votre affaire : ce n'est pas la première fois que cela arrive et... vous aviez demandé un téléphone mains libres pour la voiture !

SITUATION G
Quand on transmet une consigne importante à un collaborateur revêche, qui ne comprend pas bien ou qui est un peu borné, que jugez-vous opportun de faire ?

1- Le laissez-vous agir à sa guise en pensant qu'un conflit de plus serait malvenu ?
2- Tentez-vous de trouver un compromis entre ses idées et les vôtres pour gagner du temps ?
3- Discutez-vous librement pour rapprocher les deux points de vue en prenant le temps nécessaire, ce qui peut être long ?
4- Êtes-vous tenté de lui adresser un avertissement ou même de lui infliger une mise à pied s'il n'obtempère pas ?
5- Imposez-vous votre point de vue au nom de votre responsabilité et en contrôlant ?
6- Tenant compte de ses motifs et de vos obligations, essayez-vous d'enrichir votre consigne de son point de vue ?
7- Proposez-vous d'essayer successivement les deux solutions, afin qu'il découvre son erreur ?

8- Différez-vous la consigne pour un moment où il sera plus réceptif ?
9- En profitez-vous pour qu'il s'y oppose devant témoins et en profitez-vous pour faire une mise à pied ?
10- Sachant que cette consigne ne passera pas, vous insistez et stratégiquement en profitez pour obtenir un accord sur un autre sujet sur lequel il bloquait précédemment... Il a toujours un train de retard. Au moins cela sera acquis.

SITUATION H
Pour conclure un achat avec le directeur des ventes d'une société d'informatique, l'acheteur, un ami, lui a proposé un arrangement selon lequel, en cas de dysfonctionnement, il serait dépanné rapidement et que lui serait prêté un équipement complet de remplacement afin de ne pas ralentir son activité. Au bout de quelques semaines, une panne se produit. Le directeur des ventes a été muté en province et son successeur se réfugie derrière le contrat standard pour refuser cette prise en charge. En effet, le contrat de vente précise bien qu'en cas de panne le fournisseur ne saurait être tenu pour responsable des préjudices causés par les retards intervenant dans l'activité. (C'est écrit en petites lettres au bas du contrat.). Que feriez-vous dans cette situation si vous étiez à la place de l'acheteur de cette société ?

1- Obtenir après discussion courtoise que le dépannage soit effectué de nuit, les conditions de règlement du solde de votre achat devant intervenir à la fin du mois...
2- Exercer une pression avec la menace d'intervenir auprès des tribunaux.
3- Demander qu'on vous installe un matériel similaire mais d'une autre marque.
4- Essayer d'obtenir l'exécution du dépannage dans de bonnes conditions de délai et de prix.
5- Étant donné le préjudice que vous subissez, accepter les conditions de votre fournisseur en obtenant une remise substantielle sur le prochain achat.
6- Obtenir qu'on vous dépanne gracieusement en vous engageant à faire de la publicité pour l'entreprise auprès de vos relations qui sont nombreuses.
7- Attendre et faire établir par huissier un constat de vos difficultés.
8- Écrire une lettre à la direction de l'entreprise fournisseuse, pour mettre en évidence les fautes professionnelles du succursaliste.
9- Dénoncer le contrat de vente et engager une action.
10- Accepter les termes du contrat... Si on s'écoutait, on serait toujours en procès.

SITUATION I
Vous voulez opter pour un ordinateur suffisamment rapide et simple, cependant que le vendeur essaie de vous vendre une machine plus complexe mais plus performante, avec liaison infrarouge vers les téléphones portables.

Comment allez-vous réagir ?

1- Vous tenez en partie compte de son avis et voyez s'il n'y a pas un modèle intermédiaire.
2- Vous allez voir ailleurs... Il s'agit de rester libre de son choix.
3- Vous acceptez son conseil, quand on n'est pas compétent il vaut mieux malgré tout faire confiance.
4- Vous vous cramponnez à votre point de vue, convaincu que le vendeur cherche à vendre ce sur quoi il est intéressé pécuniairement.
5- Vous acceptez la machine performante en exigeant une remise substantielle.
6- Vous n'achetez rien maintenant et vous renseignez en consultant des revues spécialisées ou des confrères pour connaître les avis.
7- Vous invitez le vendeur à regagner son rayon car vous ne l'avez pas sollicité...
8- Vous proposez de faire l'essai de chaque ordinateur pour décider.
9- Vous achetez celui que vous souhaitez et passez un contrat de reprise valable pour un an, lorsque vous achèterez l'autre.
10- Vous vous orientez vers un ordinateur avec un système à fréquence d'onde, dernier modèle.

SITUATION J
Vous êtes responsable des ventes. À la suite d'une campagne publicitaire portant sur des accessoires très bon marché, un client se présente et vous n'avez pas le modèle. Vous essayez de l'orienter vers un autre achat. Il ne veut pas en démordre et va jusqu'à vous accuser de publicité mensongère. Il exige que vous lui procuriez un article conforme à la publicité. Comment allez-vous réagir ?

1- Après avoir identifié ses besoins, vous lui faites découvrir qu'il n'est pas comme tout le monde et l'orientez vers un produit qui lui est plus adapté.
2- Vous lui démontrez qu'il ne comprend rien, ni aux problèmes de ventes promotionnelles, ni aux problèmes techniques de tenue des stocks : quand y en a plus, y en a plus... Il fallait venir plus tôt !
3- Vous lui proposez de commander spécialement ce produit, mais aux anciennes conditions.
4- Vous lui proposez un article supérieur en qualité, au même prix et qui a servi en présentation.
5- Vous lui proposez une remise symbolique sur un autre article.
6- Vous tournez le dos et le laissez partir avec ses menaces.
7- Vous vous démenez pour lui procurer ce qu'il veut et allez le lui chercher chez un confrère pour éviter des procédures.
8- Vous tenez bon, disant que tout a été vendu très vite et tentez de lui faire acheter autre chose.
9- Vous lui promettez de contacter le fournisseur et de lui donner une réponse

le lendemain.
10- Vous l'orientez vers des produits d'une autre gamme, de meilleure qualité.

SITUATION K
L'agent d'une compagnie d'assurances vous propose des placements d'épargne et de capitalisation qui présentent des avantages prouvés, en particulier la discrétion, mais cela exige des versements réguliers importants. Toutefois, vous seriez davantage enclin à un système d'assurance-vie plus « père de famille » sans néanmoins pouvoir bénéficier des mêmes avantages. Le premier système est plus avantageux pour l'agent d'assurances et vous le savez. Qu'allez-vous faire ?

1- En rester à votre point de vue puisque c'est votre argent qui est en jeu.
2- Accepter son choix en faisant baisser les frais d'entrée.
3- En rester à votre point de vue et placer le minimum en capitalisation.
4- Prendre le risque de faire les deux.
5- Refuser de conclure aujourd'hui.
6- Vous en remettre au professionnalisme de l'agent.
7- Étudier avec lui très en détail votre situation future, ce qui peut conduire à constater qu'un produit concurrent peut être mieux adapté. C'est le rôle d'un conseiller après tout.
8- Sensibilisé au problème d'épargne, décider d'étudier ces problèmes avec votre banquier.
9- Allergique à ce genre de démarche, le recevoir avec l'intention de le « piéger » sur ses produits.
10- Intéressé mais pas très sûr, demander un délai de réflexion.

SITUATION L
Si après un certain temps d'activité dans une entreprise, vous n'êtes pas content de votre situation, et estimez en particulier que votre niveau de rémunération n'est pas satisfaisant, qu'allez-vous faire ?

1- Parce que vous faites partie des personnes qui n'aiment pas discuter de ces problèmes, le signaler puis attendre que cela s'arrange.
2- Attendre un peu puis chercher une situation meilleure ailleurs.
3- Ronger votre frein, décidé à trouver un moyen de partir qui vous indemnise du préjudice subi.
4- Vous arranger pour trouver un travail complémentaire qui compense.
5- Essayer si cela arrange le patron d'obtenir d'autres avantages que le salaire.
6- Essayer d'obtenir par une discussion de marchand de tapis une petite augmentation qui sera au moins une satisfaction morale.
7- Voulant vous impliquer plus dans l'entreprise, faire valoir que votre augmentation sera convertie en actions.

8- Étudier le marché du travail, justifier votre demande et obtenir le maximum.
9- Accepter, en pensant que votre patron connaît la situation et que ce n'est pas facile pour les entreprises actuellement.
10- Utiliser tous les moyens de pression dont vous disposez pour obtenir le maximum.

Dépouillement et interprétation

Entourez les sélections dans les situations considérées et totalisez les réponses par ligne. Faites le cumul des réponses afin d'effectuer les calculs en pourcentage pour chaque type d'évolution d'un désaccord. Reportez les pourcentages sur le tableau ci-après.

SITUATIONS	A	B	C	D	E	F	G	H	I	J	K	L	TOTAL
DOMINATION	1	2	4	2	1	1	5	2	4	8	1	10	
SOUMISSION	2	8	10	1	2	3	1	10	3	7	6	9	
COMPROMIS RICHE	9	10	7	7	7	9	3	6	5	4	2	8	
SYNERGIE	8	7	9	8	3	8	6	1	9	1	7	7	
COMPROMIS PAUVRE	4	1	5	4	4	2	2	4	2	5	3	6	
3e VOIE	5	4	8	9	5	5	10	3	10	10	8	5	
CUMUL	6	5	2	5	6	7	7	5	8	3	4	4	
DESTRUCTION	10	9	1	3	8	10	4	8	7	2	9	3	
RUPTURE	3	3	3	10	9	4	9	9	2	6	5	2	
ATTENTE	7	6	6	6	10	6	8	7	6	9	10	1	

Volonté de rapprochement ↑

DOMINATION SOUMISSION	COMPROMIS RICHE	SYNERGIE
COMPROMIS PAUVRE	3e VOIE	CUMUL
INTERDESTRUCTION	RUPTURE SIMPLE	ATTENTE

Respect de l'intégrité →

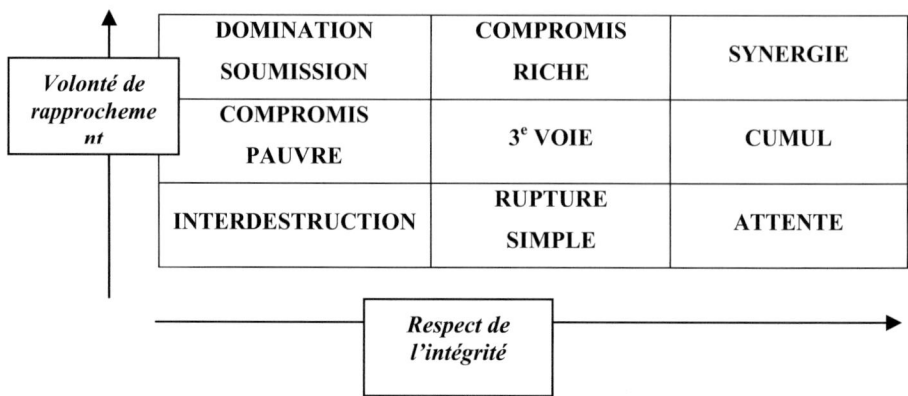

TRIKALA DES CONCORDANCES : STYLES DE NÉGOCIATION ET ISSUES D'UN DESACCORD

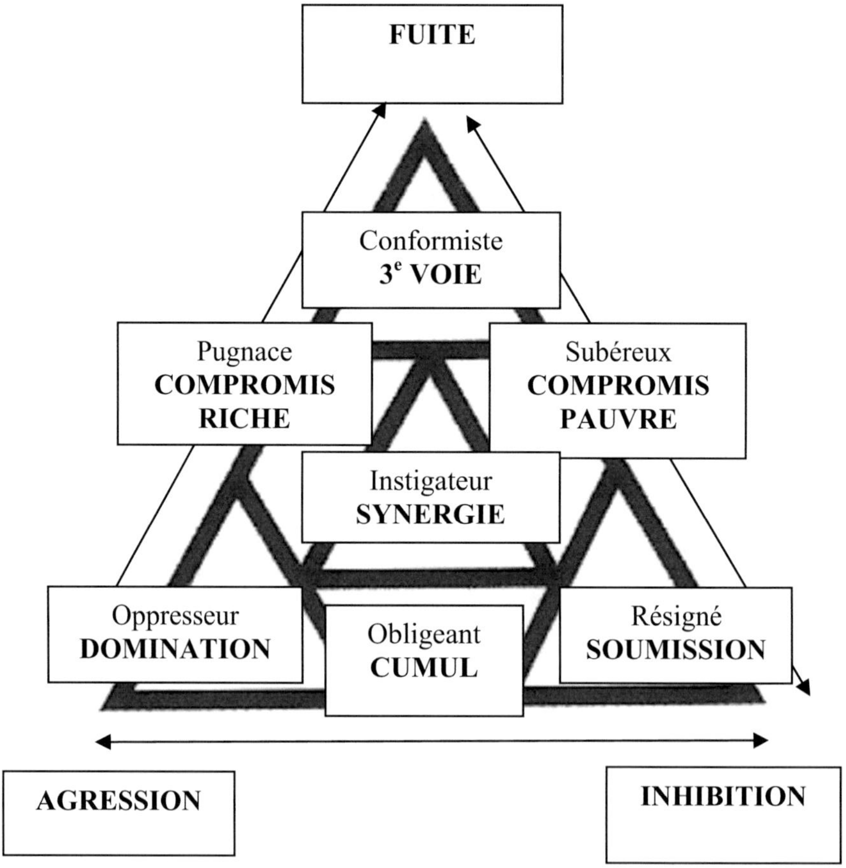

La résultante d'une négociation se comprend à partir du trikāla-mère de la négociation selon la nature du style dominant résultant de la négociation entre acheteur et vendeur. Dans le schéma précédent, sont hors champ des issues positives à un désaccord : l'interdestruction, la rupture et l'attente.

Définition des évolutions possibles des désaccords

Ces travaux se trouvent très largement développés dans les recherches communes effectuées avec Pierre Lebel et publiées sous les titres *L'Art de la négociation* (Éditions d'Organisation) et *Les 7 Styles de vente… et d'achat* (Éditions Celse et Éditions du Puits Fleuri).

Un entretien de vente est, nous l'avons vu, une négociation et, de ce fait, suppose que l'on cherche à faire évoluer un désaccord vers une décision, la meilleure possible. Dans une telle discussion, il faut que le commercial et l'acheteur apportent chacun leurs idées. Celles-ci vont nécessairement s'opposer et diverger. En effet, l'accord n'est que rarement spontané. La confrontation est donc une situation de désaccord qu'il s'agit de faire évoluer le mieux possible, sans aboutir à la rupture ou pire à la dégradation des relations. Le désaccord est fondamentalement une ouverture au changement et souvent une possibilité d'enrichissement : bien géré, il fait progresser les idées, les produits, les structures et les hommes.

Les causes des désaccords

Les conflits en vente peuvent porter sur :

- les *faits* : chacun avec sa subjectivité perçoit les faits d'une façon différente ;
- les causes : on est d'accord sur les phénomènes observés, mais les vues sont divergentes sur leurs origines ;
- le *but* : il s'agit de l'aboutissement à long terme. Nous avons dans nos buts une part inavouée, inconsciente ;
- les *objectifs* : l'objectif du client ne correspond pas à celui du commercial à court terme ;
- les *moyens* : on est d'accord sur le but, sur l'objectif mais pas sur les modalités pour y parvenir ;
- la *valeur* : le désaccord porte sur les critères d'appréciation.

Ainsi, pour assurer une issue la plus positive possible, il faut vouloir progresser de concert dans :

- le respect de l'intégrité de chacun ;
- la volonté de rapprochement.

L'un sans l'autre ne suffit pas et conduit à des situations non pérennes. Le type d'évolution d'un désaccord dépend de l'importance plus ou moins grande donnée à chacune de ces deux variables (intégrité et rapprochement). Ces deux paramètres détermineront les issues possibles dans le cadre de la triangulation *agression-inhibition-fuite* (cf. trikãla-mère de la négociation), selon le tableau suivant :

Nature de l'évolution	Définitions	Conséquences
Domination	L'un des deux protagonistes impose sa solution à l'autre qui la subit.	Rassure le soumis qui se sent protégé et déresponsabilisé.
Soumission	L'un des deux protagonistes accepte la prépondérance de l'autre.	Si ces situations deviennent répétitives, il y a affaiblissement progressif du processus de défense.
Compromis riche	La solution est établie à partir du maximum des points convergents.	Voie incertaine et coûteuse, elle maintient le lien tout en étant susceptible de s'orienter vers la synergie.
Synergie	La solution est innovante, issue d'une recherche de la part d'originalité résidant dans toute pensée contraire et fécondée entre elles.	Amélioration dans le sens du mouvement de l'évolution et du changement. Renforcement durable des liens : chacun y trouve son intérêt.
Compromis pauvre	La solution est établie à partir du minimum de points d'accord, les moins coûteux.	Ne donne satisfaction à personne mais maintient momentanément le lien et l'activité.
Troisième voie	On s'oriente vers autre chose pour fuir les risques d'une solution plus complexe.	On risque d'abandonner des idées intéressantes.
Cumul	On réalise l'une et l'autre des solutions dans leur intégralité, afin de préserver l'intégrité de chacun pour maintenir le lien et les rapports de force.	Ne mécontente personne mais ne résout pas le problème de fond, conduit à la réunionite et à des groupes de pilotage parfois incertains.

Destruction	On veut tout effacer. C'est la guerre, les coups bas, la désinformation le dénigrement, les stratégies saumâtres.	Victoire à la Pyrrhus. Tout le monde s'appauvrit, s'épuise, se fatigue et perd de vue l'essentiel. On navigue à contre-courant.
Rupture	Séparation de deux protagonistes qui font un constat tacite d'infaisabilité, sans volonté de nuire.	Utile lorsque toutes les solutions recherchées ne peuvent aboutir, afin d'éviter des investissements plus coûteux.
Attente	On admet qu'un délai de réflexion permettra de faire le point dans l'apaisement.	Calme les tensions et, dans la tranquillité de la réflexion, permet l'émergence d'idées nouvelles.

Il est donc patent que la nature de l'accord dépend considérablement de ce rapport qu'établissent l'acheteur et le vendeur selon cet équilibre, ou rupture d'équilibre entre agression, inhibition et fuite au sein desquels se définissent les styles d'achat et de vente dans le cadre de la négociation.

Le schéma suivant permet de suivre les variations vers la solution souhaitée : la synergie.

Tableau des concordances entre les styles et les attitudes verbales durant le processus de négociation vers la synergie

Contact			Contact	On entre en relation
Reconnais-sance			Reconnais-sance	Position-nement
Consensus			Consensus	Points communs
Objectif Vendeur			Objectif Vendeur	Détermination de l'axe de l'entretien
Définition des besoins			Définition Des besoins	On cerne les centres d'intérêts
Proposition			Proposition	On ouvre sur une possibilité
Argumen-tation			Argumen-tation	On justifie la proposition en référence aux attentes

Optimi-sation			Optimi-sation	On apporte des solutions pour compenser les écarts :
Accord en synergie			Accord en synergie	On confirme les modalités de l'accord

Résumé

Loin de constituer un handicap, le désaccord est le moteur du développement, à condition de le penser comme un événement normal de la négociation.

Le respect du déroulement naturel d'une négociation, des attitudes et des styles favorise un climat positif pour aborder un désaccord.

L'issue d'un désaccord est conditionnée par le plus ou moins grand intérêt que manifestent les parties en présence envers le respect de l'intégrité de chacun et la volonté de rapprochement.

Il est possible de faire évoluer un désaccord vers :

- des solutions positives :
    - la synergie
    - le compromis riche
    - le compromis pauvre
    - le cumul

- des solutions médianes :
    - le délai-attente
    - la troisième voie

Et une solution à éviter autant que faire se peut : la rupture vers l'inter-destruction.

La synergie est une solution novatrice au problème posé par le désaccord. De toutes, elle est la plus efficace si l'on souhaite un authentique partenariat durable. Une affaire d'imagination créatrice.

OOO

CHAPITRE X
OBJECTION, ARGUMENTAIRE ET CONCLUSION

Les catégories d'objections

Le désaccord est une divergence de perspectives alors que l'objection est un obstacle ponctuel portant sur un détail par l'introduction d'un avis contraire.

Les objections n'ont pas un caractère aussi fondamental qu'un désaccord, qui nécessite la création d'un consensus pour être valablement traité. L'objection se situant en aval du consensus fait alors obligation d'un traitement plus dynamique, immédiat et sa résolution relève du tour de main, pour ne pas dire d'une tournure d'esprit.

On reconnaît trois grands types d'objections :

- *Les objections superficielles*. Elles ont pour objet d'éviter une décision à prendre, quand bien même la proposition initiale serait bien étayée. Son objet est de se soustraire à la pression du choix par un argument auquel le client ne croit pas lui-même. Ces objections fausses peuvent prendre les formes suivantes :
« Il faut que je réfléchisse », « Il faut que j'en parle à mon collègue avant », « Cela n'entre pas dans mes prévisions », « Je n'ai pas le temps nécessaire pour m'y consacrer ».

- *Les objections demi-assimilées*. Dans ce cas, l'objecteur fonde son objection sur ce qu'il a entendu, ce qu'il a lu, en somme sur une croyance sans toutefois l'avoir vérifiée lui-même. Ces objections invérifiées entrent dans le cadre de cette déclaration péremptoire : « Je suis comme saint Thomas, je ne crois que ce que je vois ». Après l'énoncé de cette affirmation gratuite, il suffit souvent d'enchaîner en déclarant : « Vous dites bien, en vous référant à saint Thomas, que vous fondez vos certitudes sur ce que vous voyez. Votre logique n'implique-t-elle pas que vous auriez rencontré saint Thomas ?... ». Alors l'affirmation tombe en déliquescence et s'évanouit dans un éclat de rire. L'objection tombe. Ces objections se résument par : « J'ai entendu dire que... », « Il paraît que... », « Les informations disent... ».

- *Les objections véritables*. Celles-ci sont défendables. L'objecteur pense avoir vérifié ou être fondé à émettre son avis, ses conclusions. « J'ai observé que... », « J'ai constaté que... », « Je sais que... » sont des phrases qui placent l'objecteur en position d'expert.

En règle générale les deux tiers de l'ensemble des objections formulées n'ont aucun caractère fondé. Nous retiendrons pour mémoire que face à une objection il faut :

- adopter une attitude détendue ;
- reformuler l'objection lorsque c'est justifié ;
- chercher par des questions à connaître les raisons sur lesquelles s'appuie l'objecteur ;
- écouter les réponses et les utiliser pour revenir sur sa démonstration ou pour conclure : dans certaines situations l'humour complice n'est pas à exclure, comme l'illustre la situation suivante :

Très tôt le matin, un rendez-vous professionnel. Le brouillard, parking facile. Le personnel d'entretien des bureaux fait office d'accueil. Je circule dans des couloirs vides. La lumière filtre par la porte entrebâillée du bureau de mon prospect. Je frappe : « Entrez », cingle une voix caverneuse. « Bon, me dis-je, ça va pas être du gâteau ! ». Le colosse reste assis, les yeux plantés dans ses dossiers. Le « Asseyez-vous » laisse place au « Vous êtes venu jusqu'à moi comment ? ». Réponse aussi directe que la question : « Par l'ascenseur ». Hésitation de mon interlocuteur, rompue par un « Bon alors, c'est pourquoi ? ». « Il se fout du monde », ruminai-je en mon for intérieur : j'éprouvais l'envie de tourner les talons mais ce ne serait pas professionnel. « Notre rendez-vous a pour objet la formation de vos équipes commerciales », déclarai-je, un tantinet dédaigneux. Et lui de m'asséner : « Oui, la formation, des paroles et du temps perdu. Nous sommes ici des gens de terrain, le temps c'est de l'argent et mes vendeurs gagnent bien leur vie. Le terrain ça c'est du solide. Alors que proposez-vous ? » Il me sortait le grand jeu : tout-en-un, une paroi lisse, glaciale… mais avec, comme le disent les montagnards, juste un graton… mais très haut perché. Il faut le tenter, rien à perdre et dans la foulée, d'embrayer : « Rien à vous proposer pour l'instant, simplement vous demander de m'autoriser à me déplacer sur le terrain avant de vous en faire une ». Toujours sans lever le regard, mon interlocuteur ouvre un agenda et déclare « Soissons, mercredi 7. Réservez deux jours et prenez contact avec ma secrétaire pour les détails ». Nos regards se croisent, il se lève, une poignée de main solide à laquelle je réponds avec fermeté… Tout cela a duré une poignée de secondes pour deux années d'un chantier, le plus riche et enthousiasmant de ma carrière. Tout était une affaire de terrain. Simplement une affaire de terrain…Le reste était trop *superficiel* pour s'y laisser prendre.

Dans tous les cas, il y a une règle simple à retenir : un grand nombre d'objections pourraient être éliminées si le vendeur, par ses hésitations ou par manque de précision ou de maîtrise des étapes de la négociation, évitait d'en être à l'origine.

Dans certains cas, un argumentaire de conclusion bien conçu peut aider à éliminer les plus fréquentes objections. Émises par le vendeur, elles perdent leur poids auprès de l'acheteur.

L'argumentaire

Littéralement, un argumentaire est « un raisonnement par lequel on tire une conséquence ».

Pour un négociateur, l'élaboration d'un argumentaire peut avoir des objectifs multiples, présenter son entreprise, des produits, des services et tout cela d'une façon cohérente, informative et suggestive afin d'éclairer l'interlocuteur sur les avantages et les bénéfices qu'il peut en escompter par rapport à ses besoins potentiels. En fait, pour concevoir un argumentaire efficace, il faut :

- définir avec exactitude le profil de son interlocuteur ou du type d'interlocuteur auquel on s'adresse ;
- déterminer les besoins prévisionnels auxquels peut répondre l'entreprise, les produits et services ;
- véhiculer des informations claires et simples, et ainsi mémorisables. On privilégiera les supports visuels en limitant les textes à une proposition, une justification autour d'une vingtaine de mots par page.

Concevoir un argumentaire consiste donc à planifier un raisonnement pour espérer toucher au plus près les préoccupations de la clientèle. L'argumentaire doit viser à atteindre des objectifs précis et suivre un cheminement susceptible d'intéresser.

Planifier son argumentaire

Un argumentaire est bien plus qu'un simple discours élogieux valorisant les mérites d'un produit ou d'une entreprise : l'argumentaire traduit la manière dont l'entreprise et ses produits s'inscrivent sur le marché. De par sa forme et sa déclinaison, l'argumentaire est une réelle signature de l'entreprise. Cette signature est un engagement de sérieux. Avant d'apposer sa marque, l'argumentaire impose une attention toute particulière lors de son élaboration et durant sa présentation. En effet, c'est au travers des propos du vendeur, avec l'aide de l'argumentaire, que le client jaugera le dynamisme de son éventuel fournisseur, ainsi que de la valeur à accorder à son ou ses produits. L'argumentaire n'engage pas uniquement le vendeur, mais l'entreprise dans son ensemble. Qui plus est, les besoins évoluent et les argumentaires doivent suivre : attention au poids des habitudes qui sclérosent et peuvent révéler un repli sur soi par rapport aux progrès du marché. L'argumentaire est une aide à la vente, à condition que le vendeur le considère comme une base de

communication à intégrer et à dépasser par :
- sa propre expérience,
- ses capacités d'adaptation au client,
pour que l'argumentaire prenne son efficacité maximale.

Quand ces conditions sont requises, on constate que le vendeur :
- comprend et adhère à son produit ;
- est à l'aise dans les contacts avec la clientèle ;
- s'est imprégné et parle le langage du client.

Pour plus d'efficacité, le canevas d'un argumentaire devrait être conçu avec l'équipe commerciale et si possible dans le cadre d'un séminaire avec la collaboration éclairée d'un consultant publicitaire. L'objet de ce travail est d'apporter des réponses aux questions suivantes, en se référant à la démarche cybernétique (objectif levier).
- Quelle est la situation actuelle du marché concerné ?
- Quelle est la situation actuelle de l'entreprise ?
- Quelles sont les perspectives et buts de l'entreprise ?
- Quels sont les besoins du marché et ceux de l'entreprise pour tendre vers le but ?
- Quel objectif (levier) retenir ?

Ce n'est qu'ensuite, une fois ces questions résolues, que viennent celles de :
- la sélection du moment opportun dans la négociation où introduire l'argumentaire, parfois avec l'aide de visuels ou de l'audiovisuel : l'informatique portable permet des présentations efficaces ;
- la mise en forme de l'argumentaire au sein d'un scénario ;
- la validation de la maquette et de son exploitation durant la communication ;
- l'entraînement des commerciaux.

Ce travail s'opérera étape par étape.

Le canevas de l'argumentaire. Il s'agit, à ce niveau, de distinguer :
- les arguments généraux (c'est-à-dire ceux concernant l'entreprise) ;
- les arguments spécifiques (c'est-à-dire ceux concernant les activités de l'entreprise) et que nous classerons en deux sous-catégories : les arguments techniques et les arguments commerciaux ;
Nous allons maintenant envisager comment répertorier et présenter les différents arguments possibles.

Les arguments généraux
Ce sont eux qui vont créer une image de l'entreprise : sympathique, solide, dynamique, allant de l'avant. Cette image, à connotation symbolique, doit inspirer confiance et par *induction* provoquer l'adhésion du prospect, autant

sur le plan affectif que rationnel. Ces arguments vont donc avoir leur importance lors d'un premier entretien, car il ne faut pas perdre de vue que si l'on vend des produits ou des services, on doit aussi valoriser l'entreprise qui les propose, et ceci en harmonie avec son marché cible. Les points principaux sur lesquels peuvent s'appuyer les arguments généraux peuvent être par exemple :
- l'histoire de l'entreprise ;
- le but de l'entreprise : son slogan, sa vocation ;
- l'organisation interne de l'entreprise, la cohésion des équipes, l'esprit d'entreprise.

La vue ayant un indice de mémorisation ainsi qu'un impact supérieur à ce qui est entendu, la mise en scène de situations sous forme de visuels sera d'un apport non négligeable pour les démonstrations : c'est souvent plus efficace qu'un long discours. De cette manière, le prospect disposera d'une physionomie forte de l'entreprise. La combinaison des moyens visuels et du commentaire permet une présentation agréable, à la fois rapide et percutante.
Les arguments spécifiques
Ils concernent donc les activités de l'entreprise.

Les arguments techniques
Les arguments techniques auront trait aux points forts, « exclusifs », de l'entreprise.

Les arguments commerciaux
Ces arguments doivent tenir compte du type de clientèle à laquelle l'argumentaire s'adresse, et mettre en exergue les avantages liés aux caractéristiques techniques des produits ou des services.

Attention : cette classification n'implique nullement qu'il faille systématiquement l'utiliser dans son ensemble. L'argumentaire doit permettre d'atteindre des objectifs de communication et c'est en fonction de ceux-ci que sont choisis les thèmes à valoriser et les moyens à mettre en œuvre.

Établir le dialogue avec l'argumentaire

L'argumentaire est autre chose qu'un refuge : il a pour fonction d'établir un dialogue actif, constructif et enrichissant pour l'un et l'autre des partenaires, mais sans bavardages excessifs, en éliminant autant que possible les éléments parasites secondaires. Le dialogue qu'il instaure et les questions qu'il suscite permettent d'identifier les préoccupations du client et d'ajuster l'offre aux besoins. Tout comme il faut tempérer le flot de paroles, il faut aussi canaliser les interventions du client afin de ne pas se laisser dérouter de l'objet de l'argumentaire, ce qui risquerait de rendre nuls les effets attendus : empathie ne signifie pas absence de contrôle.

Pour que le dialogue s'instaure dans un climat de confiance, la franchise est de mise. La confiance est la résultante de compétences exprimées par le vendeur et qui sont mises en relation avec les besoins du client. La confiance n'est jamais acquise a priori, elle se gagne, phrase après phrase, attitude après attitude, négociation après négociation, contrairement au consensus qui est le point de départ et que l'argumentaire sert à créer.

L'argumentaire donne une grande confiance au négociateur parce qu'il le place en position proactive, et si possible dans la perspective d'une collaboration durable.

Trois règles essentielles doivent présider à l'argumentaire :
- devancer les questions générales en y répondant globalement ;
- ramener le produit à l'essentiel (pas plus de trois idées phares) ;
- être original (sans excès) pour éveiller l'attention et susciter l'envie d'en savoir plus. Sachons aussi que nous mémorisons seulement :
- 10 % de ce que nous lisons ;
- 15 % de ce que nous entendons ;
- 25 % de ce que nous voyons ;
- 45 % de ce qu'apporte un audio-visuel (image plus son) ;
- 80 % de ce que nous avons pratiqué.

Les résultats de cette étude démontrent de façon suffisamment éloquente l'importance des visuels dans la communication et l'impact que peut avoir un argumentaire par rapport au discours traditionnel. Les utiliser dans un argumentaire revient à améliorer la compréhension, la réceptivité et la permanence du message dans l'esprit de l'interlocuteur. Une célèbre chanson intitulée : « Parlez-moi de moi y a que ça qui m'intéresse » s'applique à l'argumentaire. Pour prétendre intéresser son client, il faut s'efforcer de convertir les considérations techniques du produit en avantages par rapport à la concurrence, et ses avantages en bénéfices pour l'utilisateur.

Tableau comparatif des supports à l'argumentaire

TYPE DE SUPPORT	CAS D'UTILISATION	AVANTAGES	LIMITES
Plaquette	Exploitable durant l'entretien, elle est remise au terme de sa présentation. Elle convient au lancement de nouveaux produits ou à des événements particuliers à mettre en valeur	Visualisation et concrétisation par l'image. Reste présente pendant un certain temps sur le bureau du prospect.	Impossibilité de mise à jour régulière. Si elle est remise avant d'être commentée, les effets sont perdus. Le prospect n'écoute plus et la regarde.
Paperboard	Efficace lors d'une conférence. Préparé avant la réunion, ce support permet de suivre un plan, de guider les échanges et de noter ce que les prospects suggèrent.	Méthode implicative et participative. Évite les divagations en centrant chacun des sujets vers l'objectif. Poids de la méthode. Mémorisation forte du plan et des apports de chacun.	Encombrant. Nécessite une adhésion sur le thème abordé auprès des participants, et pour l'animateur une relative neutralité et une capacité à canaliser les échanges.
CD-Rom	Volonté d'être original dans la présentation. Preuve de considération commerciale. Très démonstratif sur le plan technique. Mise en situation.	Offre les avantages du rétroprojecteur et de la vidéo avec plus de souplesse. Possibilité d'aller sur le terrain de la production et sur les lieux de service.	Affaire de professionnels pour la réalisation en liaison avec l'entreprise et le terrain commercial.
Rétroprojecteur et DVD-vidéo projection.	Permet de développer des aspects techniques particuliers avec	Réservé aux techniciens. L'obscurcissement de la pièce permet	Problèmes techniques et d'organisation matérielle.

	des commentaires techniques.	d'être écouté attentivement par un nombre important de personnes.	Absence d'échanges sur des sujets conflictuels. Risque du monologue et de dépassement du temps de réceptivité.

L'argumentaire est un outil de communication commerciale qui informe et dynamise l'entretien, tout en rendant réceptifs et positifs l'ensemble des interlocuteurs. C'est une aide à la mémorisation pour le client et un support à la clarté de l'exposé pour le négociateur. Toutefois, et en aucun cas, l'argumentaire ne doit se substituer au vendeur. S'il est de construction trop rigide, l'argumentaire risque d'entraver la communication, faisant oublier au commercial que l'objectif n'est pas de parler, mais bien d'être compris. Il doit laisser de la place aux échanges d'idées, notamment en prévoyant des questions-clefs à poser à des instants cruciaux, présupposant des réponses auxquelles le vendeur pourra répondre aisément et avec brièveté.

On retiendra cinq catégories d'argumentaires, dont chacune s'insère à un moment particulier du déroulement *psycho-pédagogique* de la vente.

L'argumentaire d'accroche
Volontairement court (5 à 7 minutes), il sensibilise le client en évoquant ses préoccupations et présente sommairement l'entreprise et le produit (ou le service). Son objectif est de conduire le client à s'exprimer pour préciser ses besoins. L'argumentaire d'accroche est utilisable en phase de contact.

L'argumentaire d'information
Plus long (10 à 15 minutes), son contenu est précis et il fait appel, sans excès, au langage technique. Il apporte des informations congruentes sur le produit. C'est une mise à niveau de l'acheteur, conçue pour qu'il se comporte en partenaire et non en détracteur. Comparativement à l'argumentaire d'accroche, à visée psychologique voire émotionnelle, l'argumentaire d'information concerne le produit en tant que tel. Sa présentation suit une phase de sensibilisation qui doit mener à un consensus, c'est-à-dire un accord pour poursuivre la discussion sous un angle technique. Connaissant avec une certaine précision les besoins émis par la clientèle (par exemple un cahier des charges), cet argumentaire d'information a pour but de proposer des axes de solutions possibles. Il se réfère généralement à des études réalisées au préalable. L'argumentaire d'information propose puis justifie des choix

possibles, notamment par rapport à des gains envisageables.

L'argumentaire de *références*
L'argumentaire de références suit la préconisation. Il sert à montrer les résultats obtenus dans des cas similaires au sein d'autres entreprises. Il rassure l'acheteur durant la phase de vente qui précède la décision.

L'argumentaire de *synthèse*
Rassemblant en un tout cohérent les caractéristiques techniques, les avantages et les bénéfices possibles qu'offre le produit, l'argumentaire de synthèse est l'ultime action pour emporter la décision. Il est volontairement court (moins de 7 minutes) et utilise un langage technique précis.

Un argumentaire est tout sauf un monologue élogieux sur le produit. On ne saurait être juge et partie : les acheteurs le savent bien. Le soin apporté à la conception des argumentaires est une manifestation tangible de l'intérêt que le négociateur et son entreprise portent à leurs interlocuteurs. Les aides visuelles, les informations véhiculées sont une forme indispensable de la communication des vendeurs de la nouvelle génération, celle des médias. Entre autres avantages, un argumentaire vivant, dynamique, sort le client de la monotonie des négociations standardisées, du conformisme des vendeurs qui confondent exprimer et parler.

En conclusion, l'argumentaire est une aide à la vente qui, pour se révéler d'une efficacité optimale, doit trouver un juste milieu entre l'information et le discours, la forme et son cheminement, tout ceci afin de favoriser des échanges constructifs entre vendeur et client.

Les techniques de conclusion

Décider de la meilleure vente possible dans une perspective réciproque de gains, si possible durables, tout en canalisant la démarche commerciale vers cette affaire, écouter et argumenter, reformuler et proposer une solution, tout cela est logique pour un conseiller mais laissera sur sa faim le vrai vendeur. Pour lui, se contenter de placer l'accord à venir en situation favorable ne suffit pas. Sa fierté fait qu'il apprécie peu de rentrer au bureau, le regard faussement convaincu de sa prestation, en expliquant que « tout a bien marché, que le client est intéressé, qu'il va réfléchir et en faire part à sa direction », le tout en remplissant sa fiche d'entretien pour, finalement, demander à la secrétaire commerciale de bien vouloir envoyer de sa part une brochure complémentaire avec tarification ajustée pour un éventuel prochain rendez-vous qui aura lieu, bien évidemment, après les vacances… *Paroles et paroles et encore des paroles que tous ces mots-là.*

La pression d'enjeux importants, nous ne l'ignorons pas, peut interférer sur une conclusion qui paraîtrait pourtant inéluctable à toute personne extérieure. Or, nous ne le savons que trop, les personnalités sont là avec leurs stratégies internes, leurs compromis, leurs liens directs ou indirects avec d'autres fournisseurs, en somme toute une succession d'éléments qui peuvent parasiter la logique d'une décision favorable. Les décideurs, souvent contraints à un jeu collectif, sont de nos jours rarement des souverains aptes à imposer leurs choix. : le patron se fait rare. Aussi attendent-ils fréquemment des conseillers commerciaux qu'ils soient des vendeurs qui osent pour eux. À ce stade, tout comme dans le stade pour les sportifs, la maîtrise des paramètres psychologiques d'influence sera décisive. Le devoir des meilleurs, c'est de gagner et de revenir avec la médaille !

Rien d'autre à cet instant que d'oser, d'être résolument positif, de parler au futur immédiat. Si la conclusion est la suite logique d'une stratégie (plan de commercialisation) dans un cadre de négociation (méthode) et de savoir-faire (technique), enlever l'affaire relève, *in fine*, de pratiques contraignantes, du choix d'une tactique et à quelques trucs qui visent en réalité à mettre son interlocuteur en position de cohérence, voire d'honnêteté. Au risque d'être trivial, dans un ouvrage par essence éthique, il faut *faire passer la pilule*. Le diagnostic est bon, l'ordonnance impose logiquement des médications, rien d'autre à faire que de la faire avaler au patient qui rechigne à se soigner... s'il n'est pas suffisamment mature pour le faire tout seul.

Si le client ne prend pas l'initiative en manifestant son accord ainsi qu'il le devrait, le vendeur n'a alors d'autre choix que de créer une *impulsion* d'achat par une question concluante : « Toutes les conditions étant réunies, je vous propose donc de me mettre en relation avec votre responsable technique des expéditions afin que nous décidions ensemble des dernières modalités pratiques d'enlèvement. Je suis à sa disposition lundi matin ou mardi après-midi, pouvez-vous convenir de ce rendez-vous pour moi maintenant ? » Dans un grand nombre de cas, la réponse sera *oui* mais s'il persiste dans l'indécision, le vendeur devra alors enchaîner sur des tactiques (que nous différencions des méthodes : sans méthode il n'y a pas de tactique qui tienne) de concrétisation suivantes :

- *Conclusion par pondération :* Cette tactique consiste à faire évoquer par le client la liste des points positifs qu'il reconnaît à la proposition, si nécessaire avec l'aide du vendeur, lequel gardera le silence lorsqu'il s'agira d'aborder le peu d'aspects secondairement négatifs qui subsisteraient. Au regard des nombreux atouts et d'une ou deux possibles fragilités, le client prend vite conscience de son intérêt, ce qui permet au vendeur de traiter sur le mode qui lui conviendra le mieux et par élimination les points de fragilité pour aboutir à la question concluante.

- *Conclusion par exclusion :* Dans ce cas, les *non* du client correspondent à des *oui*. Le procédé consiste à avancer par élimination. « Est-ce l'organisation de notre réseau qui vous préoccupe ? », « Est-ce la faisabilité des horaires de passage qui vous inquiète ? ». Le *non* équivaut alors à un *oui* dont la succession permet d'enchaîner sur une question concluante ou sur d'autres formes de conclusions selon la nature de la réponse.

- *Conclusion par extrapolation :* prenant une forme subtile de mise en garde, la concrétisation s'appuie sur les suites négatives immédiates que peut avoir un mauvais choix : par exemple en se référant à des expériences d'autres prospects indécis : « Dans le transport de matières sensibles, le donneur d'ordre engage sa responsabilité civile. Toutes les autres considérations deviennent alors secondaires pour un décideur responsable. »

- *Conclusion par contrition :* « Parlez-moi franchement, ayant fait le tour de vos interrogations, et pour y avoir répondu, je dois en conclure que j'ai commis personnellement des maladresses. Pouvez-vous me dire, afin de m'aider, sur quel point je ne vous ai pas inspiré confiance pour que je ne commette pas une seconde fois cette même erreur ? » En règle générale, le prospect répondra : « Vous n'y êtes pour rien personnellement et je vous crois compétent, mais c'est votre système de suivi des colis qui m'inquiète. Nous avons besoin de réponses immédiates pour satisfaire nos engagements auprès de nos clients. » Et le vendeur d'enchaîner sur la question de conclusion par verrouillage : « Si je vous donne des engagements formels sur ce point, êtes-vous d'accord pour travailler avec nous ? » La réponse ne peut alors être que *oui*. Le vendeur formalisera alors les engagements, qui se traduiront par un accord dont la forme peut être celle d'un essai contractualisé.

Dans l'hypothèse où tout cela ne pourrait aboutir, et dans la mesure où le cheminement de la négociation aurait été conforme aux règles énoncées dans les chapitres précédents, le vendeur devra en conclure que l'interlocuteur n'est pas, comme on pouvait légitimement le penser au regard des informations préalablement recueillies, authentiquement décisionnaire ou, raison la plus fréquente, il tente d'exploiter le commercial à des fins stratégiques : obtenir des devis pour faire baisser les prix d'un confrère, obtenir les éléments pour une étude interne, perfectionner ses connaissances ou son positionnement personnel. Le risque est alors fort de croire en d'éventuels résultats, du moins dans l'immédiat, et d'engager plus à fond des travaux coûteux.

Concrétiser, une question d'assurance

Tout va très rapidement. Pour conclure, pas question d'hésiter si toutes les conditions ont été réunies.

En répondant franchement, en fonction de ce que vous faites ou pensez dans les situations qui vous sont présentées dans l'exercice suivant, vous pourrez faire le point sur votre aptitude à concrétiser un accord.

Test d'auto-évaluation : « L'autre et moi ». Quel décideur suis-je ?

Il vous est proposé 10 situations. Pour chacune, vous avez 4 positions possibles : A, B, C, D. . Vous disposez de 10 points à répartir sur ces 4 positions. Pour chaque situation, le total des points réparti doit obligatoirement être égal à 10. Pour chaque situation, vous pouvez aussi affecter l'intégralité des 10 points sur une seule position si cela correspond à votre attitude.

Sujet 1 - Les relations hiérarchiques conduisent quelquefois à des désaccords. Quand cela survient, vous estimez bon que :

A- chacun recherche, au travers des divergences, comment progresser ensemble ;
B- chacun défende avant tout son point de vue et cherche à l'imposer : telle est la règle du jeu ;
C- chacun soit à l'écoute de l'autre qui a forcément des richesses, et des connaissances dont on ne dispose pas obligatoirement soi-même ;
D- les événements se déroulent comme prévu. En fin de compte, le temps résout souvent bien des problèmes si l'on n'envenime rien.

Sujet 2 - La vente revient à confronter une offre à une demande. Vous, négociateur, vous considérez que :

A- le vendeur est un technicien compétent qui, connaissant ses produits, doit savoir les imposer sur le marché ;
B- le client est conscient de son besoin, de son goût, et qu'en conséquence, il faut le respecter ;
C- l'essentiel est de vendre sans faire de sentiments, ni dans un sens ni dans l'autre ;
D- le dialogue et une bonne qualité des relations sont fondamentaux pour concrétiser toute vente.

Sujet 3 -S'il m'arrive de rencontrer des personnes en colère contre moi, pour des raisons futiles ou sérieuses. Dans tous les cas :

A- j'accepte de penser que l'autre peut avoir des raisons. Peut-être ai-je été maladroit. C'est un mauvais moment à passer ;
B- je considère ridicule de se mettre dans cet état-là et je tourne ostensiblement les talons ;
C- je provoque le plus vite possible une bonne explication pour y voir clair ;
D- je m'appuie sur son agressivité pour la retourner.

Sujet 4 - Dans les événements de la vie active, on peut retenir pour les actions quotidiennes les devises suivantes :

A- Faire cela ou peigner la girafe.
B- L'union fait la force.
C- N'épargnons pas les faibles.
D- Mieux vaut être soumis que démis.

Sujet 5 - La vie nous place souvent en situation de désaccord sans que cela entraîne un conflit ouvert. La politique, l'éducation, un film, un livre, la cuisine... Les occasions ne manquent pas. Il convient de faire évoluer ces situations :

A- Il est possible de trouver des éléments positifs dans chaque position. Pourquoi ne pas les associer ?
B- Je n'aime pas et je préfère céder.
C- C'est le plus fort qui gagne et je préfère être celui-là.
D- Cela ne vaut en général pas la peine de dépenser de l'énergie.

Sujet 6 - Toutes les civilisations ont leur morale. Toutes les entreprises ont leurs règlements. Les religions ont leurs dogmes. Pourtant, on prétend que la morale se perd. Qu'en penser ?

A- Il est bon de s'en s'en servir pour faire respecter les principes fondamentaux.
B- Il est bon de s'y soumettre. La sagesse est à son origine.
C- Cela n'a plus de sens aujourd'hui, on n'en a que faire.
D- Une morale peut pour chacun de nous être un bon guide, une référence, sans être une contrainte.

Sujet 7 – Lorsqu'il faut choisir entre plusieurs solutions à propos d'un problème, entre plusieurs évolutions d'une situation :

A- J'aime recevoir des conseils avisés, de personnes compétentes et expérimentées.
B- Je m'arrange pour laisser agir le temps.

C- Je discute le projet pour avoir les opinions d'autres personnes et les intégrer en partie dans la décision que je prendrai et dont j'assumerai la responsabilité.
D- Je me garde bien des avis, qu'on me donne souvent à la légère.

Sujet 8 - Le monde change, il faut s'y adapter. On peut aussi anticiper les évènements par un esprit créatif, dit-on ! Et pour vous ?

A- En fait, on n'a plus rien à inventer, tout a déjà été fait.
B- L'invention solitaire peut être bonne. L'invention collective est infiniment plus riche et j'aime y contribuer.
C- J'ai assez d'imagination pour me passer des autres très souvent.
D- J'ai toujours eu plus de faiblesse pour les idées des autres que pour les miennes : je suis assez traditionaliste.

Sujet 9 - On a beaucoup glosé sur le rire. Dans les situations les plus tragiques, certains trouvent encore le moyen de plaisanter : sérénité suprême ou humour caustique ?

A- Je sais trouver les plaisanteries qui détendent en bien des circonstances.
B- Je pratique plus volontiers l'ironie que l'humour : mes plaisanteries peuvent être des flèches acérées.
C- Je fais rire à mes dépens.
D- J'ai la plaisanterie désabusée, l'humour caustique.

Sujet 10 - Dans l'entreprise, on est subordonné à des chefs qui ont accès à des informations pas toujours divulguées.

A- Il est normal que les subordonnés, s'ils se sentent frustrés, engagent des revendications. C'est un droit.
B- Les subordonnés gagneront toujours à collaborer. Être dévoué c'est avoir confiance.
C- La passivité et l'inertie ont aussi du bon.
D- C'est la confrontation des points de vue, la concertation par échanges d'informations, d'idées et d'opinions qu'il faut promouvoir.

Dépouillement et interprétation : Cumulez dans le tableau ci-après le nombre de A, de B, de C, de D, obtenus sur l'ensemble des 10 situations, puis reportez ces résultats cumulés sur le tableau suivant pour interprétation.

SUJET N°	C1	C2	C3	C4
1	A=	B=	C=	D=
2	D=	A=	B=	C=
3	C=	D=	A=	B=
4	B=	C=	D=	A=
5	A=	B=	C=	D=
6	D=	A=	B=	C=
7	C=	D=	A=	B=
8	B=	C=	D=	A=
9	A=	B=	C=	D=
10	D=	A=	B=	C=
TOTAL				

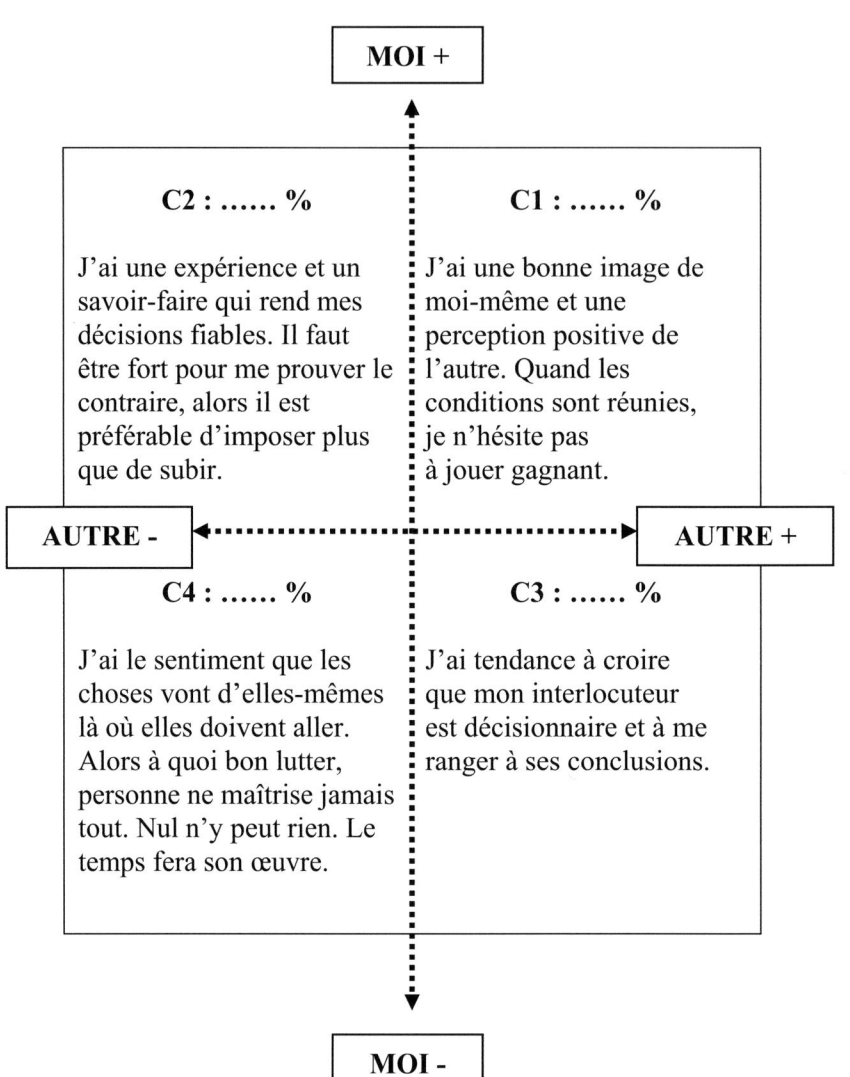

Résumé

À la différence du désaccord, l'objection est un épiphénomène dont le traitement tient plus de la tactique que de la stratégie de négociation.

On reconnaît trois grandes catégories d'objections : superficielles (ou fausses), demi-assimilées (invérifiées) et véritables (ou défendables). Pour répondre à une objection, il faut être conscient que ce sont les prémices de la conclusion conduisant, si l'on y répond bien, à la question concluante : le oui du client, qui ainsi s'engage dans le sens de l'accord. Le temps n'est plus alors aux longues discussions mais à la concrétisation. Pour cela il faut :

1°/ reformuler l'objection, et enchaîner immédiatement sur une question visant à connaître la raison pour laquelle le client formule l'objection.
2°/ sans se sentir personnellement agressé, écouter sereinement la réponse.
3°/ À partir ce cette réponse, retourner l'objection en raison d'achat et immédiatement enchaîner sur la question concluante.

La meilleure façon pour le vendeur de ne pas être soumis à des objections est de ne pas en être à l'origine. On sait qu'une objection perd de son poids lorsqu'elle est exprimée par le vendeur lui-même et l'utilisation d'un argumentaire à caractère visuel les limitera à ce qui est essentiel pour le client.

L'expérience démontre que certaines objections sont déjà en germe sitôt la phase de contact : lorsque le vendeur apparaît peu ou trop sûr de lui, ou neutre. La qualité de la présentation vise à valoriser les deux interlocuteurs à partir de références ou de bases communes : si, à ce stade, le plateau de la balance est équilibré, la suite de la vente le sera et moins les objections seront nombreuses pour se limiter à une seule, conduisant quasi immanquablement à l'accord final.

ooo

CHAPITRE XI
PRATIQUE DE L'ÉVALUATION QUALITATIVE EN NEGOCIATION

Il y a loin de la coupe aux lèvres. Ce proverbe attire notre attention sur l'écart qui existe entre les intentions et les actes, entre « ce que j'ai compris et ce que je sais faire ». La littérature professionnelle traitant de la vente, souvent de grande qualité, se caractérise aussi par l'absence d'intégration de l'acheteur en tant qu'acteur à part entière de la négociation, comme s'il suffisait au vendeur de le piloter sur des rails vers des aiguillages qui aboutiront nécessairement à la gare espérée.

Nous avons vu ensemble que cette vision idéalisée, sans être totalement fausse, n'est pas pour autant conforme à la complexité qu'engendrent les échanges. Les « y-a-qu'à, y faut qu'on » de l'apprentissage par imitation ont fait leur temps et la négociation, en tant que métier, doit maintenant disposer d'outils d'analyses à la hauteur des enjeux.

Le travail de recherche présenté dans cet ouvrage vous est livré afin que les concepts présentés, expliqués et justifiés permettent à chacun, sur le terrain, des actions mieux cernées, mieux comprises parce que faisant plus appel à l'intelligence qu'à l'intuition, quand bien même cette dernière ne serait pas à négliger.

Toutefois, il ne suffit pas d'avoir compris pour être en mesure d'appliquer.

C'est la raison pour laquelle nous vous proposons de conclure ce cheminement de réflexion par l'analyse pratique de deux négociations simples à l'aide de ce support-clef du code de la négociation que sont les *styles des ventes*. Il est toutefois possible d'opérer cette analyse (complémentairement à celle par le biais des *styles de vente et d'achat*) en utilisant le support des « 7 attitudes verbales ». Pour développer son expertise, le lecteur peut effectuer ce travail en identifiant phrase par phrase les attitudes verbales adoptées par le vendeur et le client, et/ou étape par étape en identifiant les styles d'achat et de vente. Leurs recoupements permettent d'évaluer la part de chacun dans le succès ou l'échec de la négociation.

Le premier, intitulé « Appelez-moi Nadège » se situe dans un cadre moins complexe que le second qui, plus industriel, se trouve dépendre tout autant de la qualité du face-à-face que d'un ensemble plus stratégique « business to business » (d'entreprise à entreprise).

Cas pratique no 1 : Appelez-moi Nadège

Clotilde Le Maire, joli petit bout de femme dynamique, sonne à la porte d'un modeste hôtel particulier bourguignon. Comme le veut l'usage, elle redescend les marches qu'elle avait gravies après avoir sonné à la grande porte. Nadège Scot raccroche son tablier de cuisine et se précipite pour lui ouvrir. Il est 16 h 15 en ce lundi de fin de printemps.

La vendeuse : Madame Scot, je présume ?
La cliente : C'est bien moi. Vous êtes Madame Le Maire ?
La vendeuse, *en lui tendant sa carte de visite :*
Je suis bien Mme Le Maire et je viens vous rencontrer comme convenu pour votre déménagement.
La cliente, *en prenant la carte :*
Vous êtes ponctuelle, Madame Le Maire.
La vendeuse : C'est la moindre des choses. Vous savez, quand on est mère de famille et que l'on travaille, on comprend vite l'importance de l'organisation tant pour soi que pour les autres.
La cliente : À qui le dites-vous ! J'ai 5 enfants et en plus ce déménagement…
La vendeuse : Nous allons justement faire le point ensemble à ce sujet.
(*On entre dans le salon*). Votre maison est aussi agréable de l'extérieur que de l'intérieur. Comme je vous le disais au téléphone, nous allons procéder à ce que nous appelons dans notre jargon « la visite technique ». C'est-à-dire que nous définirons ensemble le type et la quantité de travail que nous aurons à accomplir. Pour plus d'efficacité, je propose, si vous êtes d'accord, que vous me guidiez dans vos appartements pour cette visite, et dans un second temps, en revenant ici, je vous présenterai, bien qu'elle soit très connue, notre entreprise. En effet, vous allez durant quelques heures nous confier une partie de votre patrimoine, il est donc important que vous sachiez à qui vous allez confier ce travail. Au terme de cela, nous définirons les moyens en hommes, en matériel et en technique que nous mettrons en œuvre. Tout cela déterminera le prix de votre déménagement.
Êtes-vous d'accord pour que nous procédions ainsi ?
La cliente : Je suis d'accord.
La vendeuse : Je vais prendre de quoi noter et je me permettrai de laisser ici ma mallette.
La cliente : Je vous en prie, faites.
La vendeuse : Je vous remercie. Donc nous sommes ici dans le salon. Un grand canapé d'angle, une belle table basse en merisier, une bibliothèque avec portes en verre biseautées et je vois un ensemble home cinéma de grande marque…
La cliente : Oh ça, c'est l'affaire de mon mari. Il est très méticuleux et a conservé les emballages d'origine.

La vendeuse : C'est bien noté et je vois au mur un tableau ovale qui doit être un pastel, vraisemblablement du XVIIIe siècle. Son encadrement semble d'origine…
La cliente : Vous avez l'œil, madame.
La vendeuse : Un peu, vous savez le déménagement c'est aussi une affaire de tête. L'histoire de l'art et de l'ameublement m'a toujours intéressée. Mais vous le savez certainement, le pastel impose des contraintes particulières de sécurité pour éviter tout choc. Je vous en parlerai tout à l'heure.
La cliente : Très bien, passons maintenant dans le salon de réception.
La vendeuse : Magnifique, avec une grande table en chêne et 12 chaises Louis XV et un sac de golf. Vous jouez au golf ?
La cliente : Surtout mon mari, il en a besoin. Cela le détend.
La vendeuse : Son activité est stressante ?
La cliente : Il est chirurgien.
La vendeuse : J'imagine bien. Un métier où l'on ne compte pas son temps. Proche de votre prochaine résidence à Morlaix, trouvera-t-il à pratiquer son sport favori ?
La cliente : Il nous a déjà inscrits dans un club.
La vendeuse : Je vois. Tout est prévu dans les moindres détails.
La cliente : Nous sommes maintenant dans le bar. Il a été construit par un de nos amis de Savoie, un vétérinaire qui avait besoin de s'exprimer dans la création. Il a créé une ligne de meuble réputée, « Mélusine ». Vous connaissez ?
La vendeuse : Il se trouve que nous avons un petit chalet en altitude à 45 minutes d'Albertville. Cette marque est en effet réputée. Comme le meuble est chevillé, pour qu'il ne travaille pas durant le voyage, notre spécialiste le démontera. La maquette de bateau qui se trouve au-dessus sera protégée par un emballage spécial.

La conversation se poursuit ainsi jusqu'au vaste grenier, où s'entassent encore les cartons restés pleins depuis le dernier déménagement sur lesquels figurent le nom de l'entreprise prestataire précédente.
Profitant de l'aubaine, Clotilde Le Maire s'approche d'une pile de cartons bancale.

La vendeuse : Regardez, madame Scot, sur chaque carton est imprimé une grille. Il n'y a aucune inscription à l'intérieur de cette grille, pourtant elle permet d'y indiquer le numéro du colis, la pièce d'origine ainsi que celle de sa pièce de destination pour l'emménagement. En inscrivant le contenu et des informations sur son contenu, vous n'avez plus à manipuler 30 cartons dans l'espoir d'y retrouver par exemple les décorations du sapin de Noël.
La cliente : Sans compter les lombagos lorsqu'il s'agit de soulever les caisses de livres…

La vendeuse : C'est toujours après qu'on connaît le vrai prix d'un déménagement. Pour vous éviter de longues heures perdues et de la fatigue, nous avons comme norme professionnelle ce que nous appelons le *colisage référencé*. Cela signifie qu'au moment du déménagement, nous indiquons sur chaque carton que nous numérotons, son contenu et la pièce de destination que vous nous indiquerez. Le tout est réuni dans un dossier que nous vous remettons pour contrôle à réception et pour mémoire pour la suite...

Durant cette démonstration, un colis en bas de la pile éclate. Clotilde la stabilise pour éviter la chute.
.
La vendeuse : Et… nos cartons à nous sont de bonne qualité.

Toutes les pièces ayant été passées en revue, nos deux protagonistes regagnent le salon.

La vendeuse : Eh bien, le tour d'horizon étant fait, je vais maintenant vous présenter notre entreprise et nos services…

La sonnette interrompt Clotilde. Quatre enfants pénètrent dans le salon. Ce sont les enfants de Nadège. Bisous, présentations et les enfants s'égaillent en direction du jardin.

La vendeuse : Vos enfants sont arrivés… Pour éviter de trop prendre de votre temps, nous avons édité une brochure nous présentant avec la gamme de nos prestations. Elle est intitulée *Bien emménager, un déménagement bien pensé*.
Notre entreprise a été fondée par mon arrière-grand-père en 1920. Nous sommes maintenant présents à Lille, Dijon, Paris, Lyon, Marseille, Brest et Strasbourg. Notre personnel est constitué de compagnons qui sont dans l'entreprise depuis de nombreuses années. Nous avons gardé ce caractère familial et leurs enfants en font une activité complémentaire à leurs études en période de haute saison, où une main-d'œuvre expérimentée est demandée. La formation initiale tout comme le perfectionnement sont assurés par l'AFT, organisme de formation professionnelle du monde du transport auquel nous appartenons, et sommes adhérents à la Chambre syndicale du déménagement depuis sa création.

La cliente : C'est rassurant.

Sur la brochure, on voit clairement que tous les meubles sont préalablement protégés, les camions sont capitonnés et équipés de sangles. Un monte-meubles est aussi présenté allant jusqu'au balcon d'un immeuble de 7 étages. Le personnel est habillé de tenues professionnelles conformes aux normes de sécurité et marquées du nom de l'entreprise. Le logotype représente un rocking-chair stylisé.

La vendeuse : Je vais vous présenter succinctement les moyens techniques et le savoir-faire que nous mettrons à votre disposition : l'équipe est encadrée par un chef d'équipe auquel sont communiquées toutes les informations utiles en fonction de vos attentes.

Trois formules sont à votre disposition en vertu d'un principe selon lequel « ce que vous ferez par vous-même vient en déduction de notre charge de travail ».
- Le pack Tabouret : emballé, démonté, prêt à charger. Notre travail se limite à la manutention, chargement et déchargement.
- Le pack Canapé : nous emballons, nous démontons. Notre travail prend tout en charge au moment du déménagement ; les colis et meubles sont déposés dans les pièces de votre habitation. Il vous reste à les installer.
- Le pack Rocking-Chair. Vous avez juste à nous indiquer sur plan l'endroit et comment vous souhaitez que soient répartis les meubles et les colis ainsi que leurs contenus. De votre penderie à la répartition de vos livres dans la bibliothèque, nous nous chargeons de tout installer chez vous à l'identique, vous n'avez rien à faire.

Quelle formule souhaitez-vous ?

La cliente : La seconde. Quel serait votre prix ?
La vendeuse : J'estime que la charge de travail nécessitera 5 hommes, pour un volume de 50 m^3, ce qui avec le voyage représentera environ 3 jours de travail. … Mais dites-moi, pourquoi avez-vous retenu la seconde formule ?
La cliente : Elle est certainement moins chère que la troisième.
La vendeuse : Je sais bien que chacun est attentif au prix. Mais dans votre cas, et en tant que mère de famille je le sais bien, vous avez d'autres choses à faire que de circuler pendant des semaines dans les cartons. Un déménagement c'est fatigant, et l'activité ne s'arrête pas pour autant. Vous avez l'expérience de nombreux déménagements précédents, n'est-ce pas ?
La cliente : Oh oui ! Mais je vois mal mon mari accepter un devis sur cette base. Cela représenterait combien ?
La vendeuse : Selon toute probabilité entre 4 700 et 5 200 euros, assurance comprise couvrant l'intégralité des biens transportés jusqu'à réinstallation en lieu et place.
La cliente : Vous êtes plus cher que les autres pour 50 m^3 : 25 % en plus par rapport à vos concurrents.
La vendeuse : Les concurrents sont nombreux et les confrères plus rares. Estimez-vous la valeur de votre pastel du XVIIe siècle en décimètres cubes et votre temps en mètres cubes pour finir votre emménagement ?
La cliente : Bien sûr que non !

La vendeuse : Je sens que vous penchez vers la formule Rocking-Chair. Quels sont, pour vous personnellement, les avantages que vous y voyez ?
La cliente : Bien évidemment la tranquillité, ne rien avoir à faire que préparer et penser que le jour de notre arrivée tout sera en place. Cela me comble d'aise.
La vendeuse : Et puis pour les enfants, c'est tellement plus agréable. La rupture d'avec leurs habitudes est parfois difficile à vivre.
La cliente : Et aussi pour mon mari ! Il est toujours de mauvaise humeur les premières semaines. Il ne retrouve rien.
La vendeuse : Et il faut aussi se retrouver ensemble. De femme à femme… n'est-il pas préférable d'aborder une nouvelle période de sa vie sur un terrain de golf que dans la poussière ? Tenez, à ce propos, dans cette formule, une équipe de nettoyage assure le dernier ménage.
La cliente : Si vous me prenez par les sentiments…
La vendeuse : Vous faites le bon choix. Je m'en serais voulu de ne pas avoir insisté. Votre déménagement est donc prévu pour le 15 du mois suivant. Je vous déposerai demain à cette même heure une provision de cartons bien robustes pour ranger ce que vous jugerez bon.
La cliente : Je vous remercie pour vos conseils et je vous dis à demain après-midi, madame Le Maire.
La vendeuse : Appelez-moi Clotilde, ce sera plus simple. À demain madame Scot.
La cliente, *avec un sourire complice :* Pendant que nous y sommes, appelez-moi Nadège.

… Et, pour un petit écart de prix : la nuit portera conseil…

Analyse

En rassemblant les différents styles adoptés par la vendeuse, nous pouvons situer la résultante de son style de vente à l'endroit suivant :

Sa vente se situe en *conseil* avec une très légère tendance au *forcing* sur fond de *sympathie*. La vente est correctement équilibrée. En comptabilisant les attitudes verbales adoptées durant le déroulement de la négociation, nous obtenons un équilibre entre les attitudes verbales de *décision, jugement, information,* et les attitudes de *soutien, enquête, interprétation* et *reformulation*. Toutefois, les attitudes de *décision* et de *jugement* sont légèrement dominantes. La reformulation est exploitée à des moments-clefs en faisant référence aux déclarations de la cliente (identification).

Pour ce qui concerne la cliente, son *style d'achat* se situe dans une position plus de type *dévot* à tendance *impulsion-complice*.

Ainsi obtenons-nous en résultante des styles de vente et des styles d'achat, une négociation correctement barycentrée de type *instigateur* (cf. trikãla-mère de la négociation).

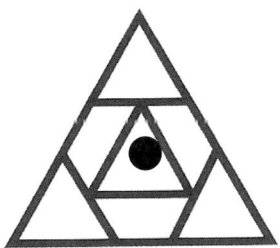

Nous avons ici un aboutissement qui pourrait être la conséquence de complémentarités naturelles entre deux personnalités. Mais s'agit-il du *hasard qui fait bien les choses* ou d'un authentique professionnalisme de la vendeuse, respectueuse des étapes d'une négociation, des phases d'une vente, sachant faire évoluer un désaccord vers la synergie et capable, en anticipant les objections, de conclure dans l'intérêt et avec l'accord de son client ? Nous laissons la réponse à cette question au lecteur attentif.

Cas pratique n° 2 : Les négoterms

Le concept de négoterm (mot conçu en analogie avec les incoterms qui dans les transactions internationales, servent de cadre de référence) a pour objet de définir, pour chaque séquence de l'activité de l'entreprise, sa valeur. Le concept de négoterm s'inspire de la comptabilité analytique à laquelle il intègre la profitabilité générée pour le client pour chaque activité concernée.

Dany Baurain est directeur de clientèle dans l'entreprise de transports « Centre Est Net Transport » (C.E.N.T.). Jeune entreprise, elle s'est constituée pour répondre aux attentes des distributeurs en ligne du réseau Internet. Cependant, l'essor de ce nouveau marché, qui bénéficie d'une augmentation constante de son taux de pénétration, implique une amélioration de la réactivité de l'ensemble de la logistique, en amont et en aval du distributeur, dans la perspective du *just on time* attendu par une clientèle exigeante, dont l'une des caractéristiques est d'être de plus en plus procédurière.

Spécialisée dans la vente de produits technologiques et culturels à usages professionnels et domestiques, la marque Fiacre dont le slogan est « Fiabilité & Crédibilité » bénéficie d'implantations dans les plus grandes villes de France. Un rendez-vous est fixé par le nouveau directeur des achats, M. Fouquet. La scène se passe dans les bureaux du service des achats, aux murs duquel sont punaisées les affiches d'un grand événement golfique national patronné par Fiacre depuis plus de dix ans, le Master Fiacre. À l'instant des présentations arrive une troisième personne.

Monsieur Fouquet (*qui manipule une balle de golf*) : Monsieur Baurain, je vous présente M. Jean Navoka, notre juriste. Je vous remercie pour votre ponctualité, car M. Navoka et moi-même avons d'autres rendez-vous aujourd'hui, notamment avec un de vos concurrents, la société Trans East qui souhaite nous proposer ses services à des conditions très intéressantes pour nous ;
Monsieur Baurain : Heureux de faire votre connaissance, monsieur Navoka. Je suis convaincu qu'un éclairage juridique pourra être utile à notre conversation tout comme il le sera pour les propositions que souhaite vous faire la société Trans East. Chez C.E.N.T, nous avons de la considération pour nos compétiteurs mais nous ne nous connaissons pas de concurrents.
Monsieur Navoka : Je serais curieux de connaître la différence que vous faites ?
Monsieur Baurain : Le Master Fiacre que vous organisez en est l'illustration. Comme nous le savons, au golf, on ne parle pas de concurrent mais de compétiteur, car on ne joue jamais contre l'autre mais contre cet adversaire commun qui est le parcours lui-même.
Monsieur Fouquet : Ce qui veut dire ?...

Monsieur Baurain : Tout simplement que pour gagner, il nous faut vous comprendre afin d'adapter notre jeu aux caractéristiques de votre terrain dont l'architecture est déterminée par votre clientèle…
Monsieur Navoka : Vous commencez fort, monsieur Baurain.
Monsieur Baurain : Il faut savoir saisir la balle au bond. Mais comme vous êtes pressés, allons directement au but. Qu'est-ce qui, dans les propositions de Trans East a attiré votre attention pour que vous leur consacriez un peu de votre temps ?
Monsieur Fouquet : Ils sont 2 % moins cher que vous, et sur les volumes transportés c'est quelque chose que nous devons prendre en considération.
Monsieur Navoka *enchérit* : Et d'autre part la transmission des informations traitées par informatique par votre propre entreprise laisse apparaître une trentaine d'incidents, notamment des retards à l'enlèvement, pour lesquels il faudrait envisager des compensations.
Monsieur Baurain : Effectivement, sur votre demande, vous avez en cours d'année souhaité que nous avancions de 45 minutes l'heure d'enlèvement que nous avions contractée avec votre prédécesseur aux achats, M. Delorme, qui est maintenant votre directeur général adjoint.
Monsieur Fouquet : C'est vrai mais ça ne justifie en rien ces retards.
Monsieur Baurain : En somme, si je comprends bien, vous nous reprochez 5 % d'erreur pour 95 % d'augmentation satisfaction qui ont eues pour conséquence de vous faire économiser l'emploi de personnel complémentaire dû à l'organisation des 35 heures si nous avions maintenu, comme nous étions en droit de le faire, les termes des accords que vous avez conclus avec nous. Je demande l'arbitrage sur ce sujet de M. Navoka.
Monsieur Navoka : Vous étiez en droit de le faire et nous de mettre un terme à nos accords avant notre rendez-vous…
Monsieur Baurain : Si je comprends bien, vous me dites que ne l'ayant pas fait vous ne pouviez qu'apprécier notre capacité de réactivité et maintenir nos accords.
Monsieur Fouquet : En quelque sorte oui.
Monsieur Baurain : Je vous en remercie et je voudrais aussi insister sur un point : la connaissance précise que vous avez du suivi de nos prestations est la suite d'une décision de transparence que nous avons prise dans le cadre de notre certification ISO ainsi que de l'informatisation intégrale permettant une traçabilité en temps réel de tous les colis qui nous sont confiés. D'ailleurs, notre site Internet est référencé sur le vôtre. Par ce biais, vos clients peuvent s'y rendre librement. Je ne voudrais donc pas que nous soyons victimes de cette transparence et que ce service supplémentaire, coûteux pour nous et qui est un atout pour vous se transformât en cause d'insatisfaction. Pouvez-vous me dire, M. Navoka, le nombre de contenticux qui pourraient nous être imputables ?
Monsieur Navoka : Apparemment aucun.

Monsieur Baurain : L'année dernière il y en avait eu une quinzaine, souvent dus à la mauvaise foi des réceptionnaires car nous ne disposions à l'époque que de supports papier. En cas de contestation, cela prenait un temps plus long pour effectuer les vérifications que le client mettait à profit pour contester la qualité de la prestation auprès de vous. Dans 90 % des cas, les colis étaient à destination, ou les clients étaient absents.

Monsieur Fouquet : En tout cas, pour vous aligner sur Trans East, nous vous demandons de réduire de 2 % le montant de vos facturations pour l'année prochaine.

Monsieur Baurain : Cela représente une marge considérable. Vu sous un autre angle, la mise en place du suivi en temps réel et de la preuve électronique de la réception ont eu pour effet de vous éviter une quinzaine de litiges qui, et je parle sous le contrôle de M. Navoka, vous ont été épargnés. Étant donné les valeurs transportées, la charge de travail supplémentaire pour vos services et les frais de justice que nous vous avons évités, consentir une remise reviendrait à doubler cette marge, n'est-ce pas monsieur Navoka ?.

Monsieur Navoka : Vu sous cet angle…

Monsieur Fouquet : Oui, mais cela est une affaire interne dans laquelle C.E.N.T n'a pas à intervenir.

Monsieur Baurain : Oh ! vous savez, je reste simplement sur une notion simple, celle du « parcours » qui nous est tracé par votre clientèle. Vous comme nous sommes des compétiteurs, vos clients sont les nôtres et plus nous adopterons ensemble de bonnes stratégies dans le cadre d'intérêts réciproques, mieux nous pourrons partager durablement les profits utiles à notre développement commun. Les temps ont bien changé depuis que l'on prend conscience à quel point la pérennité des entreprises est une affaire de synergie plus que de domination…

Monsieur Fouquet : Trêve de philosophie, que proposez-vous monsieur Baurain ?

Monsieur Baurain : Travailler avec vous au moins aussi longtemps qu'avec votre prédécesseur M. Delorme, qui a eu toutes raisons de se féliciter de notre collaboration et à qui nous devons d'avoir réfléchi selon le principe des *négoterms*.

Monsieur Fouquet : Qu'est-ce que cela, les *négoterms* ?

Monsieur Baurain : Comme vous le savez, tout comme je le crois M. Navoka, le transport international s'est fixé des niveaux d'engagements et de responsabilités, appelés *incoterms*, qui peuvent être pris en charge par le donneur d'ordre, son prestataire ou le client final. Par analogie, les *négoterms* servent à déterminer de façon logique le coût partagé d'une prestation dans une négociation lorsque la solution ne peut être détenue par une seule personne, en sorte que chacun doit contribuer à la charge de travail ou de responsabilité qui lui est enlevée ou qu'il concède. C'est toujours le cas lorsque les prestations évoluent avec de fortes valeurs ajoutées complémentaires.

Monsieur Fouquet : Pouvez-vous préciser en quoi cela nous concerne ?
Monsieur Baurain : Je ne vous apprendrai rien en disant qu'on peut estimer très schématiquement la répartition du chiffre d'affaires d'une entreprise en le déclinant ainsi : 20 % pour le commerce, 30 % pour la gestion et le bon fonctionnement de la structure, et 40 % sont directement liés à la production pour ne laisser que 10 % aux profits et à l'investissement. Or, sans entrer dans les détails, la réorganisation de notre plan de transport consécutive à la demande de M. Delorme a entraîné une augmentation de nos coûts de production de près de 5 %, compensée à 2,5 % par l'augmentation des quantités et des volumes transportés.

Dans ce cadre, si nous acceptions une diminution de nos marges de 2 % en plus de notre investissement, nous enregistrerions une perte d'exploitation de 5 % qui remettrait en cause non seulement nos possibilités d'investissement, mais surtout à court terme la qualité de notre production et fragiliserait notre service à votre égard avec les conséquences pour vous que nous évoquions.

Outre la qualité de nos prestations dues à nos collaborateurs, à notre logistique ainsi qu'à notre informatique, l'efficacité de C.E.N.T permet à nos donneurs d'ordres de respecter leurs engagements dans un cadre commercial et juridique sécurisé. Vous disposez ainsi d'éléments objectifs pour éviter des litiges coûteux et compenser les aléas consécutifs à une activité en flux tendu, vous privant ainsi du coût du stockage. Il est évident que cette logique est payante pour vous.
Monsieur Fouquet : Continuez…
Monsieur Baurain : En réfléchissant tout haut avec vous, mettons-nous un instant à la place de vos clients. Ce sont généralement des décideurs qui comprennent que des aléas peuvent survenir. La probabilité de ces aléas est minime et peut tant venir de nous, de vous ou de votre client. En revanche, ce qu'ils n'admettent plus c'est de ne pas être informé, ou de ne pouvoir informer leurs collègues quand un problème survient afin de pouvoir trouver une solution de rechange appropriée. Sommes-nous d'accord sur cette perception ?
Monsieur Fouquet : C'est généralement le reproche qui est le plus souvent fait, n'est-ce pas M. Navoka ?
Monsieur Navoka : Tout à fait d'accord.
Monsieur Baurain : En continuant à réfléchir tout haut, il se trouve que votre clientèle, du moins celle qui nous préoccupe au premier chef, est celle qui est la mieux équipée pour communiquer en temps réel grâce aux technologies de pointe : messages SMS, courriels, ou encore imagerie numérique. Dans le meilleur des cas, ces moyens performants sont reliés à leurs utilisateurs via les téléphones portables multimédias qui transforment les messages écrits en messages verbaux, auxquels ils peuvent donner suite immédiatement, ou au plus tard dans la demi-journée.
Monsieur Fouquet : Où voulez-vous en venir ?

Monsieur Baurain : Si nous sommes d'accord sur cet angle d'approche de nos intérêts réciproques, je verrais alors avec beaucoup d'intérêt le développement d'une connexion informatique commune entre votre site et le nôtre, vos services et les nôtres. Nous avons investi beaucoup dans notre système « inter-com just on time » pour qu'il donne entière satisfaction et je pense que C.E.N.T ne serait pas contre vous en faire bénéficier.
Monsieur Fouquet : Moyennant finances ?
Monsieur Baurain : Sachant que le coût du transport représente moins de 1 % du prix de vente de vos produits haut de gamme et que la prestation transport représente une véritable valeur ajoutée, mon intention initiale était de vous proposer une augmentation de 2,5 % à volumes constants. Dans la mesure d'une exclusivité du transport de vos marchandises par nos soins et de l'intégration de notre informatique « inter-com just on time » au sein de votre site Internet, nous sommes prêts à mettre à l'étude une révision conséquente de nos tarifs. Qu'en pensez-vous ?
Monsieur Fouquet : Quels sont les éléments dont vous avez besoin ?

Un autre rendez-vous est alors envisagé, tant pour prendre en compte les données transports que les données informatiques.

Une négociation peut en cacher beaucoup d'autres…

Analyse

Sortir du cadre

Lorsque l'on donne pour consigne à des personnes de relier, selon le schéma ci-après, les 9 points par 4 droites consécutives et sans lever le crayon de la feuille, on obtient une variété d'infaisabilité autour d'une conception initiale qui consiste à se programmer mentalement pour résoudre le problème à l'intérieur d'un carré imaginaire. Il n'y a alors aucune solution possible, sauf à changer de paradigme.

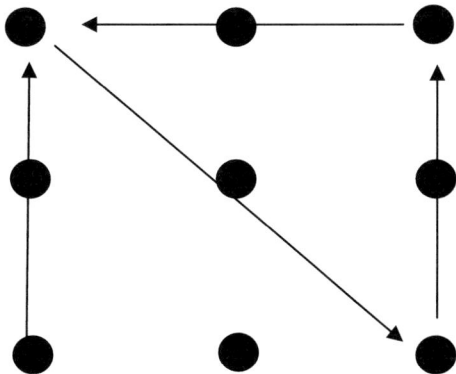

Changer le paradigme consiste à revenir aux données initiales. Celles-ci n'indiquent aucunement qu'il faille résoudre le problème dans un carré imaginaire. Il faut donc sortir du cadre. Le problème peut alors être solutionné.

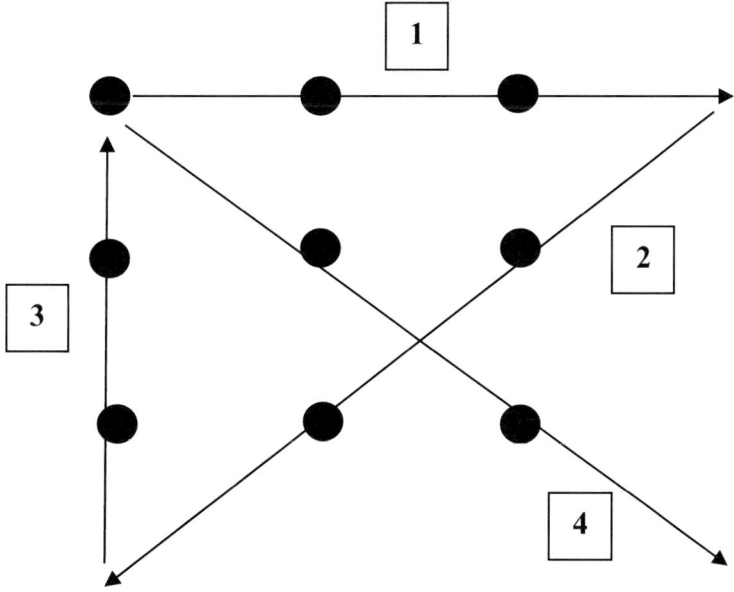

En agissant ainsi, M. Baurain situe son entreprise dans un style que nous avions qualifié d'*économocratique* (gouvernée par l'équilibre du *trikãla* entre *interaction* (les hommes sont impliqués, concernés et valorisés), *pouvoir* (les responsables investissent sur l'avenir) et *structure* (dans ce cas la mise en place de l'informatique interactive). En proposant d'intégrer au site Internet de son client le système informatique de traçabilité interactive *just on time,* il prend le leadership sur le marché et sur ses concurrents, ainsi placés en situation potentielle de filiale.

Les gains probables et réciproques sont considérables. Le mot *partenariat* prend alors tout son sens.

En répartissant les positions occupées par le vendeur et le client tout au long de l'entretien, le point d'équilibre des nuages obtenus pour chacun les situe ainsi :

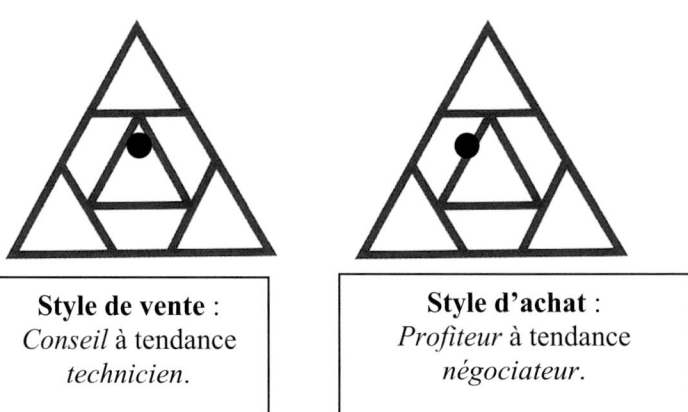

Style de vente : *Conseil* à tendance *technicien.*

Style d'achat : *Profiteur* à tendance *négociateur.*

On notera le chemin qu'a fait parcourir le vendeur à ses deux interlocuteurs, dont la caractéristique initiale était d'être fortement *profiteur* à tendance *despotique* pour évoluer vers le style *négociation* (perspective de développement). Cela relève du tour de force.

Sa stratégie (sortir du cadre) était la bonne et ses propositions tenaient la route, tout en étant déclinées de façon à impliquer personnellement ses interlocuteurs (attirer l'attention, susciter l'intérêt, créer le besoin). Cependant, on constate que le climat de sympathie (pour le vendeur) et de complicité (pour l'acheteur) n'ont pas été suffisamment présents. Ils devront se développer durant les prochains entretiens et le vendeur sera attentif à renforcer les liens interpersonnels pour que la relation commerciale soit durable et se déroule de façon plus policée (voire conviviale).

Un tel environnement est relativement représentatif du climat qui existe dans ce type de négociation, au cours de laquelle l'acheteur se veut méprisant. Cette stratégie du dénigrement a pour objet d'établir un rapport de force favorable visant uniquement à obtenir des remises, pour ne pas dire des ristournes. À terme, avec des commerciaux intimidables, le risque est alors fort de déstabiliser l'entreprise prestataire.

L'évolution de l'entretien démontre bien que pour sortir de ce rapport de force, il faille avoir plus à proposer qu'à défendre. Une stratégie de conquête des grands marchés ne peut reposer sur le seul talent du vendeur, mais sur son intelligence doublée d'une politique interne d'interdépendance entre le client et son fournisseur. Dans ce cas, la préoccupation du prix de la prestation devient secondaire comparativement aux avantages réels que l'on peut tirer des prestations complémentaires, lesquelles, à terme, deviendront centrales. C'est ce qui distingue la vente de la négociation.

Cela démontre, si c'était encore nécessaire au final de cet ouvrage, que l'approche dualiste de la négociation n'est plus en phase avec son temps et que ceux qui s'ouvrent, soucieux d'équité, d'éthique ou de développement durable, verront l'esprit de performance s'inscrire dans celui de la pérennité : de bipolaire la pensée deviendra tripolaire et les idées dites cartésiennes progresseront vers une pensée trikãlienne. La rhétorique est bien l'art d'agir par la parole sur les opinions, les émotions, les décisions, mais aussi plus fondamentalement sur la pensée collective en s'appuyant sur l'éthique, elle donne sens à l'action par sa capacité d'ajuster nos représentations aux représentations d'autrui. Sans cette dimension, les gains ne sont qu'éphémères. La question du sens est au centre du progrès.

Tomorrow will be another day…C'est la vie !

ANNEXE 1

PROGRAMME DE FORMATION EN SEMINAIRE

Les présents travaux permettent aisément une démultiplication auprès des équipes commerciales par des actions de formation.

Quelques conseils liminaires.

Nous limiterons les conseils pédagogiques à l'essentiel :

- Animer une action de formation repose sur le même cheminement que celui d'une négociation.
- Le caméscope est un support de toute première utilité à condition de respecter une déontologie qui consiste systématiquement à effacer les enregistrements après chaque séance, et en présence des participants : en aucun cas ne les utiliser à d'autres fins. Une action de formation n'est pas en entretien d'évaluation au service de la direction du personnel.
- Situer l'analyse des simulations en entraînement strictement au niveau métrologique, avec des grilles d'observation qui suffisent pour que les personnes concernées tirent d'elles-mêmes les conclusions qui s'imposent.
- Les simulations de négociation doivent s'effectuer à partir des réalités professionnelles sur lesquelles on dispose d'éléments suffisants pour assurer une préparation proche de la réalité. Un soin tout particulier doit être apporté à l'interlocuteur placé en situation d'achat. *Il ne devra en aucun cas jouer un personnage*, mais être lui-même et se sentir investi des enjeux qu'il défendra dans le sens des intérêts qu'il représente et de la position qu'il occupe. Paradoxalement, il est attesté que dans une simulation caméscopée le travail le plus difficile est celui de l'acheteur…

Programme-type de formation à la négociation.

Séquence 1 : Accueil.

- Accueil des participants.
- Présentation de l'action de formation.
- Le thème.
- L'objectif professionnel.
- Les moyens.
- Les méthodes.
- Les règles déontologiques.

Séquence 1 : Les perspectives.

- L'importance de l'objectif dans la planification de l'action commerciale.
- Définition des objectifs marketing, qualitatif et quantitatif.
- Définition des objectifs professionnels.
- Point sur les atouts constatés et les difficultés rencontrées (tour de table).

Séquence 2 : Le client, son entreprise et la nôtre.

- Test « dans quelle entreprise suis-je ? »
- Situation du marché de l'entreprise.
- Apport de connaissances sur les typologies de marchés et d'entreprise.
- Où nous situons-nous (nature d'entreprise) et conséquences.
- Test « Quel acheteur suis-je ? »
- Les motivations d'achat de nos clients.
- Définition de la communication à établir avec la clientèle.

Séquence 3 : Établir le contact.

- Test « l'autre et moi ».
- Se présenter pour créer le consensus : réflexion en groupe.
- Entraînement avec utilisation du caméscope (évaluation à partir de la grille du test « l'autre et moi »).

Séquence 4 : Les étapes d'une vente dans la négociation.

- Présentation des phases de la négociation.
- Présentation des étapes d'une vente.

- Cheminement à suivre dans le cadre de la commercialisation des produits de l'entreprise.

Séquence 5 : Les attitudes verbales en vente.

- Remise du test « les attitudes verbales ».
- Apport d'informations.
- Analyse des résultats individuels et collectifs : préconisations.
- Apport sur la chronologie des attitudes verbales durant le déroulement d'une négociation.
- Entraînement avec utilisation du caméscope (mesurer par comptage à partir de la grille du test « des attitudes verbales » les attitudes verbales adoptées par l'acheteur et le vendeur : analyse à partir des tendances recueillies).

Séquence 6 : Les styles de vente.

- Remise du test « les styles de vente » (cf. livre : *Les styles de vente... et d'achat*, Patrick Kalason (Éditions du Puits Fleuri et Celse). accès possible au test en ligne sur le site site Internet : www.kalasonpatrick.com).
- Apport d'informations.
- Analyse des résultats individuels et collectifs : préconisations.
- Apport sur la chronologie des styles de vente durant le déroulement d'une négociation.
- Entraînement avec utilisation du caméscope (mesurer par comptage à partir des triangles (trikãlas *vente et achat*) les styles adoptés par l'acheteur et le vendeur selon les étapes de la négociation : analyse des convergences et divergences avec les attitudes verbales à partir des tendances recueillies durant la restitution de l'enregistrement).

Séquence 7 : Faire évoluer un désaccord.

- Apport d'informations sur les techniques de conclusion et réponses aux objections, puis remise du test « les désaccords et leurs évolutions ».
- Apport d'informations et recueil des tendances.
- Réflexion en groupe sur les possibilités de synergie ou marges laissées à l'initiative des commerciaux.
- Simulation au caméscope à partir de situations commerciales connues de désaccords.

Conclusion : Synthèse des points de progrès à opérer en valorisant les atouts de chacun.

ANNEXE 2

REFERENCES EPISTEMOLOGIQUES

« La liaison des phénomènes qui garantit les vérités de fait à l'égard des choses sensibles hors de nous se vérifie par le moyen des vérités de raison comme les apparences de l'optique s'éclaircissent par la géométrie. » Dans *Nouveaux Essais*, Leibniz pose les premiers jalons d'une conception pré-établie de l'harmonie qu'il insère non dans une morale cartésienne, à la recherche d'états stables, mais dans le mouvement en tant que constante.

Edward Sapir, célèbre linguiste, suppute l'existence « d'un code secret et compliqué, écrit nulle part, connu de personne, entendu par tous », laissant entendre qu'il existerait une logique dans la communication, dont il conviendrait de mettre au jour les règles de fonctionnement et d'en déduire le programme. Une telle mise en évidence devrait, pensait-il à juste titre, permettre de satisfaire à cette capacité de prévision dont tout chercheur doit se prévaloir. Si l'observateur a convenablement saisi le système interactionnel qui règle le jeu des participants, il est alors capable de prévoir le mouvement quelques instants (au minimum) avant son occurrence effective. Si c'est possible, cela signifie que l'observateur dispose de la compétence à anticiper le déroulement futur des interactions.

La recherche de ce modèle a été mise au jour, du moins dans ses constituantes élémentaires, par Georges Dumézil sous le nom de *trifunctionalia*, caractère commun de la pensée, démontré par l'analyse, entre 1932 et 1986, d'un vaste champ d'études comparatives des expressions théologiques, mythiques et littéraires des peuples constitutifs de notre civilisation.

Les prémices de ce « décodage » furent opérés au travers d'une approche des formes d'intelligence que Patrick Kalason et Pierre Lebel développeront dans leurs composantes comportementales par les *styles de communication* (forme d'expression identitaire), qui donneront naissance à des approches innovantes pour la compréhension des mécanismes régissant les interactions communicationnelles (négociation, management, pédagogie). En connectant les styles d'émission et les styles de réception, et ceci selon la nature de l'environnement au sein duquel s'établissent les interactions, Patrick Kalason développera une conception *constructale* des formes que prennent les organisations par analogie aux principes de la thermodynamique et à la théorie constructale des formes du professeur Adrian Bejan (Bejan's constructal theory of equal potentiel distribution* : *La Loi constructale*, avant-propos d'Angèle Kremer-Marietti, Paris, L'Harmattan, 2005) démontrant de cette façon que l'approche constructale se distingue du structuralisme parce que la forme n'est pas prédéterminée par la force des choses mais construite par la nature des choses, à partir des points de fragilité d'où jaillit une nouvelle forme selon un même modèle simple réitéré. Patrick Kalason, dans une communauté de vue avec Adrian Bejan, confirme ainsi que la complexité peut être comprise en contournant les difficultés inhérentes à l'analyse cartésienne qui prévalait en sciences humaines, et ceci en s'appuyant sur des modèles appelés *trikãlas* (triangle de la trifonctionnalité dans l'analyse des mouvements communicationnels).

Cette approche *trikãlienne* validera ainsi l'hypothèse de la faisabilité d'une métrologie en science humaine qu'évoquait Lévi-Strauss dans le troisième chapitre de son *Anthropologie structurale*, intitulé « Langage et société », lorsqu'il envisageait la possibilité de dresser un tableau périodique des éléments communicationnels, « comparable à celui dont la chimie moderne est redevable à Mendeleïev ».

La communication évoque le partage, l'accomplissement en commun d'une fonction (du latin *cum*, avec et *munus*, charge). La communication prend alors corps dans la communauté qui se constitue par elle autant qu'elle la complexifie (cf. Jürgen Habermas, 1981, *Théorie de l'agir communicationnel*).

« Nous ne devons pas fuir nos responsabilités ; il est temps qu'il se pose de nouveau une question simple, celle des finalités » (Dacheux, 1996).

---

* **Constructal Theory**

BEJAN Adrian, LORENTE, Sylvie. *La Loi constructale*. Paris : L'Harmattan. 110 p. (Épistémologie et philosophie des sciences). ISBN 2-7475-8417-8. Traduction et avant-propos d'Angèle Kremer-Marietti. Durant les huit dernières années, Bejan, Lorente et leurs collaborateurs ont consacré des efforts remarquables au développement de la théorie constructale. Ils ont inventorié les configurations géométriques de processus thermofluides, à la fois physiques et biologiques, et proposé une explication relative aux optimisations existant dans l'évolution et le design de ces configurations. La loi constructale est le principe fondamental à partir duquel peuvent être déduits des phénomènes d'auto-organisation et d'auto-optimisation : pour qu'un système de flux puisse persister dans le temps (pour qu'il puisse survivre), il doit changer sa configuration, de telle sorte qu'il procure un accès plus facile aux courants qui le parcourent. Ce livre donne une vision claire de la théorie et du champ de recherches qu'elle a générés. Les notions-clefs en sont les suivantes : place de la loi constructale relativement à la thermodynamique, architectures dendritiques des flux, échelles multiples, complexité, formes optimales des organes, enseignement du design comme méthode scientifique. Adrian Bejan, auteur de *Shape and Structure, from Engineering to Nature*, Cambridge University Press, Cambridge, UK, 2000, enseigne depuis 1984 à Duke University (Durham, N.C.) où il est professeur J.A. Jones de Génie mécanique. Sylvie Lorente est depuis 1997 maître de conférences en génie civil à l'Insa de Toulouse, laboratoire matériaux et durabilité des constructions. Elle vient de publier *Porous and Complex Flow Structures in Modern Technologies*, Springer, New York, 2004.

BIBLIOGRAHIE

A. BEJAN et S. LORENTE, *La Loi construtale*, Paris, L'Harmattan. (Épistémologie et philosophie des sciences). Traduction et avant-propos d'**Angèle Kremer-Marietti**.

M. BONAMI, *Management des systèmes complexes*. Éditions De Boeck Université.

S. COUREAU, *Savoir vendre pour vendre plus*, Dunod.

G. DUMEZIL, *Esquisses de mythologie*, préface de Joël H. Grisward. Éditions Quatro Gallimard.

J. ESPARCIEUX, *Guides de gestion commerciale*, Éditions Celse.

D. GILBERT et C. COMPAN. *Les mots qui font vendre plus*, Egico.

H. LABORIT, *Les Bases biologiques des comportements sociaux*, Éditions Fides.

H. LABORIT, *Éloge de la fuite,* Robert Laffont.

H. LABORIT. *L'Inhibition de l'action*, Éditions Masson.

H. LABORIT. *L'Agressivité détournée*, Éditions 10 x 18.

P. LEBEL, *Métrologie des communications*, E.S.F. Entreprise moderne d'Édition.

P. LEBEL, *L'Art de la négociation*, Éditions d'Organisation.

J. L. LEMOIGNE, *La Modélisation des systèmes complexes*, Dunod.

C. LÉVI-STRAUSS, *Anthropologie structurale*, Éditions Pocket.

E. MORIN, *La Méthode*, Seuil.

P.H. WHITING, *Les Cinq Grandes Règles de la vente*, Dunod.

TABLE DES MATIÈRES

PREFACE : LA VERITÉ SI JE MENS	9
CHAPITRE I : PENSER LA NÉGOCIATION DANS UN ENVIRONNEMENT CHANGEANT	15
Une logique secrète, méconnue de tous et pratiquée par les meilleurs	15
Une approche scientifique de la simplicité dans la complexité	20
La crise : conséquence d'artifices qui éloignent du subtil naturel	21
Intégrer la nature des choses pour maîtriser la complexité	24
Le marketing de négociation : une valse à trois temps	26
Comprendre le mouvement pour comprendre la négociation	27
Le changement : une constante du mouvement	27
La négociation : un savoir-faire qui s'acquiert par étape	28
Passer de l'inconscient au conscient	28
Transposer le savoir au savoir-faire	29
Résumé	34
CHAPITRE II : VALORISER L'EXPLOIT	35
Une question de formatage	35
Le messager des dieux	39
L'entreprise : un discours ambivalent	40
Faire appel à l'imaginaire	45
Connaître l'entreprise pour la valoriser	47
Résumé	48
CHAPITRE III : INSCRIRE LA PENSÉE DANS L'ACTION	49
Approcher le marché : un état d'esprit	49
Diagramme : production-organisation/attentes des marchés	50
Tableau comparatif entre approches analytique et systémique	58
Définir les objectifs	61
Méthode de planification (schéma)	62
Résumé	64
Test d'auto-évaluation : « savoir définir un objectif »	65
Évaluation des réponses.	66
CHAPITRE IV : SITUER LE MARCHÉ	69
Trikãla des marchés	74
Marché élitiste. Qualité	75
Marché accumulatif. Quantité	75
Marché princeps. Nouveauté	75
Marché contributif : Qualité + Quantité	76

Marché mercantiliste : Qualité + Nouveauté	76
Marché libéraliste : Nouveauté + Quantité	77
Marché économo-éthique : Quantité + Qualité + Nouveauté	77
Situer son marché	78
Résumé	80

CHAPITRE V : SITUER L'ENTREPRISE — 81

Test d'auto-évaluation « Dans quelle entreprise suis-je ? ».	81
Dépouillement et interprétation	85
Les 7 catégories d'entreprises	86
Trikãla des familles d'entreprises	88
Définition des types d'organisation	89
Organisation autocratique (pôle Pouvoir)	89
Organisation bureaucratique : (pôle Structure)	92
Organisation autogestionnaire (pôle Interaction)	93
Organisation communautaire (pôles Pouvoir-Interaction)	93
Organisation technocratique (pôles Pouvoir-Structure)	94
Organisation démocratique (pôles Structure-Interaction)	95
Organisation économocratique (Pôles Pouvoir-Interaction-Structure)	95
Les pouvoirs retrouveront-ils leur fonction de vecteur de sens ?	96
Situer son entreprise au sein d'une famille socio-économique	98
Tableau des variétés organisationnelles et des cultures socio-économiques	99
Résumé	103

CHAPITRE VI : LEVIERS ET ÉTAPES D'UNE NEGOCIATION — 105

L'acheteur est le meilleur vendeur	105
Test d'auto-évaluation : « Quel acheteur suis-je ? »	106
Dépouillement et interprétation	109
Typologie des motivations d'achat	111
Les motivations d'achat	113
Questionner pour déterminer les besoins	117
Les phrases qui motivent	119
Les catégories de questions : définitions	120
Les catégories de questions : avantages et inconvénients	121
Les étapes d'une vente au sein de la négociation	122
Susciter l'intérêt	123
Susciter le désir	124
Obtenir l'accord	124
Rassurer le client	125
Résumé	126

CHAPITRE VII : ACCOMMODER LES STYLES 127
Le génome de la négociation 127
Une simple affaire de rhétorique 128
Les trikãlas de la négociation 133
Trikãla-mère de la négociation 134
Trikãla des styles de vente 135
Trikãla des styles d'achat 136
Résumé 144

CHAPITRE VIII : UNE AFFAIRE D'ATTITUDE 145
Test d'autoévaluation : « Une affaire d'attitude » 145
Dépouillement et interprétation 151
Les attitudes verbales dans le dialogue en négociation 153
Attitude d'information 154
Attitude de décision 155
Attitude de jugement 156
Attitude de soutien 157
Attitude d'enquête 158
Attitude d'interprétation 159
Attitude de reformulation 160
Tableau d'estimation des niveaux
de stress induits par les attitudes verbales 163
Tableau chronologique type des attitudes verbales
durant la négociation 164
Tableau chronologique type des styles de vente
durant la négociation 165
Tableau chronologique type des styles d'achat
durant la négociation 166
Tableau des cohérences entre les attitudes verbales
et les styles de vente durant la négociation 167
Trikãla de la négociation selon les styles d'achat 168
Le code caché est de nature constructale 169
Résumé 173
Synthèse des concordances entre attitudes verbales
et styles de négociation 174

CHAPITRE IX : LES DÉSACCORDS ET LEURS ISSUES 175
Faire évoluer les désaccords 176
Test d'auto-évaluation : « Pas d'accord ? Eh bien négociez. » 177
Dépouillement et interprétation 185
Trikãla des concordances : styles de négociation
et issues d'un désaccord 186
Définition des évolutions possibles des désaccords 187
Les causes des désaccords 187

Tableau des concordances entre les styles et les attitudes verbales durant le processus de négociation vers la synergie	190
Résumé	192

CHAPITRE X : OBJECTION, ARGUMENTAIRE ET CONCLUSION — 193

Les catégories d'objections	193
L'argumentaire	195
Planifier son argumentaire	195
Établir le dialogue avec l'argumentaire	197
Tableau comparatif des supports à l'argumentaire	199
Les techniques de conclusion	201
Concrétiser, une question d'assurance	204
Test d'autoévaluation : « l'autre et moi »	
Quel décideur suis-je ?	204
Dépouillement et interprétation	207
Résumé	209

CHAPITRE XI : PRATIQUE DE L'ÉVALUATION QUALITATIVE EN NÉGOCIATION — 211

Cas pratique n° 1 : « Appelez-moi Nadège »	212
Analyse	216
Cas pratique n° 2 : Les négoterms	218
Analyse	223
Sortir du cadre	223

ANNEXE 1 : PROGRAMME DE FORMATION EN SÉMINAIRE	227
ANNEXE 2 : RÉFÉRENCES ÉPISTÉMOLOGIQUES	231
BIBLIOGRAPHIE	233
TABLE DES MATIÈRES	235

644301 - Mars 2016
Achevé d'imprimer par